동아시아와 한국의 근대

안동대학교 인문과학연구소 편

도서출판 월인

책머리에

적어도 동아시아의 근대는 서양문명과 제국주의의 굴레에서 자유롭지 못했다. 서구가 근대를 선점先占한 나머지, 동양의 근대는 어쩔 수 없이 그것의 모방이거나 왜곡인 경우가 적지 않았다. 그 선점이 주로 제국주의적 강탈이나 침입의 형태를 띠게 된 것 또한 동양적 근대의 비극이었다. 나라마다 조건이나 상황이 조금씩 달랐다고 해도 동아시아 여러 나라는 서양적 근대를 접한 문화적 충격과 함께, 근대의 후진이 된 비애를 공유한다. 이것이 동아시아의 차원에서 '근대'의 주제에 접근해야 하는 이유이다.

물론 동아시아의 각 나라마다 내발적인 근대의 징후가 없지는 않았다. 중국에서 나타난 인간 해방에 대한 추구, 한국 전역에서 일어난 민중 봉기 등은 자생적 근대의 창출이라 할 만하다. 서구문명의 충격에 대해서도 나라마다 주체적 대응의 양상이 나타났다. 동도서기東道西器, 변법유신變法維新과 같은 사상적 대응이 그 좋은 예이다. 그리고 동아시아 각국은 근대의 체험 내용이 달랐다고는 하나 나라마다 전통과 혁신, 수구와 문명개화가 대립하고 갈등하면서 근대적 민족구성체를 추구하였던 역사를 공유한다. 따라서 한국의 '근대'를 말하기 위해서는 동아시아 차원의 근대에 대한 이해가 아울러 요구된다.

안동대학교 인문과학연구소에서는 이러한 문제의식에 대한 공감으로 '동아시아와 한국의 근대 읽기'를 기획하였다. 이 책은 동 주제로 2006년 9월부터 1년 여 동안 진행된 학술세미나의 결과물이다. 기조특강으로 논의의 장을 연 조동일 교수께서 근대의 기원 문제를 짚어 주셨다. 자생적 근대의 문제와도 연관되는 근대 담론의 중요한 주제이다. '중세에서 근대로의 이행기'가 조금씩 시기를 달리하면서 나라마다 존재했다는, 지극히 당연하면서도 간과되었던 사실을 동 서양 여러 나라의 경우를 들어 확인하였고, 나아가 각국의 근대 이행기가 보이는 양상의 비교를 통해서, 그 동안 서양적 근대를 '정통'으로 삼아 온 오류를 바로잡았다. 그리고 미타니 노리마사三谷憲正 교수는 일선동조론 외에도 오키나와, 유대, 티벳 등을 대상으로 한 다양한 동조론이 제기되었던 일본의 근대를, 이승우 연구원은 유가적 전통과 서양적 근대를 사이에 두고 이루어진 중국 근대 지식인들의 문화정체성 담론을 각각 조명해 주었다.

2장에서는 한국의 근대성과 근대 체험에 대한 논의들을 모았다. 전통과 혁신 사이에 선 지식인 또는 예술가들의 고뇌와 모색, 그리고 오리엔탈리즘 또는 식민주의 담론에 굴절된 한국의 근대가, 문학, 미술, 교육, 문화 등의 영역에서 포착되었다. 근대가 일제 강점기에 전개된 특수한 사정 때문인지, 대부분의 논의에는 식민지의 그늘이 스며 있다. 근대 이후 거의 한 세기가 지난 오늘에도 여전히 '근대'가 학문적 담론의 주제가 되고 있는 것은 이렇듯 본의아니게 '일그러진' 한국의 근대를 이제야말로 극복할 때가 되었음을 말해 주는 사실이다. 극복은 진정한 이해를 통해서 가능한 것이기 때문이다.

이 책이 그 진정한 이해를 위한 작은 길잡이 구실이나마 하기를 바라는 마음 간절하다. 어려운 가운데 책이 나오기까지 여러 분의 도움이 컸다. 우선 바쁜 일정에도 기조 특강을 맡아주신 조동일 교수, 쿄토 불교대학의 미타니 노리마사 교수를 비롯, 학내 외의 여러 분들이 주제 발표와 토론에 참여해 주셨다. 이 모든 분들께 진심으로 감사드린다. 인문과학연구소장이 바뀌는 등의 사정으로 책의 출간이 많이 늦어지게 되어 송구한 마음 이루 말할 수 없다. 마지막으로 무거운 인문학 저서의 출간을 주저하는 시대, 가볍지만은 않은 이 책의 출판을 기꺼이 허락해 주신 도서출판 월인의 박성복 대표께도 깊은 감사를 드린다.

2009년 2월 20일

글쓴이들을 대표하여
천혜숙 씀

차례

현대성과 근대 중국의 문화적 정체성의 재건 / 이승우

제2부 한국의 근대와 근대체험

근대시의 형태와 의식의 분열 / 손병희

–정지용을 중심으로–

제1부 동아시아와 근대

동아시아 근대의 기원, 무엇이 문제인가

조동일*

동아시아의 영역

동아시아는 (가) 중국 · 한국 · 일본, 또는 (나) 중국 · 한국 · 일본 · 월남이라고 한다. 두 경우에는 동아시아가 동남아시아나 남아시아와 구별된다. (다) 중국 · 한국 · 일본 · 월남에다 동남아시아 여러 나라를 보태 동아시아라고 하기도 한다. 이 경우에는 동아시아가 남아시아나 서아시아와 구별된다.

동아시아 각국은 관심이 적고, 유럽문명권에서 동아시아를 다시 보면서 범위를 상이하게 잡는다. (가)는 라이샤워 외 공저, 《동아시아, 위대한 전통》(Edwin Reishauer and John K. Fairbank, *East Asia, the Great Tradition*, Boston: Mifflin, 1960)에서 선례를 찾을 수 있다. (나)는 콜프의 《동아시아, 중국, 일본, 한국, 월남: 한 문명권의 지리》(Albert Kolb, *Ostasien: China, Japan, Korea, Vietnam, Geographie eines Kulturerteiles*, Heidelberg:

* 계명대학교 석좌교수

Quelle & Meyer, 1963)에서 말했다. (다)는 브리온 외 공저, 《동아시아, 팽창하는 역량》(Hélène Briones et Cédric Tellenne, *L'Asie orientale, puissance en expension*, Paris: Ellipses, 2004)에서 보인 견해이다.

(가)는 정치사 위주로 역사를 이해한 범위이다. (나)는 문명사의 관점이다. (다)는 오늘날의 경제 상황을 말할 때 흔히 사용하는 개념이다. (나)로 보는 동아시아의 모습을 나는 《동아시아문학사비교론》(서울대학교출판부, 1993), 《하나이면서 여럿인 동아시아문학》(지식산업사, 1999)에서 고찰했다.

동아시아는 한문을 공동문어로 사용하던 한문문명권이다. 한자문명권이라고도 하는데 적절한 용어가 아니다. 한자는 로마자처럼 문자에 지나지 않는다. 문자는 문명의 소속을 판별하는 기준이 아니다. 터키어, 인도네시아어, 스와힐리어 사용자도 로마자로 자국어를 표기해 유럽문명권에 들어갔다고 하지 않는다. 라틴어를 공동문어로 쓴 유럽 여러 나라만 라틴어문명권을 이룬다.

지금 한자를 그대로 쓰는 곳은 대만과 홍콩뿐이다. 중국에서는 簡字를 만들었다. 일본에서는 약자로 바꾼 한자를 자국의 문자와 섞어 쓴다. 한국의 경우 남쪽에서는 한자 혼용과 국문 전용을 병행하고, 북쪽에서는 한글 전용을 택했다. 월남에서는 로마자를 쓴다. 동아시아가 한자문명권이라는 것은 타당성을 잃고 있는 견해이다.

문자에서 언어로 고찰의 대상을 바꾸고, 현재가 아닌 과거에 근거를 두어, 중세시기에 한문을 공동문어로 하던 곳이 동아시아라고 해야 한다. 공동문어와 민족어가 양층언어의 관계를 가진 시대가 중세이다. 공동문어를 규범화된 문학어로, 보편종교의 경전어로 함께 사용하는 여러 민족이 문명을 이루어, 그 유산이 오늘날까지 계승된다.

동아시아의 한문은 공동문어문학을 규범화하는 문학어이면서 유교

및 북방대승불교의 경전어였다. 동남아시아 및 남아시아의 산스크리트, 서아시아 및 북아프리카의 아랍어, 유럽의 라틴어 또한 규범화된 문학어면서 보편종교의 경전어이기도 한 구실을 일제히 수행했다. 그래서 한문문명권 · 산스크리트문명권 · 아랍어문명권 · 라틴어문명권이 이루어졌다. 《공동문어문학과 민족어문학》(지식산업사, 1999)에서 그 양상을 총괄하고, 각 문명권의 구제적인 모습을 고찰했다.

오늘날의 동아시아는 중국 · 한국 · 일본 · 월남을 주요 구성원으로 하고, 중국 소수민족, 대만 · 홍콩 · 싱가포르, 일본의 일부가 된 유구를 포함한다. 몽골도 한문을 더러 사용했으므로 동아시아의 일원이라고 할 수 있다. 중국 · 한국 · 일본 · 월남의 경우를 중점적으로 고찰하면서 전체를 파악하고자 하는데, 준비 부족으로 월남에 관한 고찰에는 이따금 공백이 있다. 균형 있는 연구를 해야 하는 과제가 제기된다.

동아시아 재발견의 의의

우리 민족이 한문을 받아들여 한문문명권에 참여한 것이 불행인가 행운인가, 저주인가 축복인가를 두고 주장이 엇갈린다. 한문을 거부하고 고유문화를 지키고 주체성을 지킨 것이 마땅했다고 하는데, 그것은 사실에 근거를 두지 않은 상상이다. 공동문어를 사용하는 중세문명에 동참하지 않고서는 국가를 만들지 못하고, 국어라고 할 것도 없으며, 선진의 역량을 가지고 닥쳐오는 외침을 막는 것이 불가능했다.

우리는 중국에서 중세문명의 유익함을 취하고 정치적 압박은 막았다. 근대 일본의 침략에 맞서서, 대의명분이 분명한 저항을 계속했다. 식민지 통치에서 해방된 제3세계 나라들 가운데 특히 앞서서 경제의 발전이나 사회의 민주화를 이룩하고 있다. 그 역량이 민족문화에만 있는 것은 아니다. 동아시아문명의 가장 소중한 유산인 학구열과 도덕심을 깊이 간직한 것이 또 하나의 중요한 이유이다. 상극일 수 있는 민족어문화와 공동문어문명이 상생의 관계를 가지게 했다.

중세는 보편주의의 시대였다. 고대의 자기중심주의를 넘어서서 사람은 다 같은 사람이라는 사실을 문명권 단위로 확인하게 된 것이 커다란 발전이었다. 공동문어와 보편종교가 문명권 전체의 보편적인 가치관을 보장해주어 그 원리를 의심하지 않게 되고, 다양한 창조물을 구체화했다. 그러다가 근대로 들어서면서 보편주의를 민족주의로 바꾸어놓는 변화가 일어났다. 공동문어를 버리고 민족어를 국어 또는 공용어로 삼았다. 종교에서도 다원화가 이루어졌다. 근대화를 향해 나아가면서 한문문명권의 공동유산이 퇴색되고 동아시아의 유대가 사라졌다.

그런데 이제 동아시아 한문문명권을 다시 말하는 것은 무슨 까닭인가? 근대민족주의 노선으로 국가를 만들고 사회를 조직하고 문화를 이룩하는 과업이 어느 정도 완성되면서 다음 단계로 나아가기 위한 모색이 요청된다. 근대의 민족주의가 중세의 보편주의를 부정하고 고대의 자기중심주의를 긍정하고자 하는 것과 같은 사태가 재현되고 있다. 근대의 민족주의를 부정하고, 중세의 보편주의를 긍정하면서 다음 시대로 나아가고자 한다.

근대 형성을 선도해 그 역량으로 세계를 제패하던 유럽문명권이 다음 시대로의 전환에서도 앞서려고 한다. 민족국가의 경계를 허물고 유럽통합을 추진하는 거대한 행보를 보여 다른 문명권을 긴장하게 한다. 근대화에 뒤떨어진 것은 어쩔 수 없는 일이었다고 해도 다음 시대로의 전환에서 다시 낙후하는 것은 감수하기 어렵다. 지난날을 되돌아보면 중세 보편주의를 이루는 사고 수준에서는 유럽이 상대적으로 뒤떨어져 근대로의 전환을 먼저 했다. 중세문명의 자랑스러운 유산을 간직하고 있으면서 근대 동안에 수난을 겪은 다른 문명권이 새 출발에서 앞서는 것이 마땅하므로 분발해야 한다.

동아시아 사람들은 아직 근대가 제일 좋은 시대인 줄 알면서 머뭇거리고 있는데, 유럽문명권에서는 동아시아가 하나가 되어 다시 일어나는가 하고 경계한다. 어렵고 복잡한 논의가 있어서 그러는 것은 아니다. 자기네 이익을 해치는 경쟁자가 될까 염려하기 때문이다. 동아시아에 대한 최근의 논란이 그 때문에 활기를 띤다.

동아시아는 공통된 문명을 잃고 지금은 여럿으로 흩어져 불행을 겪고 있다. 나라의 크기, 과거사의 쟁점에 대한 시비, 경제 체제와 수준의 차이 때문에 불화가 계속된다. 독자적인 문명의 동질성 상실은 유럽문명권의 도전 때문에 생긴 세계사의 수난이다. 일본은 그 추세에 편승해 脫亞를 표방하는 이탈자가 되고 이웃 나라들을 침략하면서 문명의 공동유산을 모독해 불신하도록 하고, 민족 저항이 최상의 진보노선으로 등장하게 만들었다.

침략을 당해 고통을 겪은 것뿐만 아니라 배타적인 민족주의가 사고를 지배하게 된 것이 또한 불행이다. 앞의 불행은 피해자만의 것이고, 뒤의 불행은 가해자에게 더욱 심각하게 남아 있어 범위가 더 넓다. 앞의 것은 불행인 줄 알고 있는 불행이어서 회복 가능하다. 뒤의 것은 불행인 줄 모르고 있는 불행이어서 오래 가고 피해가 더 크다.

동아시아 문명의 동질성을 파괴하고 이웃 나라들을 침략하는 반칙을 저지른 일본이 아직도 자기 위치를 제대로 정립하지 못하고 있다. 일본은 동아시아를 떠나서 별도의 문명을 이루고 있다고 한다. 伊東俊太郞, 《比較文明》(東京: 東京大學出版會, 1985) 같은 문명론 개설서, 문제의 저서인 헌팅턴(Samuel P. Huntington)의 《문명의 충돌》(*The Clash of*

Civilizations and the Remaking of World Order, New York: Simon and Schuster, 1996)에서도 일본은 동아시아와는 다른 독자적인 문명권이라고 했다. 그러면서 미국과 유럽은 같은 문명권임을 강조해서 말했다. 그것은 적은 분열시키고 동지는 단결하도록 하는 상투적인 작전이다.

일본은 가해자 노릇을 멈추지 않고 갈등을 키운다. 영토 확장을 꾀하고 역사 교과서를 왜곡해 침략을 합리화하면서 패권주의에 대한 미련과 환상을 달랜다. 그 점에서 독일과 아주 다르다고 널리 지적된다. 독일은 유럽 다른 나라에 피해를 끼친 과거를 진정으로 반성하고 미해결의 문제를 넘기지 않아 유럽통합이 가능하게 했다. 일본의 새로운 가해에 대해서 한국과 중국이 자위권을 행사하지 않을 수 없어 동아시아 전체의 유대는 더욱 불분명해지고 있다.

먼 곳에서 동아시아를 잘못 본다고 나무랄 체면이 없다. 동아시아의 모습을 멀리서 하는 말을 거울삼아 겨우 알아볼 수 있다. 동아시아가 하나라는 생각을 안에서는 하지 못하고 있다. 그런 잘못을 바로잡지 않고서는 동아시아가 평화롭지 못하고, 각국의 안정도 기대할 수 없다. 실리적인 계산을 떠나 자기 자신을 그릇되게 알고 있는 것 자체가 크나큰 불행이다.

지금은 국가의 경계를 넘어서 지역 통합을 추구하는 것이 대세이다. 그것이 근대를 넘어서서 다음 시대를 바람직하게 이룩하는 방안이다. 그런데 동아시아는 청산해야 할 낡은 이념에 사로잡혀 고통을 겪고 있다. 통합된 유럽에 상응하는 동아시아 공동체가 생겨날 수 있을지 의문이 아닐 수 없다. 그 때문에 뒤떨어지고 있다는 사실을 바로 알고 깊이 염려해야 한다. 동아시아의 경제적 통합이 이루어지고 있다고 유럽에서 경계하는 것은 지나친 염려이다.

미국까지 합친 유럽문명권의 거대한 덩어리에 일본이나 중국 또는 동아시아의 다른 나라가 단독으로 맞서서 경쟁하겠다는 것은 잘못이다. 승산이 없는 싸움일 뿐만 아니라, 세계사의 바람직한 진행에 어긋난다. 근대 동안의 분열과 갈등을 넘어서서 인류가 다시 화합하는 전환은 중세 동안에 이룩한 문명권 단위의 통합을 재현하는 과정을 거쳐 이루어진다.

동아시아는 중세의 영광에 도취되어 근대를 만들 때 유럽을 따르지 못했다. 그러나 중세문명의 수준이 높고 혜택이 널리 끼친 데서는 동아시아가 앞섰다. 유럽이 근대를 먼저 이룩한 것은 후진이 선진이 되는 당연한 전환이었다. 그런데 근대를 벗어나 다음 시대를 만들 때에는 근대에 뒤떨어진 쪽이 앞서야 하는 것이 당연하다.

갈등이 증폭되고 있는 영역은 정치이다. 민족의식에 더 깊은 이유가 있다고 하지만, 정치가 들어서 민족의식을 지나치게 격화시킨다. 민족의식을 배타적인 민족감정이라고 하는 것은 부당한 견해이다. 다른 민족을 이해하고 서로 화합하고자 하는 성향도 민족의식이다. 민족의식은 문명권의 동질성, 인류 전체의 보편성과 표리관계를 가지고 바람직한 가치관을 추구하는 선의의 경쟁을 벌여 마땅하다.

이제 각국의 국사를 넘어서서 동아시아사에 대해 이해하고 연구하는 것이 긴요한 과제로 등장한다. 동아시아사를 국력 우열을 다투는 자리로 여기지 말고 공통된 전개를 문명사의 관점에서 고찰해야 한다. 문명의 공동유산 또는 공유재산의 내력을 살피는 데 그치지 않고, 근대를 스스로 이룩하려고 모색한 과정에 대한 해명을 더욱 긴요한 과제로 삼고 공동의 노력을 하는 것이 마땅하다. 불가피하게 등장하는 유럽문명권과의 비교를 더 잘 하기 위해서도 힘을 합쳐야 한다.

동아시아 각국이 근대를 모색하면서 이룩한 업적은 거의 다 망각되고 폐기되었다. 다시 찾아내 평가하면서 세 가지 긴요한 목표 달성을 위해 활용해야 한다. 동아시아가 여럿이면서 하나이고 하나이면서 여럿인 사실이 역사의 전 과정에서 타당성을 가졌음을 입증하는 것이 첫째 목표이다. 유럽에서 이식한 근대화의 폐해를 시정하는 것이 둘째 목표이다. 근대를 넘어서서 다음 시대로 나아가는 바람직한 방향을 찾는 것이 셋째 목표이다.

중세에서 근대로의 이행기 인식

17세기부터 19세기까지 동아시아도 유럽도 커다란 변화를 겪으면서 근대의 기원을 마련했다. 그런데 변화의 양상을 명명하는 시대구분 용어에서 심한 불균형을 보여 시정이 요망된다. 이에 관해 《소설의 사회사 비교론》(지식산업사, 2001)에서 편 논의를 가져와 토론 자료로 삼는다.

유럽은 14세기의 문예부흥에서 근대로 들어섰다고도 하고, 17세기에 영국에서 시민혁명이 일어난 다음에 근대사회로 들어섰으나, 동아시아를 위시한 다른 곳은 20세기에도 전근대사회에서 벗어나지 못했다고 한다. 그런 차등발전론이 아직 커다란 영향력을 행사하고 있어 세계사 이해를 그릇되게 한다.

문예부흥은 중세후기에 일어나서 중세에서 근대로의 이행기가 시작되게 했을 따름이다. 이탈리아는 문예부흥을 겪고 침체기에 들어섰으며, 그 성과를 받아들인 스페인, 프랑스, 영국 등의 다른 나라가 17세기부터 전면에 나서서 근대로의 이행기의 시대변화를 주도했다. 유럽이 문예부흥기를 거쳐 중세에서 근대로의 이행기에 들어선 변화는 동아시아에 비해서 결코 빠르지도 않고 철저하지도 않았다.

문예부흥기의 성격에 관해서는 오랜 논란이 있다가 어느 정도 해결을 보았다. 문예부흥이 근대의 시작이라고 하는 견해가 유행하다가 그 반발로 문예부흥은 중세의 연장일 따름이라는 주장이 대두했으나, 그런 양극론보다 "문예부흥은 이행기였다"는 견해가 더욱 타당하다고 하게 되었다. 그러면서 문예부흥기의 위치를 단독으로 판별할 수 없고 시대구분을 어떻게 해야 할 것인가 하는 커다란 문제를 해결해야 한다고 했다. 문예부흥에 대한 지나친 평가에 근거를 두고, 유럽은 이미 16 · 17세기에 획기적인 전환을 이룩해 다른 문명권보다 앞서기 시작했다는 주장은 타당하지 않다.

유럽에서 17세기 이후에 근대가 시작되었다고 하는 견해는 멀리서도 받아들이고 있지만 잘못되었다. 그 시기에 일어난 영국혁명의 성격을 두고 논란이 거듭되다가, 그것이 근대사회를 만든 혁명이 아니고 중세에서 근대로 이행하는 한 과정이었다는 데 대해서는 의견의 일치를 보았다. 1640년의 영국혁명은 시민이 원하지도 않았고, 주도하지도 않았으며, 시민이 주도하는 사회를 만드는 결과에 이른 것도 아니므로 시민혁명이 아니라고 하는 견해가 설득력을 얻고 있다.

그런 연구에서는 영국이 특별히 앞서서 사회변화를 선도했다고 보지 않고, 같은 양상의 위기가 다른 나라에서도 일제히 조성되었는데, 영국은 왕권이 미약해서 감당하지 못한 것이 특수한 사정이었다고 한다. 국왕의 세금 확대에 반대하는 귀족과 불만에 찬 하층민이 연합해서 반란을 일으켰다고 한다. 절대왕정이 미약해서 통제력을 상실한 탓에 상하층의 불만을 누르지 못하고 있을 때 종교적인 극단주의가 편승해서 폭발적인 사태가 벌어졌다.

영국, 프랑스 등의 유럽 선진국에서는 시민혁명과 산업혁명이 일어나서 19세기 중엽에 귀족을 대신해 시민이 주도하는 근대사회가 되었다. 1848년에 일어난 프랑스의 2월혁명이 그 경계선이라고 할 수 있다. 그러나 프러시아 이동 동유럽에서는 그런 변화가 지연되어, 1914년까지 경제적 우위, 정치적 주도권, 문화적 우월성을 유지하던 귀족이, 근대화를 이룩하는 과업을 시민에게 내주지 않고 스스로 맡아 나섰다.

유럽에서는 중세가 끝나자 바로 근대에 들어섰다고 하는 것은 잘못이다. 유럽의 최선진국에서 일어난 변화를 따르지 못한 곳은 모두 예외로 처리해야 한다는 것은 억지이다. 시대구분에서 나타나는 유럽문명권중심주의를 극복하고, 세계사의 전개를 총괄해서 파악하는 새로운 관점을 확보하는 데 동아시아가 적극 기여해야 한다.

전근대와 근대, 중세와 근대 두 시대만 있다고 하면, 그 둘의 경계를 긋는 것이 문제이다. 근대가 시작된 시기부터 근대라고 할 수도 있고, 중세가 끝난 시기부터 근대라고 할 수도 있는 두 가지 기준이 생긴다. 유럽의 경우에는 근대가 시작된 시기가 근대라고 하는 관점을 택해 14세기부터 근대라고 하고, 다른 곳에서는 전근대 또는 중세가 끝난 시기가 근대라고 하는 다른 관점을 택해 20세기도 아직 근대가 아니어서 근대화에 힘써야 한다고 한다.

같은 시대의 중국과 유럽을 비교하면서 "late imperial China and early modern Europe"이라고 하는 말을 쓰는 것을 흔히 볼 수 있다. 그렇게 해서 중국에서는 왕조의 시대가 끝나갈 때 유럽에서는 근대가 시작되었다고 하면서, 둘 사이에 상당한 격차가 있었던 것처럼 보이게 하는 것은 잘못이다. 중국은 중세와 더불어 운명을 같이 하고, 유럽은 근대로 나아가는 새 길을 연 점이 서로 다르다고 한다. 그러나 왕조시대가 끝나가는 것도 근대가 시작되는 것도 유럽이나 중국에서 함께 일어난 일이다. 발전이 빠르고 더딘 것은 같은 시대 안에서 생긴 격차이지, 시대가 서로 달랐다고 할 증거는 아니다.

17 · 18세기의 유럽뿐만 아니라 아시아 또한 'early modern'의 시기에 들어섰다고 하면서, 그 둘을 대등한 위치에서 비교한 업적이 있어 새로운 시각을 보여준다. 그 시기에 양쪽 다 국가통치가 위기에 이르고 변란이나 혁명이 빈번하게 일어난 공통점이 있었다고 한 것은 주목할 만한 일이다. 그러나 동아시아 역사의 한 시기를 같은 이름으로 지칭하는 데는 상당한 난점이 있다.

'early modern'이라는 말은 번역해 사용하자면 '전기근대'라고 해야 하는데, 그 말은 생소하다. 동아시아도 17세기에는 '근대전기'에 들어섰다고 하는 견해를 펴면 동아시아 각국에서 쉽사리 받아들이지 않으면서, 유럽의 전례를 무리하게 이식하지 말라고 할 수 있다. 또한 '근대전기'라는 말을 일반화해서 사용하면 그 시대가 근대로 이어진 측면에만 일방적인 의의를 부여하고 중세의 연속된 면은 도외시해 형평을 어길 염려가 있다.

일본에는 중세에서 근대로의 이행기를 '近世'라고 하는 일컫는 용어가 정착되어 있다. 그 용어를 널리 사용하면 '중세에서 근대로의 이행기'라고 길게 말하는 번거로움을 피할 수 있다. 그러나 '近世'는 일본사의 특수성을 유럽사와의 비교를 통해 부각시키는 데 사용되는 용어이다. 유럽은 17세기 이후에 이미 화폐경제 시대인 '近代'에 들어섰지만, 동시대 다른 곳은 아직 '中世'였으나, 일본만은 중세의 지배체제와 근대의 화폐경제가 공존하는 특수성이 있어 '近世'라고 따로 명명해야 한다고 한다.

일본에서 말하는 '近世'를 영어로 옮기면 'early modern'이라고 할 수밖에 없다. 일본사에 관한 영문서적에서 그 말을 흔히 내세운다. 일본사에 관한 영어 저술에서는 일본만 유럽과 함께 'early modern'의 시대에 들어섰다고 한다. 일본의 용어 '近世'나 일본사에 적용된 영어 용어

'early modern'은 유럽사가 세계사의 척도라고 하는 유럽문명권중심주의를 합리화하는 데 쓰이고 있어 널리 받아들일 수 없다.

'전기근대'나 '近世'는 각기 그런 문제점이 있으므로, 그 대신에 '중세에서 근대로의 이행기'라는 용어를 일반화해서 사용하고자 한다. 이 말이 뜻하는 바는 오해의 여지가 없이 전달된다. 말이 너무 길어진 결점이 있어도 뜻이 정확한 이점이 앞선다. 17·18세기 전후의 시기가 중세에서 근대, 또는 봉건주의에서 자본주의로 이행한 시기라는 것은 유럽학계에서도 널리 통용되고 있는 견해이다.

경제사의 관점에서 규정하면, 중세에서 근대로의 이행기는 상업자본주의의 시대이다. 상업자본주의는 그 뒤에 오는 산업자본주의와 달라 지배적인 산업일 수 없었으며, 자본주의화하지 않은 농업과 공존했다. 자본주의의 주역인 시민이 대두해서 상당한 활동을 했지만, 자본주의화하지 않은 농업의 지배자인 귀족과 대등한 위치에 이르지는 못했다.

그런 사실을 더욱 복합적으로 파악하려면 경제사에서 한 단계 더 나아간 사회경제사가 필요하다. 귀족 지배의 신분사회였던 중세가 시민 우위의 계급사회로 바뀌어 근대가 되는 중간과정이 중세에서 근대로의 이행기이다. 신분사회와 계급사회, 귀족의 지배와 시민의 우위가 복잡한 양상을 가지고 얽힌 시대이다.

유럽과 동아시아가 같은 시기에 중세에서 근대로의 이행기였다는 사실을 명확하게 하고 비교논의를 진행해야, 공통점과 차이점이 실상대로 파악된다. 중세에서 근대로의 이행기가 세계사의 보편적인 시기였다고 해야, 유럽문명권중심주의의 그릇된 역사관을 시정할 수 있다. 중세에서 근대로의 이행기는 근대가 시작될 때부터 중세가 끝날 때까지의 시기이다. 근대가 시작되었다고 해서 중세가 끝난 것은 아니다. 사회의 어느 한 면에서 시작된 근대가 전면적으로 확대되어 중세를 청산할 때까지 여러 세기가 걸렸다. 그 점에서 유럽도, 동아시아도, 그 밖의 다른 문명권도 동일하다.

중세에서 근대로의 이행기는 빠른 곳에서는 14세기에, 대개는 17세기에, 늦은 곳에서는 19세기 또는 20세기에 시작되었으며, 빠른 곳에서는 19세기에, 대개는 20세기에 끝나고, 늦은 곳에서는 아직 끝나지 않았다고 일반화해서 말할 수 있다. 중세에서 근대로의 이행기는 세계사의 공통된 시대이다.

중세에서 근대로의 이행기를 이해해야 동아시아의 근대가 스스로 준비되고 있었음을 알 수 있다. 유럽문명권의 도전과 충격이 닥쳐와 근대화의 방향이 준비한 것과 달라졌다. 지금은 근대화의 방향을 시정하면서 다음 시대로 나아가야 할 때이다. 폐기된 설계를 찾아내 참고로 삼으면서 필요한 것은 되살려야 한다.

신분사회에서 평등사회로

신분과 계급은 역사 이해에서 핵심적인 의의를 가진다. 신분이 생겨났다가 없어지고, 신분 대신에 계급이 등장한 것이 어느 곳의 역사에서든지 공통되게 나타난 현상이다. 유럽의 경우에는 이에 관해 많은 논의가 있었으나 동아시아는 그렇지 못하다. 반성하고 분발하지 않을 수 없다.

그러나 유럽에서 한 작업을 따르면 동아시아에서 해야 할 일을 하는 것은 아니다. 유럽에서도 개별적인 연구를 총괄하는 작업은 제대로 이루어지지 않았다. 여러 문명권의 경우와 비교해 논하면서 세계적인 범위의 일반이론을 만들어내는 작업은 유럽에서는 하지 않고 있어 동아시아가 나서야 한다. 동아시아의 경우를 통괄해서 고찰하고 국가끼리 비교도 해서 세계사를 다시 이해하는 출발점을 마련해야 한다.

중세는 신분사회이고, 근대는 계급사회이다. 그 중간의 중세에서 근대로의 이행기는 신분사회가 계급사회로 바뀌면서 그 둘이 겹쳤다. 이처럼 명백한 사실이 지금까지 제대로 인식되지 못했다. 신분과 계급 가운데 어느 하나를 택하고 다른 것은 버리는 편향성을 가지고 논란을 벌여 그 둘의 관계를 밝히는 이론이 이루어지지 못했다. 중세와 근대를 각기 연구해 이행기를 제대로 알 수 없었다. 이런 잘못을 시정하는 작업을 《소설의 사회사 비교론》 2에서 시도한 바 있어 가져와 논하기로 한다.

신분사회에서 계급사회로 넘어온 것은 세계사의 보편적인 과정이다. 유럽에서는 일어난 일이 동아시아에서는 일어나지 않았다고 하는 오해를 불식해야 한다. 아시아는 일찍이 위대한 역사를 이룩했다가 활력을 잃고 쇠퇴했으며 발전은 오직 유럽에서만 있었다는 편견을 바로잡기 위해 아시아를 변호하는 것이 능사가 아니다. 여러 문명권을 함께 다루어 일반이론을 마련해야 한다. 유럽문명권중심주의에 사로잡힌 근대학문의 잘못을 시정하는 대안 제시가 주도권 교체가 시작된 증거이다.

사람을 '士・民' 또는 '官・民'으로 구분해 '士' 또는 '官'라고 하는 귀족이 '民'이라는 평민을 지배하는 관계는 어디서든지 중세에 마련한 신분제의 핵심을 이루었다. 그러면서 문명권에 따른 차이가 있었다. 동아시아의 '士'는 '官'이 아닐 수도 있는 점이 특이했다. 신분적인 특권을 가지기는 하지만 '민'의 옹호자 노릇을 하는 경우가 적지 않았다. 피지배층을 '農・工・商'으로 나누어 '士・農・工・商'을 '四民'이라고 하면서 중세의 범위 안에서 가능한 평등을 확보하는 데 다른 어느 곳보다 더 나아갔다.

그런데 상업, 수공업, 금융업 등의 영역에서 시장경제가 성장하면서 귀족의 지배가 위태롭게 되는 변화가 일제히 나타났다. 신분제 속의 '工·商'인이 하던 일을 주어진 규범에서 벗어나 자유를 누리기 시작한 '市民'이 한층 적극적으로 수행하면서 중세에서 근대로의 이행기에 들어섰다. 유럽에서 쓴 'bourgeois' 또는 'Bürger' 즉 '城內 사람'이라는 말보다 '市場 사람'을 뜻한 동아시아의 용어 市民이 지역적인 한계를 넘어선 일반론을 전개하기는 데 더 유리하다.

귀족은 士·民으로 구분된 신분사회를, 시민은 貧·富에 따라 나누어진 계급사회를 지배하는 위치에 있다. 시민의 경제력이 귀족의 정치력을 위협하면서 귀족이 수세에 몰리는 데 그치지 않고, 신분사회를 계급사회로 바꾸어놓는 과정에 들어선 시기가 중세에서 근대로의 이행기이다. 그 과정에서 귀족과 시민은 대립하면서 공존하고, 귀족의 시민화와 시민의 귀족화가 함께 이루어지면서, 구체적인 양상은 각기 달랐다. 유럽과 동아시아가 기본적인 공통점을 가지면서 문명권에 따른 차이, 나라마다의 차이가 있었다.

영국에서는 왕권과 맞서온 귀족이 귀족의 신분을 지닌 채 스스로 시민의 생업에 참여했다. 귀족과 시민이 자본주의 발전을 함께 도모했다. 그래서 귀족이 시민문학의 발전에 참여하고, 시민문학이 귀족에 항거하는 혁명성은 가지지 않았다. 프랑스에서는 부유한 시민은 국가 시책에 따라서 귀족의 신분을 획득하도록 했다. 귀족화된 시민이 한 시기 문학을 주도했다. 그러다가 신분상승에서 제외되어 불만을 가진 시민이 민중 폭동에 편승해 혁명을 일으켜 신분제를 폐지하고 계급사회를 만들었다.

독일에서는 귀족이 강하고 시민은 약해 시민이 귀족을 추종했다. 귀족이 주도해 위로부터 개혁해 근대사회를 이룩했다. 신분제는 폐지했으나 권위주의가 온존한다. 그 때문에 독일의 시민은 귀족과의 화합을 염원했다. 러시아에서는 일부 빈곤해진 귀족이 기존의 체제에 불만을 가지고 시민을 대신해서 사회개혁을 주장하다가 무산계급 혁명의 동조자가 되었다. 러시아에서는 시민혁명은 좌절되고 무산계급혁명이 일어나 신분제를 철폐했다. 역사가 거기까지 진행되는 동안에 사회 비판의식을 가진 귀족이 농민이나 노동자를 위해 봉사하겠다고 나섰다.

동아시아에서는 시민의 도전을 받아들여 신분제를 개편하는 방안을 더욱 적극적으로 모색했다. 중국과 일본에서 중세에서 근대로의 이행기에 접어들 때 새로운 지배자가 등장해 시대 변화를 받아들이면서 고정시키는 방안을 내놓아 그럴 수 있었다. 중국에서는 신분제를 최상위에서만 유지해, 자기 당대에 과거에 급제한 '紳士'만 지배신분의 혜택을 누리게 했다. 과거 급제에 실패하는 지식인은 불만을 토로하면서 생업을 찾았다. 일본에서는 '町人'이라고 일컫는 시민을 한 신분으로 인정해서, 신분제가 흔들리지 않게 하고, 시민의 경제활동을 보장했다. 일본의 시민은 독자적인 문화 활동을 적극 벌이면서 무엇이든 상품화하는 데 앞섰다.

월남과 한국의 통치자들은 그런 획기적인 대책을 내놓지 못하고 사태변화를 그대로 방치했다. 월남에서는 신분제를 타파하고 시민의 활동을 자유롭게 하자고 하는 주장이 변란을 통해 구현되다가 취소되었다. 한국에서는 시민의 능력을 가지고 귀족의 신분을 부당하게 취득하는 풍조가 확대되어 신분제가 무력하게 되었다. 두 나라에서는 귀족의 신분을 가졌으면서 그 특권은 누리지 못하는 지식인이 시민의 관심사나 농민의 요구를 받아들였다.

근대에 이르는 사회 전체의 변화는 신분제 내부의 모순을 해결하는 상이한 방향에 따라 구체화되었다. 중국에서는 과거제를 폐지하자 모든 사람이 평민이 되는 평등사회가 된 것과는 달리, 한국에서는 누구나 귀족이 되는 상향평등이 이루어졌다. 중세문명의 유산이 중국에서는 극력 폄하되고, 한국에서는 더욱 평가되는 반대의 현상이 그 때문에 더욱 촉진되었다.

일본에서는 신분제의 유산을 그대로 지닌 채 체제 변혁을 염원하던 귀족이 새 시대를 맞이해 자본주의 발전을 이룩하는 데 시민보다 오히려 적극적으로 기여했다. 월남은 민족해방투쟁을 전개하는 과정에서 귀족 출신의 지식인이 민중과 동화되면서 민중을 이끌었다. 일본은 유럽의 근대를 받아들여 그대로 재현하기를 바라고, 월남은 식민지 통치자가 요구한 유럽 추종을 거부하고 다방면에 걸친 민족항쟁을 일으켰다.

신분제를 폐지하고 평등사회를 이룩하는 전환이 유럽에서만 이루어진 것은 아니다. 신분제에 묶여 있어 뒤떨어진 동아시아를 발전시키기 위해서는 유럽의 전례를 따르는 것 외에 다른 길은 없다는 주장은 잘못되었다. 양쪽이 같이 출발했다가 처지가 달라진 내력을 알고, 중단된 노력을 되찾아 이어야 한다. 사회의 근대화가 서양화여야 한다는 것은 잘못이다. 동아시아 각국에는 평등사회를 바람직하게 만드는 그 나름대로의 활력이 있다.

철학에서 시도한 혁신

중세에서 근대로의 이행기 동안에 동아시아에서는 사상을 혁신하는 철학을 다채롭게 창조했다. 17세기에서 시작해서 19세기까지, 어느 한 곳에 치우치지 않고, 여러 나라에서 그런 일이 일제히 일어났다. 그 내역을 동시대 유럽의 계몽철학을 비교해 평가할 필요가 있다. 이에 관해서 《철학사와 문학사 둘인가 하나인가》(지식산업사, 2000)에서 고찰한

성과를 가져와 활용한다.

그 내력을 보자. 중국에서는 王夫之(1619～1692)와 戴震(1724～1777), 한국에서는 任聖周(1711～1788), 洪大容(1731～1783), 朴趾源(1737～1805), 崔漢綺(1803～1877)가 氣일원론을 기본 내용으로 한 새 시대의 사상을 이룩했다. 유구의 蔡溫(1682～1761), 일본의 安藤昌益(1703～1762), 월남의 黎貴惇(1726～1783) 또한 그렇게 하는 데 동참해 긴요한 기여를 했다.

동아시아는 유럽에 비해 교통이 불편한 곳이어서 국경을 넘어서까지 교류하지는 못했으면서도, 동아시아 다섯 나라의 이들 사상가들은 시대정신 구현의 공동과업을 수행했다. 朱熹의 理氣이원론과는 상반된 氣일원론을 전개해, 관념에서 현실로 관심을 돌리면서, 지배질서를 옹호하는 윤리적 규범 대신에 민중이 살 수 있게 하는 대책을 찾고자 하는 일을 함께 했다.

중세에서 근대로의 이행기 유럽과 동아시아의 혁신사상가들은 같은 길로 나갔다. 어느 한쪽만 대단하게 여기고 다른 쪽은 무시하지 말고, 양쪽을 함께 살펴 공동노선을 확인해야 한다. 유럽에서는 계몽사상을, 동아시아에서는 氣철학을 일으킨 점이 서로 달랐다고 하는 것은 피상적인 이해이다. 유럽의 계몽사상도 氣철학을 體로 삼고, 동아시아의 氣철학도 계몽사상을 用으로 삼았는데, 한쪽은 用을 다른 쪽은 體를 일컬어 서로 다른 것처럼 보일 따름이다.

계몽사상의 근거는 氣철학에 있고, 氣철학의 효용은 계몽사상이라는 사실을 바르게 이해하는 데 氣철학에 대한 무지가 커다란 장애가 된다. 氣철학을 유물론이라고 하는 것은 적절하지 못하다. 유럽의 계몽사상가들은 유물론으로 나아가는 과정에 있었다고 하는 견해를 동아시아 氣철학자들에게까지 적용해, 氣철학을 미숙한 유물론이라고 규정해 혼란을 일으키고 있다.

氣철학의 '氣'와 유물론의 '물질'은 "氣 > 물질"의 관계에 있다. '氣'는 물질은 물론 생명이나 정신까지 포괄하고 있어서, "삶을 누리는 것이 善이다"고 하는 것이 당연한데, 유물론에서는 그렇게 말할 수 없다. 氣철학은 이성을 넘어선 통찰의 영역까지 나아가는데, 유물론은 이성을 넘어선 영역은 비과학이라고 배격한다. 유물론은 근대사상의 한 갈래이지만, 기철학은 근대를 넘어서서 다음 시대를 만들어낼 수 있다.

0 · 1 · 2 · ∞가 서로 다른 것이 아님을 알아서 함께 파악하는 것이 氣철학의 출발점이다. 0을 인정하고, 0이 1 이하의 것들이라고 해야 1 이하의 것들을 만들어낸 창조자가 따로 있다고 하지 않게 된다. 0과 1, 1과 2 사이에 간격이 있어 한쪽은 理이고 다른 쪽은 氣라고 하는 이원론을 부정하고, 양쪽 모두 氣이면서 그 양상에 차이가 있을 따름이라고 한다.

0 · 1 · 2 · ∞를 함께 파악하면서 0보다는 1을, 1보다는 2를, 2보다는 ∞를 더욱 중요시한다. 0이나 1에 이르러 모든 것을 한꺼번에 이해하는 것을 인식의 목표로 삼지 않고, ∞로 펼쳐져 있는 다양한 사물의 구체적인 양상을 있는 그대로 파악해 실제적인 의의를 발견하고 발현하려고 한다. 그래서 다양한 문제에 대한 구체적인 해결책을 갖춘 계몽사상을 마련했다.

∞의 개별적인 양상을 하나하나 파악하는 것을 능사로 삼지 않고, 개별적이고 구체적인 것들의 성격을 총괄해서 파악하기 위해서 0 · 1 · 2 · ∞로 나아간 과정을 역행한다. ∞를 ∞로 이해하고 마는 수렁에서 벗어나 ∞를 2로 파악하는 것이 차원 높은 인식이다. ∞가 2인 양상은 어느 하나로 정해져 있지 않으므로, 天地, 人物, 貴賤, 男女, 華夷, 詩歌 등을 두루 문제 삼았다. ∞로 존재하는 2 가운데 특히 긴요한 것을 선

택해서 논하는 것이 ∞에 대한 인식을 2로 집약하는 방법이다.

天地, 人物, 貴賤, 男女, 華夷, 詩歌 등은 上下의 구분을 공통적으로 지니고 있다. 위에 있어 존귀하다는 쪽과 아래 있어 비속하다는 쪽이 서로 구분되어 2를 이룬다. 2를 이루는 관계가 上下인 것은 바람직하지 않으므로 시정해야 한다. 下 쪽에서 분발해 上을 공격하는 투쟁을 감행해야 한다. 그 결과 양쪽이 서로 구분되면서 대등하고, 차이가 있기 때문에 서로 필요로 한다는 관계를 확보해야 한다. 上下가 '內外'임을 알아야 한다. 누구나 자기 쪽은 內라 하고, 다른 쪽은 外라고 할 수 있다. 다른 쪽에서는 內外의 구분을 자기와는 반대가 되게 한다는 것을 인정해야 한다. 그렇게 되면 上下가 '互性'이 된다. 차이가 있기 때문에 서로 필요로 하는 관계가 互性이다.

양쪽이 上下여서 벌어지는 싸움과 互性이어서 이룩되는 평화는 양자택일의 관계에 있지 않다. 싸워야 평화를 이룩할 수 있고, 평화는 싸움의 다른 측면이다. 이런 관계를 生克이라고 하는 것이 적절한 명명이다. 평화로운 관계에서 이루어진 생성인 生과 투쟁해서 승패를 나누는 克이 불가분의 관계를 가지고, 서로 원인과 결과가 되는 生克을 경험하면서 인식하고, 이론으로 정립하면서 실천하는 것이 가장 긴요한 과제이다.

0・1・2・∞ 가운데 ∞의 개별적 양상을 있는 그대로 파악하는 것은 이성의 소관이고 과학의 과제이지만, ∞에서 2로, 2에서 1이나 0으로 나아가 모든 것을 총괄하고 일반화하려면 상승의 방법이 필요하다. 그 방법이 무엇이며 어떻게 얻을 수 있는가 하는 문제에 대해서 동서의 사상가들은 서로 다른 접근을 보여주었다. 동아시아의 사상가들은 통찰이 구현되는 양상을 陰陽, 內外, 互性 등으로 일컬었다. 유럽에서는 볼테르가 통찰로 나아가기 위해서는 경험적 인식을 축적하는 것 이상

의 질적 향상이 있어야 한다는 점을 강조해서 말했다. 하늘에서 내려온 도사가 하늘로 올라가는 것과 같은 놀라운 비약이 있어야 한다고 했다.

유럽의 계몽사상은 이성을 최대한 존중하고, 이성에 입각해서 사리를 판단한 성과라고 하는 것은 일면적 타당성만 가진 말이다. 이성 이상의 통찰을 가져야 이성이 자기 기능을 제대로 수행할 수 있다. 이성 이상의 통찰은 신앙의 영역으로 내맡겨두지 않고, 이성 이상의 통찰을 부정하는 일차원적인 경험주의나 속류의 유물론에 빠지지 않고, 이성을 그 하위 개념으로 하는 통찰을 찾는 것이 긴요한 과제였음을 볼테르의 경우를 들어 입증할 수 있다.

동아시아에서는 이성에 대한 인식이 없어 계몽사상을 이룩하지 못했다고 하는 것은 더욱 부당한 견해이다. 理氣의 理가 이성이라고 하자는 것은 아니다. 理를 따로 구하지 않고 氣 자체에서 찾아내는 格物致知의 능력이 유럽철학에서 말하는 이성이다. 초월이냐 이성이냐, 감성이냐 이성이냐 하는 두 가지 대립항에서 이성이 문제된다. 초월이냐 이성이냐는 理氣가 둘인가 하나인가 하는 시비이다. 理氣가 둘이면 理는 氣에서 벗어나 있으므로 초월의 영역이다. 理氣가 하나이면 理는 氣 자체의 원리이므로 이성으로 파악된다. 理氣가 하나라고 한 氣일원론은 이성을 신뢰하고 과학을 지향했다. 합리적인 인식과 실천적 활동으로 사회를 바로잡고자 노력했다.

동서의 계몽철학에서는 이성을 그 자체로 문제 삼지 않고, 현실 문제를 인식하고 해결하는 구체적인 사명을 이성의 힘으로 수행했다. 그렇게 해서 이성이 공허한 개념에 머무르지 않고 실질적인 기능을 수행하게 했다. 이성의 능력을 더욱 고양시켜 그 이상의 영역으로 나아가고자 했다. 이성은 인식의 능력이고 대상이 아니므로, 이성이 무엇인가 하는 문제를 특별히 제기하지 않았다. 이성 자체를 검증의 대상으로 삼은 것은 인식의 발전인 것 같지만 후퇴이다. 이성의 능력을 고양시켜 통찰에 이르는 절차와 방법을 해명하는 것이 가능하고 필요하다. 任聖周가 '氣一分殊'를 말하고, 崔漢綺가 '一元'과 '萬物'의 관계를 '運化學'의 관점에서 파악하는 길을 제시하고자 한 것이 그런 노력이다.

통찰로 나아가는 길은 대상이 아닌 주체인 통찰이 무엇을 얻었는지 실제로 보여주어야 제시할 수 있다. 동서의 계몽주의자들은 그렇게 해서, 방법론이 존재론이고, 인식론이 실천론이게 했다. 그 때문에 철학을 제대로 하지 않았다고 비난하는 것은 잘못이다. 철학을 한다고 특별히 내세우지 않아 철학이 죽지 않고 살아 있게 했다. 內外니 互性이니 하는 총괄개념은 실질적인 내용을 되도록 넓게 집약하기 위한 방편에 지나지 않으므로, 실상을 파악하기 위한 안내자로 사용해야 한다.

홍대용과 박지원은 '人'과 '物'의 구분을 문제 삼아 사람과 동물 사이의 차등이 도덕 유무에서 유래한다는 주장을 부정하고, 사람이든 동물이든 "삶을 누리는 것이 善"이라는 점에서 서로 다를 바 없으며, 삶을 누리는 방식은 상대적인 의의를 가진다고 했다. 문명권의 중심부는 위대하고 주변부는 저열하다고 하는 華夷의 구분을 상대화해서 누구나 자기는 華이고 다른 쪽은 夷라고 하는 것이 당연하다고 했다. 그 둘이 內外論의 가장 중요한 내용을 이룬다.

安藤昌益은 貴賤과 男女 가운데 어느 한쪽은 존귀하고 다른 쪽은 저열하다고 하는 차등론을 비판하고, 지위나 성별이 다른 쌍방은 서로를 필요로 하고, 서로 돕는 관계여야 한다고 했다. 양자가 그런 관계를 가지는 것이 互性이다. 內外와 互性은 같은 현상을 다른 측면에서 거론한 말임을 내용을 보고 판단할 수 있다. 쌍방이 각기 자기를 주체로 하고 상대방을 대상으로 할 수 있으니 內外이고, 쌍방이 서로 필요로 하고 있으니 互性이다.

"삶을 누리는 것이 善"이라는 주장은 유럽에서도 라블래(Rabelais)가 먼저 펴고, 볼테르(Voltaire)와 디드로(Diderot)가 뒤를 이었다. 그것은 유럽의 氣철학이어서 동아시아의 경우와 기본발상이 다르지 않았다. 삶을 긍정해야 하는 이유를 밝히는 데서는 동아시아가 한 걸음 더 나아갔으나, 그렇게 해서 기존 종교의 편견을 시정하는 충격은 유럽 쪽이 더 컸다.

유럽의 氣철학은 기독교가 유럽인의 우월성을 보장해준다는 생각을 배격하는 근거가 되었다. 볼테르는 자기 종교를 일방적으로 존중하고 다른 종교는 배격하는 편협성, 유럽인의 우월의식을 가지고 다른 문명권 사람들을 멸시하는 태도를 버려야 한다고 했다. 디드로는 그릇된 사회를 개조하기 위해서 싸워야 한다고 했다. 이것이 또한 內外論이고, 互性論이다. 유럽의 계몽주의자들은 주장하는 바를 총괄하는 작업은 스스로 하지 않고 오늘날의 연구자에게 넘겨주었으므로, 이런 논의를 첨부할 수 있다.

氣철학에서 善이란 지향해야 할 목표가 아니고 삶을 누리는 행위 자체라고 한 것은 가치관의 대전환이고, 기존질서를 뒤집어놓을 만한 논리를 갖추었다. 삶을 유린하는 것이 악이라고 규정하고 악의 실상을 파헤칠 수 있었다. 신분적 특권과 관념적 사고를 내세워 권력자가 백성의 삶을 유린하는 것을 고발할 수 있었다. 거기까지 나아가는 작업은 많은 제약이 있어 미완으로 남겨두었으므로 힘써 이어받아야 마땅하다.

그런데 다음 시기에 유럽의 근대철학을 받아들여 단절과 혼란이 일어났다. 동아시아에서 하던 철학은 망각하고 배격해 미완의 과제를 수행하지 못하게 되었다. 그뿐만 아니라, 크게 발전된 학문이라고 하는 근대철학이 그 자체로 심각한 결함을 지녔다. 계몽철학의 문제 제기를 대폭 취소하는 대가로 공인된 학문으로 자리 잡고, 관할 범위를 이성의 능력 자체 점검으로 축소했다. 널리 관심을 가질 만한 논란거리는 철학의 소관사가 아니라고 해서, 계속 생겨나는 다른 여러 학문에서 되도록 세분화해 나누어 가졌다.

고유한 영역과 방법을 분명하게 하는 것이 철학이 할 일이라고 하면서, 생소한 개념과 난삽한 논리로 아성을 쌓고 장벽을 높여 접근을 막는다. 그런 작업을 각기 다른 말로 하는 새로운 경향이 계속 나타나 걷잡을 수 없다. 그럴듯한 주장을 내세우는 비판철학이 없는 것은 아니지만 이식하려고 애쓰다가 자생적인 논란은 잠재우게 된다. 어느 한 구석이라도 제대로 이해하려고 대단한 노력을 바치다가 뜻을 이루지 못하고 극도의 근시가 되어 전후좌우를 판단할 능력을 상실하는 것을 흔히 볼 수 있다.

이제 우리는 수입학을 넘어서서 창조학을 해야 한다. 근대를 극복하고 다음 시대로 나아가는 철학을 하는 것이 최대의 창조학이다. 중세철학의 체계에서 제시한 生의 원리와 중세에서 근대로의 이행기철학에서 내놓은 克의 반론을 합쳐서, 生克의 양면을 온전하게 하는 것이 그 기본과업이다. 그렇게 하기 위해서 이성의 권능을 되찾아야 하는 것은 아니다. 이성에서 통찰로 나아가고, 철학과 문학을 함께 해서, 철학이라는 것이 따로 없어 사람이 살고 활동하는 모든 행위가 철학일 수 있게 해야 한다.

근대를 극복하고 다음 시대로 나아가고자 하는 지금의 노력으로 다음 시대를 바로 이룩할 수 없다. 그렇게 하기에는 시기상조이고 역부족이다. 실재로 가능한 작업은 근대에서 다음 시대로의 이행기를 시작하게 하는 것일 따름이다. 근대에서 다음 시대로의 이행기에 들어서기 위해서는, 근대를 부정하고 그 전 시대인 중세에서 근대로의 이행기를 긍정하고 계승해야 한다.

중세를 극복하고 근대를 이룩하기 위해 고대를 계승한 것처럼, 근대를 넘어서는 다음 시대에는 중세를 계승하는 것이 당연한 일이다. 그러나 그런 비약을 한꺼번에 이룩할 수 없다. 중세를 계승하기 전에 중세에서 근대로의 이행기부터 계승해서 근대로 들어온 길을 되돌아나가 근대에서 벗어나야 한다. 중세에서 근대로의 이행기에 제시한 미래상 가운데 근대에 와서 실현되지 않고 버린 것을 근대를 넘어서서 다음 시대로 나아가는 지침으로 삼을 수 있다.

과거는 현재의 잘못을 시정하고 바람직한 미래를 창조하는 지침일 수 있다. 이렇게 보는 것은 순환사관이면서 발전사관이다. 순환이 발전이면서 발전이 순환인 진실을 명확하게 하는 정당한 사관이다. 고대, 중세, 중세에서 근대로의 이행기, 근대, 근대에서 다음 시대로의 이행기, 다음 시대로 역사가 진행된다는 것은 발전사관이다. 그러면서 근대는 고대를, 근대에서 다음 시대로의 이행기는 중세에서 근대로의 이행기를, 다음 시대는 중세를 재현한다고 하는 것은 순환사관이다. 재현한다는 것은 발전을 이룩하기 위한 재창조이다. 그래서 순환이 발전이고 발전이 순환이라고 하는 것이 生克論에 포함된 기본명제의 하나이다.

과거는 미래일 수 있다. 중세에서 근대로의 이행기가 근대를 넘어서서 다음 시대로 나아가는 출발점을 설정하기 위해 긴요한 구실을 한다. 중세에서 근대로의 이행기를 이룩한 선각자들의 노력을 오늘에 되살려 근대를 넘어서는 다음 시대를 만들어야 한다.

동아시아소설과 유럽소설

중세에서 근대로의 이행기문학의 가장 중요한 갈래는 동아시아에서도 유럽에서도 소설이다. 두 곳의 소설은 서로 대조가 되는 성격을 지니고 나란히 발전했다. 이에 관해서 《소설의 사회사 비교론》에서 고찰한 내용을 일부 간추린 "Biography and Confession: Eastern and Western Modes of Cultural Memory", *Interrelated Issues in Korean, East Asian, and World Literatures*(Jimoondang, 2006)의 전반부를 번역해 제시하면서 필요한 내용을 추가한다.

문화 기억을 어떤 이야기의 형태로 기록해 전하고자 하는 것이 인류 공통의 소망이다. 사람의 행실에 대한 최종적인 평가를 가장 소중하게 여기는 점도 서로 다르지 않다. 그 구체적인 방식이 어떤가는 종교의 전통에 따라 달라진다. 동아시아 유교 사회와 유럽의 기독교 사회는 사람의 행실에 대해 최종적인 평가를 하는 이야기 형태를 각기 그 나름대로 갖추었다. 한쪽은 傳이고, 다른 쪽은 고백록이다. 그 두 가지 방식으로 전개되는 一生譚이 변형을 거치면서 오랜 기간 동안 문학사에 전해졌다. 두 문명권 문학이 서로 대조가 되는 양상의 많은 부분이 그 결과 이루어졌다고 설명할 수 있다.

동아시아에서는 司馬遷이 본보기를 보여준 史書의 列傳에 기록된 사실이 사람의 행실에 대한 공식적인 평가이다. 선조의 명예와 불명예가 후손에게 상속되었다. 그것이 유교에서 내리는 최후의 심판이었다. 史官은 기록을 공정하게 해야 하고, 후세의 평가를 두려워해야 했다. 傳은 모두 그런 규범을 따라야 했다. 제삼자의 객관적 시점을 갖추지 않은 일생담은 받아들여질 수 없었다. 자서전 집필은 허용되지 않았다.

서쪽 유럽에서는 종교적인 고백록을 일생담 가운데 으뜸가는 것으로 여겼다. 일찍이 아우구스티누스(Augustinus)가 그랬듯이 신을 향해 자기 죄를 고백해야 심판에 통과해 천국에 갈 수 있다고 여겼다. 신은 거짓말을 용서하지 않으니 고백하는 사람은 정직해야 했다. 그런 고백록이 후대에는 변모를 보여 고백하는 상대는 신이 아닐 수도 있지만, 내면의 진실을 그대로 나타내는 일인칭 서술의 전통은 그대로 이어졌다. 중요한 위치에 있는 사람은 누구나 자서전을 쓰는 것이 바람직하다고 했다.

동아시아의 소설은 가짜 傳으로 시작되었다. 사서의 열전에 오를 자격이 없는 대수롭지 않는 인물을 등장시켜 지어낸 이야기를 전이라고 했다. 위장된 신분으로 불법 출생신고를 한 그런 문제아들이 기울어지고 있는 중세문명을 내부에 침투해 파괴하기 시작했다. 유럽의 첫 소설, 건달소설이라고 하는 것들은 가짜 고백록이다. 스페인어로 '피카로'(picaro)라고 하는 건달이 잘못을 고백하고 용서를 빈다는 구실을 내세워 도리어 갖가지 비행을 자랑한 내용이니 가짜라고 하지 않을 수 없다. 고백을 받는 상대방을 사회명사로 바꾸어놓았다.

형성 단계 양쪽 소설의 기본 관심사는 남녀관계였다. 중세에서 근대로의 이행기 세속화된 사회가 그런 이야기를 흥미 거리로 삼고, 문화기억의 방식에 따라 서로 다르게 구체화했다. 각기 자기네 전통을 변형시켜 소설을 전개하는 방식이 주목할 만한 대조를 보여주었다. 동아시아에서는 一夫多妻 소설이 유행했다. 남성의 유력한 인물이 여러 여성과 관계를 맺는 사건을 만들어 가짜 傳이 널리 관심을 끌고 지지 기반을 다지게 했다. 여성 등장인물이 또한 흥미로운가는 작품에 따라 달랐다.

일본 작품 井原西鶴의 《好色一代男》(1682)은 남성 본위의 이야기이다. 남주인공이 평생토록 수많은 여성을 찾아다니는 獵色 행각의 과정을 일방적으로 다루었다. 상대가 되는 여성 등장인물의 삶에 대해서는 관심을 보이지 않고, 모두 소모품으로 취급했다. 그 비슷한 설정을 한 중국 소설에 《金瓶梅》가 있는데, 작자 미상이고, 16세기말이나 17세기

초에 이루어진 것으로 보인다. 이 작품은 好色漢 주인공이 온통 지배하지 않는다. 작품 제목에 이름 한 자씩 보이는 세 여성에게 그 나름대로의 삶이 있다. 남주인공이 횡포를 부리다 죽은 뒤에는 여성의 운명에 관한 이야기로 작품이 이어졌다.

한국에서 金萬重이 지은 《九雲夢》(1687)은 등장인물 아홉의 꿈이라고 하는 제목을 내세웠다. 아홉은 한 남편과 여덟 아내이니 불공평하다고 할 수 있지만, 남녀관계가 항상 여성 주도로 이루어진다. 여성의 사회적 위치에 따라 각기 다른 戀情譚이 전개된다. 여성 독자는 여덟 여성과 자기를 동일시하는 흥미를 느끼고 작품을 탐독했을 수 있다.

동아시아의 一夫多妻 소설에 상응하는 유럽의 작품은 多夫一妻 소설인데, 간통소설이라고 하는 명예롭지 못한 용어가 널리 사용된다. 一夫一妻를 다루는 것보다 남녀 어느 한쪽의 수를 늘여 一夫多妻 또는 多夫一妻 관계를 만든 소설이 더욱 흥미롭다. 양쪽 문명이 자기네 사정에 맞게 하나씩 나누어 가졌다. 一夫多妻 소설은 단독 또는 연속의 傳이며, 예외 없이 삼인칭 시점으로 진행된다. 多夫一妻 소설 또는 간통소설은 일인칭 시점을 사용해 내심의 번민을 고백했다. 고백의 상대는 사랑하는 사람으로 바뀌었다. 사랑하는 사람이 새로운 우상으로, 사랑이 새로운 종교로 등장했다. 여성 독자들이 그런 소설을 열렬하게 환영했다.

그런 소설의 좋은 본보기인 루소(Jean-Jaques Rousseau)의 《쥘리 또는 새로운 엘로이즈》(*Julie ou la nouvelle Helöise*, 1761)는 편지의 연속으로 이루어져 있다. 사회적인 장벽 때문에 사랑을 이룰 수 없는 두 연인이 절망에 사로잡혀 편지를 계속 주고받으면서 견딜 수 없는 탄식을 늘어놓았다. 내면의식이 소중할 따름이고, 사건의 전개는 없다. 한쪽이 죽어 결말에 이르렀을 따름이다.

그런 형태의 書簡小說이 새로운 방식으로 재정비된 고백록이다. 유럽 전역에서 유행하고 다양한 변형을 산출했다. 영국 것으로 이름난 리처드슨(Samuel Richardson)의 《파멜라》(*Pamela*, 1740)는 최초의 근대소설이라고 하지만, 행복한 결말에 이르는 점이 예외이다. 여주인공이 쓴 편지를 읽은 상대방의 유력한 남성이 갸륵한 마음씨를 평가해 결혼을 하자고 했다. 괴테(Johan Volfgang von Goethe)의 《젊은 베르터의 고뇌》(*Die Leiden des jungen Werthers*, 1774)는 소용없는 고백의 전통으로 되돌아갔다. 그런데 절망적인 고백을 받는 상대가 사랑의 우상이 아니고 내심을 알아주는 친구인 제삼자이다. 주인공의 죽음이 실패한 사랑의 당연한 귀결이라고 하기 어렵고, 설명하기 어려운 내면의 갈등을 나타내는 소설의 출현을 예고했다고 할 수 있다.

동아시아 근대소설은 유럽소설의 영향을 받았으나, 독자적인 전통을 버리지 않고 이었다. 객관적인 서술을 하는 傳을 모체로 가족사소설이 생겨났다. 근대에 이르는 역사적 변동의 문제를 다루었다. 그런 소설의 대표적인 예를 들면 일본 島崎藤村의 《家》(1912), 중국 巴金의 《家》(1931), 한국 廉想涉의 《三代》(1931)이다. 이 세 작품은 가부장의 죽음이라는 주제를 함께 다루면서 근대사회에 이르는 역사적 변동의 공통된 과정을 보여주었다. 그러면서 그 구체적인 양상을 각국이 처한 상황이나 작가의 사고방식에 따라 다르게 나타냈다.

가부장의 죽음은 전통사회에서 근대사회로, 권위주의에서 민주적 가치관으로 이행하는 필연적인 과정이므로 회피하거나 연기할 수 없다는 데 세 소설은 의견이 일치했다. 그러나 가부장의 성격은 상이했다. 島崎藤村의 《家》(1912)에서는 농민의 지도자, 巴金의 《家》(1931)에서는 과거에 급제한 紳士, 廉想涉의 《三代》에서는 금전의 힘으로 양반의 지위를 획득한 사람을 가부장으로 설정했다.

가부장의 뒤를 잇는 후계자는 두 가지 성격으로 나누어졌다. 가부장의 죽음을 온건한 후계자는 애석하게 여기고, 반항적인 후계자는 환영했다. 島崎藤村 《家》의 후계자는 온건하고, 巴金 《家》의 후계자는 반항적이다. 廉想涉 《三代》에서는 두 가지 성격의 후계자들이 함께 등장한다. 島崎藤村 《家》의 온건한 후계자는 사라져가는 일본문화의 전통을 이어받아 서양의 도전을 극복하려고 했다. 巴金 《家》의 반항적인 후계자는 서양의 자유주의를 받아들여 가부장의 횡포에서 벗어나고자 했다. 廉想涉은 《三代》에서 서양의 자유주의나 공산주의가 전통적 가치관과 충돌하는 복잡한 양상을 여러 인물을 등장시켜 보여주었다.

유럽에도 비슷한 소설이 있었다. 프랑스의 뒤 가르(Martin du Gard)는 《티보家의 사람들》(*Les Thibault*, 1922~1936)을 써서 가부장의 죽음을 그리고, 우익의 온건한 후계자와 좌익의 반항적인 후계자 사이의 경쟁을 보여주었다. 그런데 이런 작품은 한물간 것으로 취급하고 20세기 유럽 소설의 주류에서 벗어나 있다고 한다.

유럽 소설은 의식의 흐름 쪽으로 기울어졌다. 그 모형인 푸르스트(Marcel Proust)의 《잃어버린 시간을 찾아서》(*À la recherche du temps perdu*, 1913~1927)나 조이스(James Joyce)의 《율리시스》(*Ulysses*, 1922)에 대한 관심이 줄곧 상승되어왔다. 이런 작품은 자기 자신을 상대로 한 새로운 형태의 고백록이다. 내심을 알아주는 친구조차 없으며, 자기 자신의 범위를 넘어선 의사소통이 불가능하다. 문자 그대로 내적 독백이다.

이런 작품에 대해 힘들게 분석해본다 해도 잡다한 話素가 그물에 걸리기나 하고 작품의 지향점이나 의미에 관해서는 아무 것도 파악하지 못한다고 비판하는 말이 타당하다. 그래도 상황이 달라지지 않는다. 이미 선택한 방향으로 나갈 수밖에 없고 다른 길이 없다. 카프카(Franz Kafka) 및 다른 몇몇 작가가 소설을 더 파괴했다. 마침내 '신소설' 또는

'反소설'이라는 것이 나타나 소설에 최후의 타격을 가했다. 사건은 어지럽혀지고, 인물의 성격은 해체되었으며, 역사의식이 사라졌다. 소설의 위기를 치유할 방법이 없는 것 같다.

새로운 형태의 유럽소설은 동아시아에서 언제나 높이 평가되었다. 서양학문의 배경을 가진 비평가들이 그렇게 하는 데 앞장서서, 유럽소설을 본뜨라고 작가들에게 충고했다. 그러나 서간소설이 고정된 형태로 정착되지 못했다. 의식의 흐름을 보여주는 실험 또한 가시적인 결과를 산출하지 못했다.

종교 신앙이 없는 고백록이 나타나 유럽소설의 위기를 가져왔다. 그것이 세계소설의 위기는 아니다. 동아시아에서는 문화 기억 방식인 傳의 전통이 세속화되고 근대화된 사회에서도 살아 있다. 동아시아의 소설은 삼인칭의 시점으로 역사를 그리려고 한다. 일본의 私小說은 일인칭을 사용하지만 소설을 파괴하지 않는다. 큰 규모의 역사소설이 일본과 한국에서 대단한 인기가 있다. 중국과 한국의 작가들은 근대의 사회사나 정치사를 역사가들이 하는 것보다 더 잘 다루기를 열망한다.

소설이 처음에 가짜 傳이었지만, 지금에 와서는 사회의 공식적인 傳을 쓰는 새로운 방식이다. 가짜 고백록으로 시작된 소설은 그렇지 못하니 희망이 없다고 할 것은 아니다. 극단화되는 쪽으로 기울어지지 않으면 사람이 겪고 있는 바를 진지하게 증언할 수 있다. 동아시아의 문화 기억 방식은 외면을 중요시한다. 가족 · 공동체 · 국가에서 이루어진 삶을 높이 평가하면서, 개인의 내면의식은 경시하는 경향이 있다. 외면 지향과 내면 지향을 결합하면 문화 기억 방법이 더 나아진다.

유럽에서 소설이 해체되고 불신된 것이 세계사의 위기로 이해된다. 이제 인류는 이상을 잃고 비판의식을 상실한 채 일상생활의 감각에 매몰되어 살아야 할 것 같다. 그러나 동아시아소설은 죽지 않았다. 유럽

소설과 동반자살을 꾀하는 경향이 없지 않으나, 거대 구성으로 커다란 문제를 다루는 소설이 살아 있고 많은 독자에게 감동을 준다. 제3세계 특히 아프리카의 소설은 더욱 왕성한 창조력을 보이면서 지금의 수난과 미래의 희망을 심각하게 다루어 인류를 위해 큰일을 하고 있다.

동아시아학문의 길

유럽의 학자들은 자기 학문을 하면서, 자기 나라의 학문을 하고, 또한 유럽의 학문을 한다. 유럽 통합이 이루어지면서 자기 학문을 새롭게 해서 유럽의 학문으로서 더 큰 의의를 가지도록 하는 쪽으로 노력을 기울인다. 동아시아 학자들은 자기 나라의 학문을 해야 하는 임무를 너무 크게 여겨 자기 자신의 독자적인 학문을 창출하지 못하고 동아시아 학문을 이룩하려고 하지 않는다. 이제 생각을 고쳐 동아시아학문을 새롭게 이룩하는 작업에 역량을 발휘해야 한다.

동아시아 각국은 학풍이 너무 달라 보조를 맞추어 공동의 노력을 하기 어려울 것 같다. 그러나 바로 이 점이 커다란 희망을 가질 수 있는 이유이다. 상극이 상생이게 해야 창조력이 커진다. 동아시아 각국이 각지 지닌 특징을 살려 동아시아학문을 바람직하게 이룩하는 설계를 《세계·지방화시대의 한국학 1 길을 찾으면서》(계명대학교출판부, 2005)에서 한 것을 간추려 옮긴다.

일본 학계는 정밀한 고증을 장기로 삼고 있어 한국은 도저히 따르지 못한다고 절망할 것은 아니다. 과감한 구상과 시도는 일본에서는 하지 못하고 한국에서는 한다. 내가 정립하는 이론도 그 가운데 하나이다. 그러면서 한국 학자들이 하는 작업은 논증이 엉성하고 마무리를 제대로 하지 못한다. 한국 특유의 장단점을 일본과 밀접한 관계를 가지고 제공하면서 보완하는 공동 작업을 하는 것이 마땅하다.

한 · 일 학계가 합작해도 결격사유가 남아 있어, 중국과 월남의 참여가 반드시 요망된다. 중국이 할 수 있는 가장 큰 기여는 여러 민족이 공존하고 문화 교류를 큰 폭으로 해서 얻은 다양한 문화체험을 제공하는 것이다. 월남이 세계 최강자들을 격퇴한 놀라운 승리에서 동아시아인의 자부심을 확인하고 학문의 영역에서도 이룩하기 위해 함께 노력하는 것이 마땅하다.

정밀한 고증, 과감한 구상, 다양한 문화체험, 놀라운 승리는 서로 아주 다르다. 학문을 하는 방법이나 원천 가운데 이만큼 이질적인 것들을 더 생각해내기 어려워 각기 소중한 가치를 가진다. 서로 전해주고 받아들여 자극으로 삼고 발전의 동력이 되게 하는 교류를 대등하게 할 수 있다. 상극이 상생이게 해서 커다란 창조력이 발현되는 감격을 함께 누릴 수 있다. 그 결과로 이룩되는 동아시아학문은 널리 모범이 되고 세계학문을 바람직하게 이끌 자격을 갖춘다.

학문의 목표는 유럽학문도 동아시아학문도 아니고 세계학문이다. 유럽학문은 곧 세계학문이므로 다루는 범위를 확대해 타당성을 검증하는 절차가 필요하지 않다고 여기는 것은 잘못이다. 유럽문명권중심주의의 편견을 벗어나지 못해 세계학문일 수 없다. 우리가 이룩하는 동아시아학문은 유럽학문과의 논쟁을 거치고 상극인 학풍이 상생이게 해서 이룩하므로 편협한 사고에 사로잡힐 가능성이 적다.

동아시아학문은 세계학문으로 나아가야 한다. 연구의 범위를 동남아시아나 남아시아까지 확대하고, 더 넓은 세계에 대해서도 적극적인 관심을 가지고 명실상부한 세계학문을 이룩하기 위해 노력해야 한다. 그래서 얻는 성과에서 유럽학계보다 앞서 역사는 종말에 이르렀다는 허

위진술을 배격하고, 인류의 미래를 바람직하게 설계하는 지혜를 제공해야 한다.

토론

2006년 9월 5일 안동대학에서 이 글을 발표할 때 지정토론자 네 교수, 일반토론자 몇 분이 많은 것을 지적하고 내가 응답했다. 토론은 저녁 식사를 하는 자리에서도 계속되었다. 특히 중요한 사항에 관한 문답을 정리한다. 순서를 재조절하고 말을 가다듬으면서 허점을 보완한다.

문: 동아시아문명의 동질성이 무엇으로 이루어져 있는가?

답: 공동체의 결속, 의리의 윤리관, 학문 존중이 한문문명을 이루는 내용 가운데 특히 소중하다. 그 근저에 생활방식의 동질성이 있다. 메주 간장으로 간을 맞추고 쌀밥을 먹으면서 젓가락을 사용하는 곳이 동아시아이다. 동아시아 사람들은 식성에서 촌수가 가까운 것을 다른 문명권에서 가서 절감하게 된다. 그 위에 가치관이나 사고방식의 동질성이 있다.

문: 동아시아문명의 동질성이 우리에게 무슨 소용이 있는가? 민족문화 발전을 저해하지 않았는가?

답: 우리 한국이 그 정수를 잘 이었다. 공동체의 결속, 의리의 윤리관 계승도 남다르게 잘 하고 있지만, 학문 존중을 열심히 이어받아 오늘에 이른 것이 자랑스럽다. 김홍도의 풍속도에 돗자리를 짜는 부모 곁에서 아이가 글공부를 하는 장면이 있다. 귀천이나 빈부의 차이를 넘어서서 학문을 숭상하고 누구나 최상의 공부를 하려고 하는 것이 우리의 능력

이고 희망이다. 동아시아문명의 공동 유산을 민족문화의 역동적인 기풍으로 재창조해 적극 활용하는 것이 마땅하다.

문: 동아시아를 지나치게 미화하는 것이 아닌가?

답: 학자가 심판이나 해설가라면 시비를 객관적으로 가리고, 장단점 비교론을 근거 있게 전개해야 한다. 학자가 선수라면 자기 능력을 향상할 밑천을 최대한 찾아내 효용을 극대화해야 한다. 신중한 심판이나 박식한 해설가만 있고 용감하게 나서는 선수는 없는 우리 학계를 그대로 두고 볼 수 없다. 내가 먼저 선수로 나서서 선수가 더 있어야 국제경기에 출전할 수 있다고 외친다.

문: 유럽에서 한 것을 동아시아도 해야 하고, 동아시아가 더 잘 해야 한다고 한 것이 이중으로 잘못되지 않았는가?

답: 배타적인 주권을 가진 근대민족국가를 만들고, 국가를 넘어서서 문명권의 통합을 이루는 두 가지 전환을 유럽에서 먼저 하고 동아시아가 뒤따른다는 것은 실제의 사실이고 내가 지어낸 말이 아니다. 첫째 전환을 동아시아에서도 하고 있었는데 유럽이 앞서서 유럽에서 이룬 것을 받아들여야 했다. 둘째 전환에서도 뒤떨어지는 것은 너무 억울하므로 정신을 차려야 하고, 이번에는 앞서서 근대 다음의 시대를 바람직하게 만들어야 한다는 것이 나의 주장이다.

문: 둘째 전환에서 앞설 가능성이 있는가? 정치적 분열과 대립이 심각한 동아시아가 통합될 수 있는 가능성이 있는가?

답: 정치는 화합하자고 하면서 분열을 확대한다. 경제는 경쟁력을 키우기 위해 통합의 방법을 쓴다. 동아시아 경제의 통합을 주목하고 검토

하는 연구를 유럽 쪽에서 열심히 하고 있다. 학문이나 문화는 정치 싸움에 동원되어 고유한 가치를 상실하지 말고 동아시아가 하나이게 하는 데 적극 기여해야 한다. 나는 이 일의 일부를 맡아 동아시아문명의 과거를 이해하고 미래를 설계하는 이론의 틀을 만들려고 분투한다.

문: 그것을 중국이나 일본이 받아들이겠는가?

답: 국가에서 받아들여야 한다고 생각하는 것은 잘못이다. 이해하고 동조하면서 자기 나름대로의 작업을 해서 토론에 회부하는 학자들이 늘어나기를 바란다. 우선 함께 노력하는 국내의 학자들이 많이 있어야 한다. 각자 전공에 따라 동아시아문명사의 어느 국면을 이룩하는 창조 작업을 열심히 하기 바란다.

문: 중세보편주의, 근대민족주의 같은 개념을 너무 쉽게 사용한다. 시기나 나라에 따라 갖가지로 달라져온 논란을 소상하게 알고 면밀하게 살펴야 한다. 민족주의라고 하는 것이 nationalism인지, 국민주의인지, 국가주의인지, 아니면 다른 무엇인지 밝혀 논해야 한다. (이에 관한 설명이 길게 이어졌는데, 옮겨 적지 않는다.)

답: 사학자는 구체적인 사실을 자초지종 말해야 하므로 발언을 길게 한다. 나는 간략하게 대답하겠다. 수많은 학설이 있으므로 어느 것을 따를 수 없고 내 학설을 등록해 시비를 가리고 진전을 기대한다. 근대민족주의는 중세보편주의와 짝을 이룬다. 중세보편주의는 문명권 전체의 보편적인 이상을 함께 받드는 사람은 누구나 대등하다고 하면서 신분의 차이가 있는 것이 또한 당연하다는 사고형태였다. 근대민족주의는 보편적인 이상의 존재 영역을 문명에서 민족으로 바꾸어 민족의 구성원은 누구나 대등하다는 주장을 신분을 철폐하고 평등을 지향하는

사회에서 이룩하고자 하는 사고형태이다.

문: 17세기부터 19세기까지 이른바 자본주의의 맹아가 있었다는 견해가 한 때 관심을 끌었으나 이제 와서는 허구로 판명되었다. 그런데도 중세에서 근대로의 이행기를 말할 수 있는가?

답: 시대변화를 경제사의 관점에서 자본주의의 성장을 결정적인 사항으로 보는 견해는 서부유럽이 앞선 이유를 밝히고 다른 곳들과의 차이를 강조하는 데 쓰였다. 기본 관점을 자본주의의 성장에서, 신분제 해체에서 평등사회 형성까지로 바꾸어야 유럽에서도 동부유럽까지 함께 다룰 수 있다. 동아시아, 남아시아, 아랍세계까지 포함하는 세계사의 변화를 이해하려면 기본 관점 전환이 더욱 긴요하다. 신분제 해체에서 평등사회 형성까지는 명백하게 확인될 수 있는 사실이고 세계사의 보편적인 변화이다.

한국은 동아시아는 물론 세계 어느 나라보다도 평등을 철저하게 이루고, 평등사회의 활력을 보여준다. 班常뿐만 아니라 良賤의 구분도 아주 없어지고, 계급의 차이에 구애되지 않고 대등한 권리와 발언권을 가지고자 한다. 택시 운전사가 대통령보다 똑똑한 나라는 한국밖에 없다고 하는 말이 틀리지 않다. 최근에 갑자기 나타난 기이한 사태가 아니고 수백 년의 과정을 거쳐 이루어진 변화이다. 그 연원을 캐고 과정을 설명하는 연구를 힘써 하면서 다른 여러 나라와 비교해야 한다.

문: 최근의 연구는 17세기부터 19세기까지 기득권을 지닌 양반이 귀족화되어 횡포가 심해진 것으로 나타났다. 양반 신분을 획득한 사람들이 대폭 늘어났다고 하는 것과 반대가 되는 현상이다. 이런 사실을 무시하고 중세에서 근대로의 이행기를 말할 수 있는가?

답: 양반 신분을 가진 사람은 소수여야 한다는 원칙이 무너지면서 신분제가 해체되었다. 일부 양반의 횡포가 심해진 것은 신분질서를 어기고 나타난 계급투쟁으로 이해해야 한다. 신분과 섞여 있어 구별하기 힘들지만 신분과 상이한 계급이 나타난 것이 중세에서 근대로의 이행기의 기본특징이다.

문: 역사에는 예정된 방향이 있다고 보는가? 예정은 필연적으로 실현되니 애쓸 필요가 있는가?

답: 중세가 근대로 바뀌고, 근대 다음에 다른 시대가 시작되는 것은 예정된 방향이다. 그러나 예정을 구체화해서 실현하는 작업을 빨리 하고 잘 하는 것은 사람의 노력에 달려 있다. 노력을 잘 하면 수혜자가 되고, 잘못 하면 피해자가 된다.

문: 근대 다음의 시대는 어떤 시대일 것인가? 계급관계를 들어 말해 보라.

답: 계급은 없어지지 않지만 격차가 줄어들고 대립이 완화될 것이다. 공동의 삶이 더욱 존중되고, 사회복지에 많은 힘을 쓸 것이다.

문: 희망 사항이 아닌가?

답: 필연적인 추세임을 널리 인정하고 있다.

문: 유럽에서는 해체된 소설이 동아시아에서는 살아 있다는 것이 사실인가?

답: 박경리와 조정래의 소설 같은 것이 유럽에서 사라지고 한국에서는 애독된다.

문: 그것은 80년대까지 있었던 일이다. 지금은 한국소설도 포스트모

더니즘으로 기울어지고 있다.

답: 일부는 그럴 것이지만, 정신 차리는 작가들은 소설을 살려나갈 것이다. 단권짜리 소설을 밀도 짙게 써서 세계 전체의 문제를 다루는 것이 바람직한 방향이다. 아프리카 소설에서 잘 하고 있는 일이다. 비평가들이 포스트모더니즘을 하라고 부추기지 말고 아프리카소설을 열심히 공부해 알려주라고 권고한다.

일본 근대의 동조론(同祖論)

-〈동화의 시각(同化の眼差し)〉에 대해서-

미타니 노리마사(三谷憲正)*

1. 들어가는 글

1945년 8월 일본이 포츠담 선언을 수락함으로써 대동아전쟁(大東亞戰爭)은 막을 내렸다. 패전까지 일본 근대를 이끌어 온 원동력은 주위 아시아의 여러 나라를 지배하면서 팽창해 온 제국주의국가로서의 야망이었다. 이 점에 대해서는 지금까지 여러 형태로 무수히 많이 논의되어 왔다. 즉, '대동아(大東亞)'의 맹주로서 다른 민족을 지배하는 오만에 찬 종주국의 모습이다. 여기서 주위 여러 민족을 차이화(당연히 차별화로 이어지는 면을 지니고 있었던 것은 사실이다.)시켜 나가는 제국 내 오리엔탈리즘의 시각을 읽을 수 있다. 본고에서는 그것을 <이화(異化)의 시각>이라고 하겠다. 예를 들면, 후쿠자와 유키치(福澤諭吉)의 '탈아론(脱亜論)'(『時事新報』, 1885년 3월 16일)은 1885년(明治 18) 시점에서의 주장이지만, 향후 일본이 나아갈 <이화(異化)의 시각>을 예언하고

* 일본 불교대학 문학부 교수

있다.

> 우리 일본의 국토는 아세아의 동쪽 끝에 위치하고 있지만, 국민 정신은 이미 아세아의 고루(固陋)에서 벗어나 서양문명권에 들어서 있다. 그러나 불행한 것은 이웃 나라들인데, 하나는 중국이고, 다른 하나는 조선이다. 이 두 나라의 인민도 고래(古來) 아세아의 정교풍속(政教風俗) 속에서 교육받은 점은 일본과 크게 다르지 않다. 그러나 그 인종의 유래가 다르기 때문인가, 혹은 같은 아세아의 정교풍속 안에 있어도 문화적인 유전 혹은 교육이 같지 않은 까닭일까, 일중한(日中韓) 세 나라 중에서 중국과 한국이 비슷한 것은 중국과 한국이 일본보다 가깝고, 이 두 나라는 같은 상황 속에 있어 개화의 길을 찾지 못 하고 있다. (밑줄은 인용자 붙임. 이하 동일)

오늘날의 관점에서 보면, 도저히 이해하기 어려운 논지이지만, 그러나 여기에서 중국과 한국 양자에 대해서 '그 인종의 유래가 다르기 때문인가'라고 설명하고 있는 점에 주목할 필요가 있다. 즉 일본이 이웃 나라와는 '인종(人種)'이 다르다고 하는 차이가 강조되어 있다. 이러한 제국(帝國)의 논리는 지금까지 다양한 방면에서 수없이 검토되어 왔다.

그러나 한편, 그것과 벡터를 반대로 하는 다른 하나의 시각에 대해서 주목하고 싶다.

중국 근대화의 원점이 아편전쟁(1840~42년)이라는 것은 잘 알려진 사실이다. 영국은 중국으로부터 사들이는 차의 대가(代價)를 대영제국의 식민지 인도에서 만든 아편으로 지불하는 극히 악질적인 방법을 취했기 때문에 이 전쟁이 일어났다. 근대적 병기로 무장한 대영제국은 텐진(天津)까지 공격해 들어가 남경조약(南京條約)을 이끌어낸다(1842년). 그 결과, 청나라는 홍콩의 할양, 치외법권, 관세자주권의 상실, 상하이

(上海)의 조계지(租界地) 등을 인정하지 않을 수 없게 되었다. 그로부터 십 수년이 지난 1856년, 이번에는 애로호 사건(Arrow War)이 터져 또 한 번 패배했다. 그래서 체결하게 된 조약비준서(天津條約) 교환을 위해 베이징(北京)으로 가던 영국 · 프랑스의 선박이 청나라 군대로부터 공격을 받아 또 다시 전쟁이 일어났다. 당연히 중국이 패하였고, 다시 베이징조약(北京條約)을 체결하게 되는 결과가 되었다. 이번에는 홍콩의 대안(對岸)에 있는 구룡반도(九龍半島)의 일부를 영국에 할양하였다(홍콩과 구룡은 나중에 99년간의 조차를 인정받았고 1997년에 반환되었다).

북방에서는 러시아가 자주 남하하고, 그리고 동으로도 그 영역을 넓혀 나갔다. 애로호 사건 때 양국과의 사이를 조정해 준 대가로 1860년에는 러청북경조약(露清北京條約)에 의해 일본에 가까운 연해주(沿海州)를 수중에 넣었다. 러시아 세력권의 최남단이 된 연해주(沿海州)의 남쪽, 거기에 '동쪽을 정복하라'는 의미의 도시, 블라디보스톡(Vladivostok)을 건설해 간다.

또 미국도 마찬가지로 스페인과의 전쟁(米西戰争 · 1890년)에 승리하고, 쿠바를 보호국화하고, 독립전쟁을 저지하고, 필리핀을 지배하에 두고, 같은 해에 드디어 하와이 왕국도 병합해 간다.

이러한 조류 속에서 근대 일본은 서구열강으로부터의 강압을 어떻게 저지할 것인가 하는 최대과제에 직면하게 되었다고 상상할 수 있다. 이렇게 잠식되어 가는 아시아를 백인으로부터 해방시키기 위해서는 아시아의 나라들과 '연대(連帶)' 또는 '공동전선(共同戰線)'을 생각했다고 해도 이상할 것은 없다. 그것은 오늘날의 시각에서 평가하면, 환상에 불과했다. 그러나 이 '환상(幻想)'은 근대의 일본으로서는 예상외로 강력한 심정적인 영향력을 가지고 있었다고 생각된다. 그러나 제국 내에

서는 침략한 지역이나 나라와의 관계가 종주국 대 식민지이었던 것은 틀림없다. 이것을 다시 한 번 <차이의 시각(差異の眼差し)>이라고 명명하고 싶다. 그러나 서구열강과 마주했을 때, 근대 일본에는 또 하나, 주위 아시아 지역에 대해서 가지고 있던 어떤 감정이 있었다고 생각된다. 이 점에 대해서는 오구마 에이지(小熊英二)씨가 『<日本人>の境界』(1998)[1]의 서장에서 '포섭(包摂)'과 '배제(排除)'라는 개념으로 설명하고 있는 것과 관련되는데, 당시 같은 아시아의 일원으로서 <동화의 시각(同化の眼差し)>이 있었다고 생각된다. '아시아는 하나'라고 주장한 오카쿠라 텐신(岡倉天心)은 1901년 체재하고 있던 인도에서 영문으로 「東洋の覚醒」[2]을 집필하고 있다.

아시아의 형제자매들이여!

엄청난 고통이 우리 조상의 땅을 뒤덮고 있다. 동양은 유약(柔弱)의 동의어(同義語)가 되었다. 토착주민은 노예의 별명이다. 우리의 온순(温順)에 대한 찬사(賛辞)는 반어(反語)이며, 서양인의 시각에서 예의바르다는 것은 두려움 때문이다. 상업이라는 이름으로 우리는 호전(好戦)의 무리를 환영하고 있다. 문명이라는 이름으로 제국주의자를 포옹하고 있다. 기독교라는 이름으로 무자비 앞에 무릎을 꿇고 있다. 국제법의 빛은 흰 양피지 위에 빛나고

---

1) 小熊英二, 『<日本人>の境界沖縄・アイヌ・台湾・朝鮮 植民地支配から復帰運動まで』(1998年 7月, 新曜社).

2) 岡倉天心, 「東洋の覚醒」은 1901년 12월 하순부터 다음해 10월 상순에 걸쳐 인도에 체류하면서 집필한 것이다. 원문은 오카쿠라 텐신(岡倉天心)의 생전에는 활자화되지 않고, 1938년에 손자인 오카쿠라 코시로(岡倉古志郎)에 의해 발견되어, 같은 해 7월 河出書房 발행의 『理想の再建』(岡倉一雄・岡倉古志郎編)에 동명(同名)의 번역문으로 처음 수록되었다. 본고는 『岡倉天心全集』 第1卷(平凡社, 1980年 2月)에서 인용하였다.

있다. 그러나 어느 한 구석 남김없이 부정의 그림자가 유색 피부에 어둡게 드리우고 있다. (…) 서양인은 평등을 내세우고 있지만, 그들의 특권계급은 지금 이 시간에도 대중을 억누르고 있다. 부자는 가난한 사람을 짓밟는 것을 그만두지 않고 있다. 그리고 저 영원히 방황하고 있는 유태인은 지금 그 이전보다 더욱 심한 박해를 받고 있다. (以上, 桶谷秀昭 번역)

"유럽의 영광은 아시아의 굴욕이다"라고도 설명하고 있는 텐신(天心)의 심정은 혼자만의 생각은 아니었을 것이다.

본고에서는 이 대일본제국의, 주변 아시아에 대한 또 하나의 시각을 <동화의 시각(同化の眼差し)>이라고 하고, 이러한 벡터의 대표적인 예를 '동조론(同祖論)'으로 고찰해 보는 것을 그 취지로 하겠다.

2. 다양한 동조론(同祖論)

1) '일 · 류(日 · 琉)' 동조론(日本-沖縄)

현재 오키나와(沖縄)가 일본의 한 현(県)이라는 것에 대해서 이상할 것은 없지만, 사실은 명치시대 초기에 제창된 '동조론(同祖論)'의 하나로 당시의 일본과 류큐(琉球)와의 동조(同祖)를 논의한 시기가 있었다. 1872년 6월 출범한 지 얼마 되지 않은 메이지 신정부(明治新政府)에는 지금의 국회와 비슷한 존재로서 '사인(左院)'이라는 것이 있었다. 행정부인 '쇼인(正院)'에 대해서, 류큐(琉球)를 지배해 온 '国主'를 명치유신 때와 마찬가지로 '華族'으로 할 것인가 말 것인가를 둘러싸고 다음과 같은 답신(答申) 「左院の答議」[3]가 있었다.

> 화족(華族)으로 하는 것이 불가한 이유는 국내형성연혁(国内形成沿革)에 따라 사람의 족류(族類)를 구별해서 황족화족사족(皇族華族士族)으로 칭하는 것은 국내인의 분류에 있어서는 명목을 내세우지 않을 수 없는 시류에 따른 것이지만, 이번에 새로이 琉球国主에게 화족(華族)의 칭호를 수여해야 할 이유가 없다. 琉球国主는 즉 류큐인의 분류에 속하기 때문에, 국내인의 분류와는 동일하게 볼 수 없다.

즉, '琉球国主'는 '류큐인'이며, '국내인'과는 다르기 때문에, '国主'를 '華族'으로 할 수 없다는 대답이다.

그러나 그로부터 3년 후, 내무성의 마츠다 미치유키(松田道之)는 관명(官命)을 가지고 류큐(琉球)에 들어갔을 때, 류큐측에 대해서 다음과 같이 주장하고 있다('明治八年九月一日'付け「松田内務大丞第一回奉使琉球始末」).[4]

> (…) 류큐국은 지리의 기맥(気脈), 일청양국(日清両国)에 연속한다는 주장은 어디에 근거하는가? 만약 이 론(論)에 근거한다면 일청(日清)은 즉 지맥(地脈)을 같이 하는 나라라고 말하지 않을 수 없다. 이런 망설이 있을 수 있겠는가? 원래 우리나라와 청국의 지맥이 단절된 것은 판연명백하다. 우리나라는 지세가 동북에서 서남으로 뻗어있으며, 큐슈 각지의 산맥에 연결되어 마침내 야에야마 열도에 도달해 끝이 난다. 그 모양은 마치 잠자리(蜻蜓)와 같고, 류큐의 섬들은 그 꼬리에 해당된다. 이것은 류큐가 우리나라의 지맥이라는 것을 의미한다.

---

3) 「左院の答議」는 시모무라 후지오(下村富士男)編『明治文化資料叢書 第4巻 外交編』(風間書房, 1972年 7月)에 수록.

4) 「松田内務大丞第一回奉使琉球始末」, 주 (3)과 같음.

여기서는 우선 지질적으로 류큐(琉球)는 '우리나라' 일본의 연속이라는 것을 주장하고 있다. 일본본도에서 류큐열도는 마치 '蜻蜓', 즉 '잠자리'를 연상케 하는 하나로 이어지는 지형이라고 설명하고 있다.

> 또 인종풍속, 일청양국에 비슷하고, 언어는 교통의 빈번함 때문에 우리나라에 가깝다. 때문에 어느 나라에 속한다고 단정하기 어렵다는 주장은 한 쪽만 본 것이다. 류큐 인종의 골격체격은 사츠마(薩摩) 인종이다. 그 풍속은 우리나라의 풍속, 그 중에서도 많은 것은 우리나라 고대의 풍속이다. 그렇지만, 세태의 변천과 교류에 의해 저절로 바뀐 것이어서 일청(日清) 양국의 풍의(風儀)가 섞인 것도 있다. 그 언어에 있어서도 단어 등은 또 교류에 의해서 저절로 바뀐 것도 있지만, 일본의 옛말, 카마쿠라 시대의 말, 사츠마 지방의 말 등이 많고, 다소 중국어가 섞여 있다.

여기에서 松田는 분명히 '류큐인종'은 '우리 사츠마인종(薩摩人種)'이라고 단정하고 있다. 풍속도 같고, 또 언어도 오래되었지만 일본어임에 변함없다는 점을 주장하고 있다.

이어서 류큐왕조(琉球王朝)는 헤이안(平安) 말기의 무장(武将)이었던 미나모토노 타메토모(源為朝)에 의해서 시작되었다는 설을 전면에 내세우고 있다.

> 永万元年에 이르러 미나모토노타메토모(源為朝), 이즈(伊豆) 오시마(大島)에서 건너와 大里按司의 딸과 혼인해서 타카아츠(尊敦)를 낳았다. 이것이 舜天王이며, 금왕(今王)은 바로 그의 후예이다.

역사에서는 호겐의 난(保元の乱, 1156년)에서 패한 타메토모(為朝)는

이즈오시마(伊豆大島)로 유배되었다. 그 후 반란을 일으켜 이즈제도(伊豆諸島)를 세력 하에 두었으나 결국 패하여 하치죠코지마(八丈小島)에서 자살했다. 그러나 마츠다 미치유키는 永万元年 즉1165년에 류큐(琉球)로 가서 현지의 여성과 결혼하고, 그 아들이 왕이 되었다고 한다. '大里'라고 하는 지방의 '按司'(즉 영주)로부터 왕조가 출발했다면 이것은 '동조(同祖)'가 아니고 무엇이겠는가.

이와 같은 동조(同祖)라고 하는 설은 오키나와(沖縄) 측에서도 나왔다. '오키나와학(沖縄学)의 아버지'라고도 불리는 이하후유(伊波普猷)는 「류큐인의 조상에 관해서(「琉球人の祖先について」)」[5]라고 하는 글의 말미를, 명치시대에 이르기까지의 전대(前代)의 역사를 개관한 다음, 아래와 같이 마무리하고 있다.

> 메이지 초기까지 류큐(琉球)의 존재는 오히려 비참해서 말로 표현할 수 없을 정도였다. 그래서 나는 메이지 초기의 국민적 통일의 결과, 반사(半死) 상태의 류큐왕국(琉球王国)은 멸망했지만, 류큐민족은 소생해서 2천년 전에 헤어졌던 동포와 해후(邂逅)해 같은 정치체제 하에서 행복한 생활을 하게 되었다는 말로 이 글을 맺도록 하자(1906년 12월 15일 고, 『琉球新報』 및 『東亜之光』 소재 · 1942년 7월 개고).

"2천년 전에 헤어졌던 동포와 해후(邂逅)해 같은 정치체제 하에서 행복한 생활을 하게 되었다"란 과연 그 후의 역사에서 보면, 이론(異論)이 있을 수 있겠지만, 이러한 견해가 당시에 있었다는 것에 대해서는 주목

5) 伊波普猷, 「琉球人の祖先について」(『古琉球』, 沖縄公論社, 1911年 12月). 단, 인용은 『伊波普猷全集 第一巻』(平凡社、1974年 4月).

할 만 하다.

여기에서 굳이 '일류동조론(日琉同祖論)'에 집착하는 것은 이 프로세스에 큰 의미가 있다고 판단되기 때문이다. 일본의 경우, '동조(同祖)'라고 하는 것은 근대 국민국가(Nation State)로 출발할 때, 제국의 영역에 부응해서 어디까지를 민족적으로 혈연관계가 있는 형제로 인정하는가 하는 논의였다. 앞에서 말한 류큐(琉球)의 경우도 1871년에 류큐(琉球)에 속한 미야코지마(宮古島)의 섬사람이 타이완 주민에게 살해되는 사건이 '일류동조론(日琉同祖論)'을 크게 진전시키는 계기가 되었다. 요는 타이완을 사이에 두고 청나라와의 교섭 중에, 미야코지마(琉球)는 일본인이 거주하는 섬인가, 타이완은 청나라의 영토인가 라는 귀속 문제이기도 했다. 당연하지만 살해된 미야코지마의 주민이 일본인이 아니라면 일본제국은 문제삼을 필요가 없었을 것이다.

2) '일·유(日·猶)' 동조론(일본-유태인)

그런데 앞에서 인용한 오카쿠라 텐신(岡倉天心)의 「동양의 각성(東洋の覚醒)」에서 "저 영원히 방황하고 있는 유태인은 지금 그 이전보다 더욱 심한 박해를 받고 있다"고 하는 문구를 다시 살펴보자. 유럽 안에서 소외된 존재였던 유태인에 대해서, 서구열강으로부터 강하게 밀려오는 위협을 피부로 느낀 당시의 일본제국은 무언가 동정을 느끼는 존재로 생각되었을 것이다.

후에 메이지대학(明治大学) 교수 등을 역임하고, 1943년에는 제국학사원 회원(帝国学士院会員)이 된 사에키 요시로(佐伯好郎)는 중국에 전래한 네스토리우스파 기독교(景教)의 연구로 저명한 학자였지만, 30대에 「우즈마사(太秦: 禹豆麻佐)를 논하다」[6](「太秦を論ず」, 1908)라는 논고를 발표했다. 사에키(佐伯)가 여기서 말하는 '우즈마사(太秦)'란 쿄토 시내 서쪽에 있는 코류지(広隆寺) 절을 말한다. 코류지(広隆寺)는 조선 반도의 양식을 많이 반영하고 있다고 생각되는 미륵보살반가상(弥勒菩薩半跏像)으로 유명하다. 이 우즈마사(太秦)는 도래인(渡来人)이라고 하는 하타씨(秦氏)의 근거지이며, 그 하타씨(秦氏)가 창건한 절이 코류지(広隆寺)이다. 그 절에 모시고 있는 오사케진자(大辟神社, 大酒神社라고도 함) 및 코류지(広隆寺)의 서문 근처에 있는 '이사라이(伊佐良井)'에 착목해서 그는 다음과 같이 그 유래를 주장하고 있다.

> 나는 하타민족(秦民族)으로서 우리나라에 귀화한 이 민족은 오사케진자(大辟神社)를 세우고, 그 옆에 우물을 파서 기념으로 그 이름을 이사라이(伊佐良井)라고 불렀던 민족이라고 단언한다. 오사케진자(大辟神社)란 오사케(大辟)를 모시는 신사이다. (…) 오사케(大辟)라는 것은 일천 사오백 년 전의 다이뱌쿠(大闢)와 같은 것이라고 단언한다. 세상에 나라가 많기는 하지만, 다이뱌쿠진자(大闢神社)를 가지고 있는 나라는 유태민족밖에 없다. 다이뱌큐(大闢)는 David를 한자로 표현한 것이다. 나는 우즈마사의 오사케진자(大闢神社)가 David왕을 모신 신사라고 단정한다.

즉, '오사케(大辟)'는 '다이뱌쿠(大闢)'이고, '다이뱌큐(大闢)'란 중국 문헌에서는 'David'를 나타낼 때 사용되는 문자이었다는 것이다. 또 양자는 의미에서도 공통되는 것이 있다고 한다.

> 大辟를 오호사케 또는 오오가키라고도 하는 것은 그리스어에서 David의

---

6) 佐伯好郎, 「太秦(禹豆麻佐)を論ず」(『地理歴史』, 1908年 1月). 단 인용은 法本義弘 編・伝記叢書, 『佐伯好郎遺稿並伝 上・下』(大空社, 1996年 7月).

의미와 부합하는 것 또한 묘하지 않는가. 사키는 '幸'이고, 사케와 사키는 같은 의미의 말이다. 그래서 David은 '행복을 받는 자(幸せらるるもの)', '사랑받는 자(愛せられたるもの)' 등의 뜻을 갖는다.

즉, 'David'란 '幸/愛'를 포함하는 의미를 가지며, 일본어의 '사케/사치(幸)'와 통한다는 이해이다. 계속해서 후단에서는 '이사라이(伊佐良井)'를 "이사라이(伊佐良井)와 중국 문헌에 나오는 유태인의 '一賜楽業'(Ezslae)와 비교하면 우즈마사의 이사라이(伊佐良井)는, 나로 하여금 '一賜楽業'의 우물이라고 해석하지 않을 수 없다"고 하고, '이스라엘'이라는 말이 고대의 일본에 존재한다는 견해를 제시했다. 우즈마사(太秦)의 "우즈(禹豆)는 빛(光), 동쪽(東), 문화(文化), 개화(開化)의 뜻을 가진 그리스어(希伯来語)이고, 마사(麻佐)는 공물(貢物), 사물(賜物)의 뜻을 가지고 있음을 알게 된다"고 그리스어로 해석하고 있다.

'일유동조론(日猶同祖論)'을 주장한 사에키 요시로(佐伯好郎)의 「우즈마사를 논하다」는 이후 사카이 카츠이사(酒井勝軍) 『猶太民族の大陰謀』(『유태민족의 대음모』, 1924年, 内外書房), 오야베젠이치로(小谷部全一郎) 『日本及日本国民之起源』(『일본 및 일본국민의 기원』, 1929年, 厚生閣), 카와모리타 에이지(川守田英二) 『日本ヘブル詩歌の研究』(『일본 헤브라이 시가 연구』, 1956[昭31]~[昭32], 川守田英二出版委員会) 등을 거쳐 오늘날까지 계승되고 있다.

3) '일본・Tangut・Akkadians' 동조론

1872년에 태어난 사사키 야스고로(佐々木安五郎)(호・照山)는 야마구치현 출신으로, 후에 타이완 총독부의 간부가 되었다. 그러나 총독 코

다마 겐타로(児玉源太郎)의 방침과 맞지 않아 사직하고, 잡지 『高山国』을 간행하고, 『台湾民報』의 주필로 일하면서 총독부의 정책을 비판하는 논진을 펼쳤다고 한다(이상, 나가야마 야스오(長山靖生) 『偽史冒険世界』[7])에 의함).

이 사사키(佐々木照山)가 몽골지방을 여행한 다음에 쓴 저작이 『二千九百年前西域探検日誌(上)』(1910)[8])이다. 2900년 전의 서역 민족에 대해서 서술하고 있다. 여기서 사사키(佐々木)는 일본의 먼 조상을 중앙아시아, 나아가서는 메소포타미아 지방이라고 추측하고 있다.

그의 논지는 다음과 같다. 즉, 고대 중국에서 새의 발자취를 보고 문자를 만들었다고 전해지는 '蒼頡'이라고 하는 인물은 개인의 이름이 아니고 종족을 나타내는 명칭이었다고 한다. 그리고 이 蒼頡은 중국어로 'tang chech'라고 발음하는데, 그것은 '탕구트'(즉 Tangut)에서 온 것이라고 한다.

> 중국에서 문자의 시작은 蒼頡이라고 하는 사실에 대해서 누구나 알고 있는 사실이다. (…) 이것은 사람의 명칭이 아니고 실은 종족의 명칭이다. 중국의 甘粛에서 西蔵(티벳)에 걸쳐 탕구트 인종으로 불리는 사람들이 있었다. 모든 문자의 역사는 대체로 이들 종족과 관계를 가지고 있다. 지금 蒼頡의 발음을 조사해 보면 tang chech이다. 즉 탕구트 인종의 이름과 일치한다.

---

7) 長山靖生, 『偽史冒険世界—カルト本の百年』(筑摩書房, 1996年 6月). 단, 인용은 ちくま文庫本(筑摩書房、2001年 1月).

8) 佐々木安五郎(照山), 『二千九百年前西域探検日誌(上)』(日高有倫堂, 1910年12月). 上巻뿐이며 속편(続編)은 간행되지 않았던 것 같다. 佛教大学総合研究所蔵.

6세기부터 14세기에 걸쳐 중국의 감숙성(甘肅省)에서 西藏, 즉 티벳에서 활약한 사람들인 'Tangut'는, 그 일족에서 나온 李元昊에 의해서 건국된 西夏로 유명하지만, 한자로는 '丹穴'로도 표기되었다. '丹穴'은 일본어로 읽으면, '탕케츠'이기 때문에 음이 통한다. 뿐만 아니라 '丹'은 '朱(赤)'의 의미이고 그들이 붉은 색을 좋아하고, 또 '穴'은 혈거생활을 하고 있었기 때문에 이 글자를 선택했다고 생각된다. 그런데, '탕구트인'은 메소포타미아의 'Akkadia' 인종과 같다고 사사키는 주장하고 있다.

> 이 蒼頡, 즉 탕구트 인종은 인도 및 바빌론의 개화(開化)와 관계가 있는 Akkadia 인종과 어떤 교류가 있었는가 하면, 나는 탕구트와 Akkadia를 동일 인종이라고 생각한다. Tangut는 한자로 丹穴로 표기하는 것에서 알 수 있는 것처럼 고대에 이 인종은 혈거(穴居) 생활을 하고 있었고, 더욱이 붉은 색의 장식을 좋아했기 때문에 벽에 자주 붉은 색의 글씨를 썼다. 이것은 음을 빌리는 것[借音]과 동시에 의미도 표현하는[会意] '丹穴'이라는 한자를 사용한 이유인 것이다.

'아카드'(Accad, Akkad)라고 말하면, 메소포타미아(Mesopotamia) 지방에서 최초로 통일왕조를 세운 사람들이다. 기원전 2천 수 백 년 경에 셈계의 유목민이 건국해서 서남아시아 일대를 지배했다. 그 언어에서는 계형(楔形)문자가 사용되어 바빌론(Babylon)에 수도를 둔 유명한 함무라비(Hammurabi) 왕에 의해 제정된 함무라비법전은 이 언어로 씌어져 있다. 그러한 세계사상의 유명한 민족과 친척이라니!

사사키(佐々木)의 논증이 그렇게 설득력을 가지고 있지 않은 것은 분명하다. 그러나 잠시 그 논지를 검토해 보자. 여기에서는 명치시대 일본인이 본 꿈이 숨겨져 있는 것 같기 때문이다.

아마 사사키(佐々木)는 'Akkadia'에서 출발한 것으로 생각된다. 'Akkadia'의 'Ak'가 일본어의 '赤'(아카)와 통하고, 'kadia'가 '穴'을 나타낸다고 말하고 있다(이 부분의 논거는 불명). 거기에서 '붉은 구멍' 즉 '丹穴'로 거슬러 올라간 것 같다.

> 그들은 자기자신을 Akkadia 라고 자칭한 적이 있을 것이다. 'Ak'는 일본어의 Aka 즉 丹과 동일하다. kadia는 일본어의 kadula, 즉 穴과 같다. 이렇게 말하면, Akkadla(Akkadia의 오자인가?)와 일본인은 어떤 관계에 있는 것인가라고 묻는 사람이 있을 것이다. 세계문명의 대종가의 한 줄기로 인정된 이 Akkadia 인종이라는 것은, 유럽인과는 멀고 오히려 일본인과 동족동맥이다. 그들과 우리말이 같다고 하는 것은 의심할 여지가 없다.

그리고 이 'Akkadia'가 일본에 오면, 앞에서 언급한 바와 같이 'Ak'는 '赤', 'kadia'는 '倉'이 되어, 일본 각지에 '赤倉'(아카쿠라)로 남아 있다고 한다.

> 일본에 와서는 Akkadula의 du는 촉음으로서 단순히 아카쿠라로 발음되었다. 지명 아카쿠라(赤倉)로 불리는 것이 이것이다. 그래서 이 지명을 가지고 있는 아오모리(青森), 에치고(越後) 두 지방 모두가 天狗(텡구)의 전설을 가지고 있다. (…) 텡구는 즉 Tangut 인종이라는 것을 나는 이전에 본지에서 발표한 바 있다. (…) 아카쿠라는 아카지아(Akkadia)이고 아카지아는 바로 탕구트(Tangut)이다. 탕구트는 蒼頡로 써도 동일한 것이다. 蒼頡란 일본인종과 같은 종족이다.

「Akkadia」가 「Akkadla」이고, 그리고 「Akkadula」로 되는 이유는 잘 모르지만, 아무튼 '탕구트'에서 일본의 '天狗'(텡구)가 왔다고 하는 것은 놀랄 만하다.

사사키(佐々木)의 경우와 마찬가지로 음의 유사성으로 관련짓는 것은 얼핏 황당무계한 것처럼 보이지만 앞에서 설명한 「일 · 유동조론(日 · 猶同祖論)」 등에서도 사용된 논증의 방법이었다. 예를 들면, 川守田英二『日本ヘブル詩歌の研究』上 · 下巻(1956~7)에서는,

> **오타후쿠(お多福)** '타후쿠'라고 하는 말은 옛날부터 있었던 말인데, 한자수입 후에 '多福'라는 한자를 갖다 붙임으로써 좋은 운을 바랐고 거기에 'お(御)'(오)라고 하는 친애를 나타내는 접두어를 붙여 '오타후쿠(お多福)'로 했다고 결론짓지 않으면 안된다. '타후쿠'란, 아마 생각컨데 헤브라이어에서는 '타후쿠' 즉 '사과'를 가리키는 말이다.

> **싯카리** 헤브라이어에서는 '시카리'는 '돌(石)'이며, '확실하다'는 것을 의미한다.

> **타와시** 헤브라이어에서 '타하시'는 '마미의 가죽'이며、이것으로 광야에서 여호와의 천막 지붕을 덮었다. 근대 학자는 홍해에서 잡은 '물개' 가죽이라고 한다. 털이 난 그대로의 물짐승 가죽을 '타하시'라고 하는 것이 변해서 타와시라는 일본어가 되었을 것이다.

이와같은 것이 상하 두 권에 걸쳐 설명되어 있어서 읽는 사람을 놀라게 한다.

3. 일선동조론(日鮮同祖論)

당시 '일선동조론(日鮮同祖論)'이라고 말하던 이 설은 근대 이전부터 제기되어 있던 설이었다. '일선동조론(日鮮同祖論)'의 개관은 오구마 에이치(小熊英二) 씨의 첫번째 저작인 『단일민족신화의 기원(単一民族神話の起源)』(1995)[9]의 「第一部 第五章 日鮮同祖論」에 자세히 설명되어 있다. 그러나 사실은 러일전쟁 이전까지 있었던 몇 개의 설 중 하나에 불과했다.

당시 조선통감부(朝鮮統監府)에서 통역을 했던 시오카와 이치타로(塩川一太郎)는 「朝鮮ノ統治」[10]라고 하는 문서에서 다음과 같이 설명하고 있다.

> 조선반도의 통치자는, 처음에는 서북대륙에서 온 이주자이었지만, 반도 통일의 과업은 동남쪽 변방, 일본과 가장 가까운 지방에서 일어난 신라이다. 신라의 건국은 일본인과 깊은 관계를 가지며, 따라서 이런 관계 때문에 일본과 반도민과는 같은 씨족이라는 설이 생겼다. 그러나 이런 주장은 러일전쟁 이전에는 없었다. 가령 이런 것이 있었다고 하더라도 극히 드물게 일본인 사이에서 있었을 정도일 뿐, 조선인은 꿈에도 이런 것을 상상하지 못했을 것이다. 오히려 중국과의 관계상 기자(箕子)를 매개로 해서 중국과 같은 민족이라고 주장함으로써 아주 영광스런 것으로 생각하고 있었고, 일본에 대해서는 같은 민족이 아니라는 것은 물론, 왜놈(倭奴)이라든지 서양물이 든 왜놈(洋倭)이라고 드러내놓고 멸시했다.

---

9) 小熊英二, 『単一民族神話の起源　<日本人>の自画像』(新曜社, 1995年 7月).
10) 塩川一太郎, 「朝鮮ノ統治」(姜徳相 編, 『現代史資料26 朝鮮(2)』, みすず書房, 1967年 1月).

신라와의 관계는 차치하고서라도, '일본과 반도민과는 같은 씨족이라는 설'은 '러일전쟁 이전에는 없었다'고 하는 점이 중요하다. 선인(鮮人)측에서는 오히려 '기자(箕子)를 매개로 하여 중국과 같은 민족'으로 생각하고 싶었던 것 같다. 그래서 이러한 주장은 일본에서 생겼다고 시오카와(塩川)는 말하고 있다. "같은 민족이라고 하는 설은 합방 전후에 생긴 것으로 더욱이 일본인 사이에 있었다. 조선인은 이런 설에 대해서 전혀 반응하지 않았다"고. 이 문서에 의하면 러일전쟁(1905년) 후 러시아가 조선에서 철수하고, 대신에 일본이 한국통감부를 설치하고, 그 후 1910년 합방하는 시기를 전후해서 나온 설이라고 한다. 그리고 시오카와는 합방 후 조선의 상황에 대해서 불만을 토로하고 있다.

> 단순히 동민족(同民族)이라는 명칭만으로 천 년 이상 그들이 써 온 언어, 풍속, 관습, 제도 등을 헌신짝 버리듯 하라는 것에 대해 과연 조선인들로부터 환영을 받을 것인가? 기꺼이 따를 수 있는 표방일까? 합방 당시의 시정(施政)은 과도기의 일시적인 것이라고 하더라도 10년이 지난 지금에 와서 그런 정책을 계속해서 유지하는 것은 의외이며, 또한 조선인을 지나치게 경시하는 것이라고 보지 않을 수 없다.

여기서 정치적 '일선동조론(日鮮同祖論)'이 대일본제국(大日本帝国) 지배층에게는 얼마나 편의적으로 활용하기에 좋은 설이었는가를 보여주고 있다. 설령 양 민족이 같은 조상을 가졌다고 하더라도, '천년 이상 그들이 써 온 언어, 풍속, 관습, 제도 등을 헌신짝 버리듯 하라'는 것은 너무나 어리석은 시책이라고 시오카와(塩川)는 지적하고 있다.

한일합방이 진행되던 시기, 일본제국의 언론은 '일선동조론(日鮮同祖論)'으로 들떠 있었다. 비평가이자 역사가였던 야마지 아이잔(山路愛

山)은 당시의 언론계를 리더하던 博文館의 종합잡지 『太陽』(1910년 8월 1일호)의 기사 「한국의 정당 및 그 영수(領袖)」[11]에서 합방을 자기 일처럼 환영하고 있다.

> 태고(太古) 적에 갈라졌던 동종동문(同種同文)의 국민은 여기에 다시 만나 함께 조국(祖国)의 노래를 부르며, 동아의 대민족국의 결실을 볼 날이 멀지 않음을. 아, 한일은 원래 동종(同種)이다. 그 언어는 동계(同系)이다. 먼 옛날로 거슬러 올라가면 통역을 두지 않고도 서로 이해할 수 있었다. 오늘날이라고 하더라도 한국어에서 일본어로 바꾸는 것은 어려운 일이 아니다. 오랫동안 헤어져 얼굴 잊고 지내던 형제가 한 자리에 만나서 함께 부모가 사용하던 언어로 이야기하는 것처럼 흉금을 터놓고 이야기하고 함께 같은 공동생활체에서 지낼 수 있다면 어찌 유쾌한 일이 아닌가.

물론 이런 주장을 오늘날의 견지에서 비판하는 것은 쉬운 일이다. 그러나 오랫동안 헤어져 있던 혈족을 다시 만난 것 같다는 이런 감개는 도대체 어디에서 온 것일까. '일 · 류동조론(日 · 琉同祖論)'에서 언급한 伊波普猷는 "이천 년의 옛날에 헤어졌던 동포를 만나서 같은 정치체제 하에서 행복한 생활을 하게 되었다"고 설명하고 있지만, 이런 감각도 山路愛山과 마찬가지로 단순히 정치적인 제국주의의 이해(利害)만으로는 해결할 수 없는 뭔가를 가슴에 품고 있는 것은 아닐까?

이러한 감정은 야마지 아이잔(山路愛山)만이 가지고 있었던 것이 아니었다. 일본 근대 민족학자(民族学者)로서 유명한 토리이 류조(鳥居龍蔵)는 「일선인은 '동원(同源)'이다」(1920)[12]에서 다음과 같이 설명하고

11) 山路愛山, 「韓国の政党及其領袖」(『太陽』, 博文館, 1910年 8月 1日号, 第16巻 第11号).

있다.

> 조선인은 우리 일본인과 다른 인종이 아닌, 동일군(同一群)에 포함시켜야 할 동일민족입니다. 이것은 이미 부동의 인종학상, 언어학상의 사실입니다. 일선인이 동일민족이라고 하는 것은 대부분의 구미(歐美)의 인종학, 언어학, 역사학 등의 학자들이 말하는 예를 들면, W. G. Aston씨나 B. H. Chamberlain씨와 같은 경우에도 언어학상 '일선군(日鮮群)'을 형성하는 동일조상이라고 하고, 또 유명한 인종학자 Kane씨도 강하게 이 설을 주장하고 있습니다. 그 밖의 많은 학자들의 의견도 거의 마찬가지입니다. 요컨대 일선인은 태고에는 같은 곳에서 거주한 민족이 나중에 서로 헤어져 따로따로 살아왔기 때문에 오늘날과 같은 상태가 되었다는 것입니다.

토리이(鳥居)는 '일선인은 태고에는 같은 곳에서 거주한 민족'이라고 말하고, '다른 인종이 아닌, 동일군(同一群)에 포함시켜야 할 동일 민족'이라고 강조한다. 아마 여기까지가 그가 도달한 민족학상의 설일 것이다.

그러나 거기에서부터 다음과 같이 현실의 정치상황에의 적용이 행해진다.

> 어떤 사람은 '민족자결(民族自決)' 상, 조선인은 일본인으로부터 분리독립하지 않으면 안 된다고 주장하지만, 이것 또한 크게 잘못 이해하고 있는 것입니다. 왜냐하면 일선인은 동일민족이기 때문입니다. 동일민족이 분리

12) 鳥居龍藏,「日鮮人は『同源』なり」(『同源』第1号, 1920年). 단, 인용은『鳥居龍全集— 滿蒙其他の思い出』第12卷(朝日新聞社, 1976年 9月).

> 해서 독립해야 한다는 이유는 어디에 있습니까. 이것은 이탈리아의 유고슬라브 문제와 정반대의 경우입니다. 즉 라틴민족이 슬라브민족과 합치는 경우는 '민족자결(民族自決)' 상 불합리하지만, 일선인의 경우는 동일민족이기 때문에 합방 통일하는 것은 당연한 것이며, 이렇게 함으로써 비로소 '민족자결(民族自決)'의 목적은 충분히 달성되는 것입니다.

여기에서 '한일합방'을 정당화하는 논리를 쉽게 이해할 수 있다. 또한 앞에서 본 것처럼 훌륭한 연구자가 함정에 빠지는 것을 나쁜 본보기로 삼는 것도 어렵지 않은 일이다. 토리이(鳥居)는 계속해서,

> 일선인은 동일민족으로서 우리들의 먼 조상은 먼 옛날에는 같은 곳에 살았던 것입니다. 둘 사이는 정겹고 그리운 패밀리의 관계에 있는 것입니다. 우리 일본의 신들은 조선을 어머니의 나라, '네노카타스구니'(根の堅洲国)라고 불렀습니다. (…) 우리는 일선합방에 의해서 서로가 옛날의 어머니의 나라와 함께하게 된 것입니다.

라고 말한다. 토리이(鳥居)의 '조선을 어머니의 나라, 네노카타스구니(根の堅洲国)라고 불렀다'라고 하는 감각에 거짓이 없었다고 해도 너무나 낙천적이고 당시의 정치적인 상황을 긍정하는 이 발언은 현재의 시각으로 보면, 우스울 정도로 퇴색되어 있는 것은 역력하다. 그러나 이러한 글 중에도 어딘가 묘한 '그리움'을 가슴에 품고 있는 것은 이해할 수 있지 않을까?

4. 'DNA'에 의한 동조론(同祖論)

그러면, 일본인은 정말 한국인과 같은 조상일까. 최근 눈부시게 발전해 온 'DNA'의 분석성과로 검토해 보자.

DNA의 나선구조를 발견한 세 사람의 연구자 중 한 사람인 JAMES D. WATSON의 『DNA : The Secret of Life』[13]는 아주 흥미 깊은 연구결과를 내놓았다.

캘리포니아 대학 버클리(UC Berkeley)교의 Allan Wilson은 동료 Rebecca Cann과 함께 할머니에게서 어머니, 어머니에게서 딸에게로만 전달되는 미토콘드리아DNA(mtDNA) 를 추적하였다.

> 당신[여성을 기르킴]의 mtDNA는, 당신의 어머니로부터 물려받은 것이다. 정자의 머리 부분에 들어 있는 아버지의 유전자에는 미토콘드리아의 DNA는 들어 있지 않다. 정자의 DNA는 어머니로부터 전달받은 미토콘드리아를 이미 가지고 있는 난세포에 주입된다. 때문에 Cann과 Wilson은 인간의 여계(女系)의 역사를 추적한 것이다.[14]

---

13) JAMES D. WATSON with Andrew Berry, 『DNA : The Secret of Life』(New York : Alfred A. Knopf , 8/2004, c2003). 일본어 번역은 『DNA すべてはここから始まった』로 한 青木薫의 번역이며, 講談社에서 2003년 12월에 간행되었다.

14) 원문은 다음과 같다.
Your mtDNA is inherited from your mother. Your father's genetic contribution,contained in the head of a single sperm,did not include mitochondrial material. The sperm's DNA is injected into an egg cell that already contains mitochondria derived from the mother. Cann and Wilson would therefore be tracing the history of the human female line. p.238.

그리하여 다음과 같은 결과를 얻을 수 있었다.

> 이렇게 해서 Cann과 Wilson이 계통도(系圖)를 실제로 그려보니, 인간의 계통도에는 두 개의 큰 가지가 있다는 것을 알았다. 하나는 아프리카의 집단에서만 나타나는 가지이고, 다른 하나는 일부 아프리카의 집단과 그 외의 모든 집단에서 나타나는 가지이다. 여기서 지금의 인류는 아프리카에서 태어났고, 전 인류 공통의 조상은 아프리카에 살고 있었다는 것을 보여주고 있는 것이다. (…) 불과 15만년 전에는 전 인류가 공통의 조상을 공유하고 있었다는 것이다.[15)]

'불과 15만년 전'에 우리는 같은 장소에서 같은 생활을 했던 것이다. 다음의 【그림1】은 인류가 아프리카를 출발한 이후의 발자취를 나타낸 것이다. 아프리카에서 탄생한 인류는 거기에서 세계 각지로 흩어졌다. 이주 연대는 mtDNA의 데이터에 의한 것이다.

---

15) Cann and Wilson found that the human family tree has two major branches,one comprising only various groups within Africa and the other consisting of some African groups plus everyone else. This implies that modern humans arose in Africa—that is where the ancestors common to all of us lived. (…) Even the most distantly related currently living humans shared a common ancestor as recently as 150,000 years ago. pp.238～239.

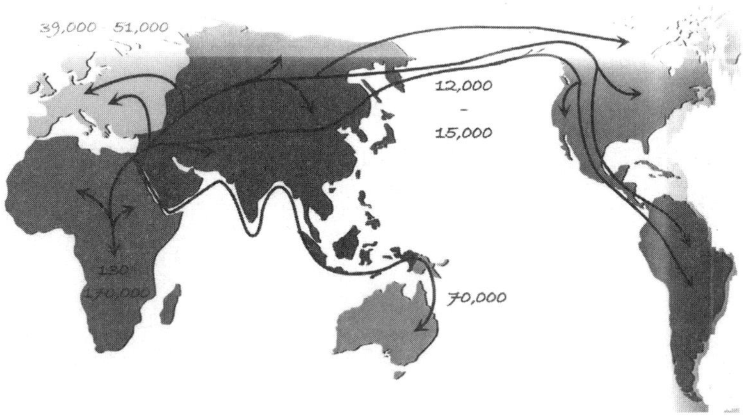

【그림 1】

그리고 또 하나 놀라운 성과는 밀라노(Milano) 출신의 스탠포드(Stanford) 대학에서 연구하고 있던 Cavalli Sforza에 의해 발표되었다. 그는 반대로 "아버지에게서 아들에게로만 전달되는 유전자(게놈 속의 남계 부분)를 조사할 것"을 생각해 냈다. 그의 동료였던 Peter Underhill은 할아버지에게서 아버지, 아버지에게서 아들에게로 전달되는 Y염색체가 나타내는 남계의 계통도(系図)를 만들어, 그것이 같은 결과를 나타내는지를 조사했다.

Cavalli Sforza의 동료인Peter Underhill은 2000년에 발표한 충격적인 논문에서 Cann과 Wilson이 mtDNA로 한 것과 같은 연구를 Y염색체로 한 것이다. 얻은 결과는 Cann과 Wilson의 그것과 매우 근접한 것이었다. 이 경우도 역시 계통도의 시작은 아프리카에 있었고, 더욱이 시간 스케일은 대단히 짧았다. 그것은 인류학자들이 생각하고 있었던 오래된 거목이 아니라, Cann과 Wilson이 분석해 그려낸, 수령이 불과 약 15만 년이라는 오래되지 않은,

키가 작은 저목이었다.16)

여기에서도 역시 '15만년 전'이라는 수치가 나왔던 것이다.

다음의 【그림2】는 미토콘드리아 DNA를 바탕으로 한 인간의 계통도(系圖)이다.

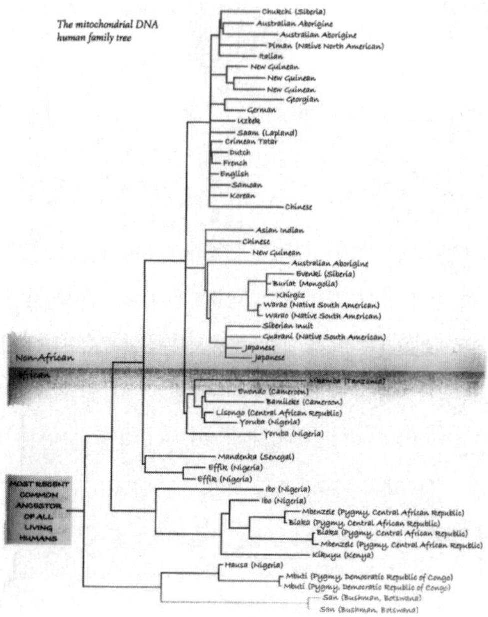

【그림 2】

16) In a blockbuster paper published in 2000, Cavalli-Sforza's colleague Peter Underhill did for the Y chromosome what Cann and Willson had done for mtDNA. The findings were strikingly similar. Again the family tree was found to be rooted in Africa, and again it was shown to be remarkably shallow : not the ancient mighty oak imagined by anthropologists, but the shrub of Cann and Willson's analysis, around 150,000 years old. pp.240~241.

그런데 【그림2】의 표를 보면, 인류는 '모든 인류의 공통의 조상(MOST RECENT COMMON ANCESTOR OF ALL LIVING HUMANS)'에서 시작하여, '아프리카인(African)'과 '비아프리카인(Non African)'으로 갈라진다. 일본인(Japanese)과 DNA가 가까운 것은 남아메리카의 선주민인 'Guarani=Native South American'이나, '시베리아 에스키모(Siberian inuit)'이다. 한편 '일선동조론(日鮮同祖論)'에서 논의되었던 일본인과 한국인 사이는 사실은 상당히 먼 관계이다. DNA로 보면 한국인(Korean)은 일본인보다도 영국인(English), 프랑스인(French), 독일인(Dutch)과 훨씬 더 가깝다.

5. 마무리

앞에서 언급한 바와 같이 일본 근대에 있어서 동조론의 논의는 제국의 영역 확대와 밀접하게 얽혀 있었다.

그러나 명치유신(明治維新) 이후, 국제정치 속에서 고립된 일본인은 자신들의 '친척찾기'를 동조론에서 구하고자 했던 것 같다. 동조론(同祖論) 중에서 가장 확실성이 높은 것으로 보였던 일본인과 한국인 사이에서도 DNA의 분석에 의하면, 멀리 떨어진 관계였다. 문화의 전파, 또는 영향관계라는 점에서는 이웃 여러 나라와 여러 지역과 밀접한 관계를 가지고 있었던 것은 틀림없다. 그러나 그것은 또 동조론(同祖論)과는 다른 차원에서 생각해야 할 과제이다. 일본 근대에 있어서 동조론(同祖論)이란 하나의 픽션으로서의 장치였다고 생각해야 할 것이다.

현대성과 근대 중국의 문화적 정체성의 재건

이승우*

1. 緖言

현대화가 처음 시작된 서구에서 현대성은 중세와의 단절을 의미하기도 하지만 역사 발전 과정에서 일종의 논리적 연속성을 가지고 있다. 그러나 동아시아의 여러 국가와 마찬가지로 중국에서 현대성이란 일종의 변혁을 의미한다. 중국의 입장에서 본다면 현대성은 외부에서 강제된 것이지, 내재적인 발전의 결과는 아니다. 이로 인해 前 近代와 근대의 중국 간에는 일종의 단층이 존재하게 되었다. 이것은 외형적으로는 중국의 전통적인 '天下'적 세계관의 붕괴와 국민국가 체제의 대두, 가족단위 생산방식의 붕괴와 자본주의적 경제체제의 등장, 황제의 전제지배의 종식과 '共和'의 시작 등으로 나타났다.[1] 이러한 체제 외형적 변화보다 더욱 중요한 것은 전통적 질서의 합법성의 근거로 작용하고

* 영남대학교 중국연구센터 연구원

1) 复旦大学历史系编, 《近代中国的国家形象与国家认同》, 上海古籍出版社, 2003, 176쪽.

있던 제도화된 유가의 해체였다. 서구열강의 침입에 대한 대응의 실패에 관한 원인 분석은 궁극적으로는 유교적 관념체계에 대한 회의로 나타나게 되었고, 이것이 중국인의 사회적 심리에 중대한 위기를 야기하였다.[2)]

이러한 심리변화의 직접적인 결과로 중국의 전통적인 우주와 문화적 인식의 기초 위에 건립된 時空관념은 계몽주의와 진화론의 단선적 時空관념에 의해 대체되었다. 강력한 서구 열강이 이상적인 모델로 해석되었기에 타자(서구열강)에 대한 과도한 미화와 동시에 자신에 대한 과도한 반성이 이루어졌고, 이로써 애증이 교차하는 자기 정체성이 형성되었다.[3)] 성공의 원인을 서구문화에서 찾음으로써 원래 상대적이어야 할 문화적 가치의 문제가 지식의 문제로 전화되었다. 예컨대 梁啓超는 중국 근대의 비극을 '國民性'의 문제로 돌렸다. 그는 國人들에게 민족주의가 결여되어있고, 독립의 자유의지와 공공정신이 결핍되어있다고 비판하였고, 이러한 결점은 중국이 근대국가로 발전해나가는 데 장애가 된다고 생각하였다. 梁啓超의 입장은 이후 학자들에게 수용되어 일종의 사고의 정식이 되었다.[4)] 그리고 문화적 정체성의 위기가 가장 격렬하게 구현된 것은 문화적 차이를 토론하는 '中西'의 문제가 진보와 낙후라는 前後 혹은 時間問題로 전환된 것이었다.[5)]

---

2) 이것은 중국의 전통사회가 유교적 우주관 내에 정치, 경제, 사회, 문화 등이 견고하게 정합되어 있었기 때문이다 : 林毓生, <中国近现代历史上的三个基本问题>, 《中国과 中国学》(영남대 중국연구센터) 제3호, 2005.8, 3쪽.

3) 赵汀阳, <认同与文化自身认同>, 《没有世界观的世界》, 中国人民大学出版社, 2003年, 71쪽.

4) 刘禾, <国民性理论质疑>, 《跨语际实践－文学, 民族文化与被译介的现代性-中国 : 1900～1937》, 北京三联书店, 2002, 75～103쪽.

5) 汪晖, <现代性问题答问>, 《死火重温》, 人民文学出版社, 2000, 8쪽.

따라서 중국인의 문화적 정체성의 위기의 근원은 '현대성'을 추구하는 과정 중에서 있는 것이고, "문화적 관념체계와 제도체제 방면에서 서구화를 향한 개혁을 해야만 하는 것"에 있었던 것이다.[6] 중국의 전통적인 제도 구조는 비록 다양한 가치기초를 가지고 있었지만, 대표적인 것은 유교적 가치와 질서였다. 따라서 20세기 초반 중국인의 문화적 정체성의 위기에 대한 언급은 우선 유교적 가치와 현대 사회구조 간의 모순을 의미하게 된 것이다.

주지하다시피 정체성이라는 것은 일종의 구분이다. 모든 문화는 사회적 배경하에 '자아형상'이 존재하고 있고, 현대화의 과정은 후발국가의 입장에서 볼 때 강제적으로 새로운 사회적 배경으로 편입되는 것이므로 자신에 대한 새로운 인식과 구분이 필요하다. 현대화 운동의 발원지였던 서구의 가치관념과 사회구조는 자연스럽게 현대화의 일종의 기준이 되었고, 이러한 기준이 진화 관념 중의 '先進'적인 것으로 규정되었다. 그 밖의 사회 형태는 자연히 낙후상태에 처하게 되었고, 반드시 변화되어야만 했다.

'현대성'의 인식과 구분의 과정은 그 자체로서 일종의 정체성의 실천과정이다. 이러한 정체성의 실천과정 중 특정문화는 새로운 기준에 따라 자신의 문화전통에 대해 일종의 철저한 청산과정을 거치게 된다. 아편전쟁 후 중국의 문화논쟁은 기본적으로 다른 문화를 '자아'로 재인식하고 구분하는 과정이었다. 이 시기 중국의 문화적 정체성 위기는 특정한 사회적 배경과 일원화 되어있던 정체성이 새로운 사회적 배경 하에서 다원화 되는 과정에서 일어난 것이었다.

본문은 근대 중국의 정체성 위기와 재건에 대한 새로운 해석이나 모

6) 同上书, 75쪽.

델을 제시하려는 것은 아니다. 본문의 목적은 근대 이래 중국의 엘리트와 지식인들이 정체성 위기에 대한 서로 다른 반응을 분석하고, 문화적 정체성 문제와 근대 중국사회 변혁 간의 상관관계를 규명하려고 한다.

2. 근대 중국의 사회적 위기와 문화정체성 위기 해결의 모색

정체성 위기의 핵심문제는 어떻게 전통적 가치관과 현대적 가치관 사이의 충돌을 해소하고, 동시에 지역적 의식과 세계적 기준 간의 간극을 해결하는가 하는 것이다. 20세기 초 이 문제의 해결은 유교적 가치에 대한 전면적 회의를 기본 입장으로 삼고 있었다. 근대 중국의 역사 전개과정에서 유교적 가치에 대한 회의는 사회 위기에 따라 부단하게 가중되고 심화되었다.

서구의 기술과 경험의 수용은 사실 유가사상의 전통적인 '道器'의 개념을 활용하여 가치관의 긴장을 효과적으로 해소할 수 있다. 즉 "四夷의 장점으로 制夷"한다는 것과 '中體西用'의 개념이 바로 그것이다. 그러나 康有爲는 제도변혁 중 가치관의 의의를 더욱 심각하게 고민하였다. 우선 그는 중국의 제도변혁의 불가피함을 인식하였다. 그러나 그는 전통적인 유가사상의 이념적 틀 내에서 변혁의 합리성을 찾아내려고 하였다. 이것이 그가 《新学伪经考》와 《孔子改制考》를 집필한 근본적인 이유였다.

1891년 광주에서 만난 今文학자 廖平에게서 영감을 얻은 康有爲는 그 후 今文學으로부터 議政의 근거를 찾아내기 시작하였다. 이러한 이론의 구조는 《新学伪经考》와 《孔子改制考》에 나타나 있다. 《新学伪经考》에서 康有爲는 우선 고문경학을 刘歆이 위조한 것이라고 선포하였다. 그에 따르면 刘歆의 행위는 사람들로 하여금 '立憲主義者'로서의 孔子를 보지 못하게 하려는 것이었고, 사람들로 하여금 '非圣无法'을 두려워하게 하여 개혁적 사고를 가지지 못하게 하려는 것이었다고 선언하였다.

康有爲가 일부 경전을 위작이라고 판단한 것은 현실적인 목적이 있었다. 그것은 孔子를 개혁가와 萬世立法의 立憲主義者로 만드는 것이었다. 康에 따르면 三皇의 치세는 孔子가 후세 사람을 위해 수립한 표상이며, 실존하였던 것은 아니었다. 그리고 刘歆의 행위는 孔子의 공로를 周公에게 넘겨 孔子의 진정한 의도가 실현되지 못하게 하는 것이었다.

孔子를 전설로 숭배함으로써 제도개혁을 주창한 공자의 聖法을 일소한 것은 유가를 관학으로 변질시키기 위한 것이었다. 이에 따라 六經의 진의는 오해되었다. 이에 그는 "후에 '汉学'이라고 지칭된 것은 모두 贾, 马, 许, 郑의 학문으로 新學이며, 汉学이 아니다. 송대에 추앙된 경전 중 다수는 위작이며 孔子의 경전이 아니다."[7] 라고 강조하였다. 유가의 경전을 만고불변의 진리로 여기던 시대에 일부이기는 하지만 경전을 '위작'이라고 판단한 것이 중국인의 사상과 관념에 대한 지대한 충격을 주었을 것은 쉽게 짐작할 수 있다.

《新学伪经考》 기초 위에서 康有爲는 금문학의 전통을 발휘하여 《礼运注》, 《春秋董氏学》와 《孔子改制考》로 대표되는 일련의 저작을 발표하여 공양학의 '通三统', '张三世'의 관점에서 계통적인 역사진화 관념을 제시하고 "托古改制"의 이론적 체계를 구축하였다. 《孔子改制考》에서 康有爲는 孔子 전의 역사가 구세와 개제를 위해 孔子가 만들어낸

7) <新学伪经考序>, 《康有为政论集》 上卷, 中华书局, 1981, 93쪽.

완전한 허구이고, 중국의 역사는 진・한대에 이르러 비로소 믿을 수 있다고 주장하였다. 즉 사서가 없고, 기록이 사라진 일종의 공백기이며 뒤이어 周秦代에 이르러 諸子百家가 분분히 일어나 각자의 교의를 세우고, 자신의 생각 중의 이상사회와 제도를 통해 당시 통치계층을 계도하고, 이러한 제도가 고대에 실시되었다고 가탁하였다는 것이다. 康에 따르면 孔子는 유교를 세워 자신이 창조한 尧, 舜, 禹, 汤, 文, 武의 정교예법을 제시하였고, 托古改制의 근거로 六經을 편찬하였다는 것이다. 또한 儒教는 성립 후 諸子百家와의 논쟁에서 점차 우세를 점하게 되었는데, 그것은 유교의 教義가 가장 완전하고, 제도도 완비되어 있어 따르는 이가 가장 많았기 때문이다. 이에 漢 武帝에 이르러 儒教는 一統의 지위를 차지하게 되었으며 孔子는 '萬世教主'가 되었다는 것이다.[8)]

康有爲는 '托古改制' 이론을 통해 자신의 변혁주장의 이론적 근거를 제시하였다. 그러나 康有爲가 더욱 고심한 것은 제도 변혁과 동시에 수반될 유교사상의 안정문제였다. 따라서 그는 한편으로 과거의 폐지와 서정서학의 실시를 주장하였지만 동시에 새로운 제도의 구상 가운데 유교를 위한 새로운 방향을 설계하였다. 그는 서구의 고찰 경험을 총괄하여 유교가 활용할 수 있는 제도적 자원으로 교회제도에 주목하였다.

康有爲가 孔子를 '教主'로 주창한 것은 光绪 15년(1889년) 경이었다.[9)] 그리고 1891년 朱一新에게 보내는 서신 중 "제가 급급한 것은 강국을 만드는 것이고, 또한 教를 지키는 것입니다. 그러나 뜻을 이루지 못하고 돌아왔기에 잡서를 끊고 밤낮으로 孔子의 학문을 파고들고 있습니다"[10)] 하여 孔教의 뜻을 분명히 밝혔다. 1895년 康有爲는 '公車上

8) 汤志均,《经学与近代中国》, 中华书局, 1989, 181쪽.

9) 陆宝千, <民国初年康有为之孔教运动>,《中央研究院近代史研究所集刊》, 第八辑, 台北, 1983.6.

書'에서 道學 科를 둘 것을 건의하였다. 이는 일종의 유교사상의 전파와 영향력을 보장하기 위한 새로운 제도화의 노력이었다. 그리고 구체적인 조치로 孔廟의 건설, 해외로 儒家의 教義를 전파할 이를 장려하는 것 등을 주청하였다.[11] 무술변법 전야 孔教에 대한 康有爲의 생각은 더욱 구체화되었다. 1898년 상주한《请商定教案法律, 厘正科举文体, 听天下乡邑增设文庙, 并呈<孔子改制考>, 以尊圣师保大教绝祸萌折》중에 康은 儒家를 서구의 교회와 같은 방식으로 개조하고, 과거를 폐지하자고 주청하였다. 곧이어 그는 保國會를 설립하고, 保國과 保教의 연관성을 강조하였다. 이처럼 國의 존망과 教의 존망 사이의 연관성을 강조한 것이야말로 康有爲 사상의 핵심이었다. 무술변법의 기간 동안 康有爲는 그의 공교주장을 더욱 명확하게 하였다. 그는《孔子改制考》를 상주하는 것 외에《请尊孔圣为国教立教部教会以孔子纪年而废除祀折》(光绪二十四年六月)를 상주하여 孔子개제고의 목적을 설명하면서 孔子를 개제교주로 세울 것과 孔子를 대표로 하는 유교를 국교로 명확하게 제정할 것을 주청하기도 하였다.

중화민국 건립 이후 康有爲는 서구의 모델과 정신적 자원을 완전히 모방하는 것으로는 중국의 안정을 보장할 수 없다고 생각하여 많은 글을 써서 사회질서에 대한 유가적 가치관의 중요한 의의를 강조하였다.[12] 이로 인해 그는 '급진'인사에서 '수구'인사로 변모하게 되었다. 康有爲는 어떠한 설계도 국가의 문화와 사회 현실과 동떨어지면 사회의 붕괴를 가져올 수 있다고 생각하였다. 이에 그는 孔教를 國教로의

10) <答朱蓉生书>, 蒋贵麟编,《万木草堂遗稿外编》(下), 台北成文出版社, 1974, 815쪽.

11) <上清帝第二书>, 谢遐龄编选,《变法以致太平：康有为文选》, 上海远东出版社, 1997, 283쪽.

12) 汤志均,《康有为政论集》, 中华书局, 1981, 890～891쪽.

모색을 통해 중국인의 문화적 정체성을 근거를 만들어내려고 실천적으로 시도하였다.

그러나 제도화된 유가가 해체된 후 사람들의 지식의 근원은 이미 다원화 되었고, 이에 "物競天擇, 適者生存"을 구호로 하는 진화론의 사상이 이미 일종의 새로운 신앙을 이루고 있었다. 신흥 유학생들과 신교육체제 하에서 성장한 사람들에게 유학은 이미 符號化 되었다. 孔教會의 노력은 이러한 符號化 현상을 강화시켰다. 왜냐하면 계몽적 가치관 하에 종교는 이미 이성의 대립되는 면에 있는 것으로 여겨졌고, 이성이 절대 용납할 수 없는 사물의 집합체였다. 그들은 유학이 갖고 있는 내재적 가치를 보지 못하였고, 새로운 중국을 맞이하기 위해서는 儒家와 고별을 고해야 한다고 인식하고 있었다. 그리고 《新青年》은 이러한 상당한 정도에서 이러한 심리에 부응하는 것이었기에 《新青年》이 孔子 공격의 본거지가 되었다.

《新青年》으로 대표되는 지식계층은 우선 유학과 孔子와 구제도 간에는 불가분의 관련이 있음을 주목하였다. 陳獨秀, 李大釗 등은 국회에서 심의 중이었던 '孔教 國教化法案'에 대해 날카로운 비평을 가하였다. 그는 《孔教与宪法》 중에서 "공교는 이미 효험을 잃은 우상이고, 과거의 화석이기에 민주국 헌법에서 논의의 여지가 없다. 단지 원세개가 헌법에 간섭한 결과 天壇草案, 제19조에 尊孔의 조문이 부가되어 의미 없는 분쟁이 오늘에까지 이르고 있다"고 하였다.[13)]

張勳의 復辟 실패 후 陳獨秀는 尊孔과 復辟은 "서로 의지하여 유지되는 것"이라 단정하고 "孔教와 共和는 절대 서로 용납할 수 없다. 하나가 존재하면 다른 하나는 반드시 없어져야 한다."고 주장하였다.[14)]

---

13) 陈独秀, 《独秀文存》, 安徽人民出版社, 1987, 73~78页.

張勳의 復辟 운동이라는 현실적 사건으로 인해 陳獨秀는 가치관의 문제를 해결하지 않으면 어떠한 제도 변혁도 단지 표면적인 변혁이라는 인식을 가지게 되었다. 또한 그의 급진적인 사고방법은 이것이 아니면 저것이라는 양자택일의 입장을 선택하게 하였다. 陳獨秀를 비롯한 5.4 급진파 지식인들은 한편으로는 동방문화와 서구문화를 서로 근본적으로 다른 두 가지 체제로 보았고, 진화의 입장에서 동서의 차이는 다원화의 표현이 아니라 '古今', '新舊'의 차이기에 두 문화는 같은 시대의 문화가 아니라고 보았다. 이에 유가로 대표되는 중국의 문화는 일종의 낙후된 문화이며 현대문명의 발전과 독립부강이라는 중국의 수요에는 적합하지 않은, 버려야 할 문화라는 인식이 생겨나게 되었던 것이다.

물론 陳獨秀도 孔教가 모조리 틀렸다는 것은 아니라는 것을 인정하였다. 그러나 당시 그의 급진적 사고방법은 오직 양자택일만이 가능하였다. 陳獨秀는《答佩劍青年》중에 "新舊 간에는 절대 조화와 병존의 여지가 없다. 우리는 그 중 하나만을 취할 수 있다. …… 만약 德선생을 옹호한다면 孔教, 禮法, 情節, 倫理를 반대할 수 밖에 없다. 만약 塞선생을 옹호한다면 舊 예술, 舊 종교에 반대할 수 밖에 없다. 德선생을 옹호하고, 또한 塞선생을 옹호한다면 국수와 구 문학을 반대할 수 밖에 없다"라고 명확하게 그 입장을 밝히고 있다.[15)]

신문화 운동은 현대화와 문화적 정체성을 해결하는 과정에서 일종의 '主義'화 된 '과학'과 '민주'를 보편적인 가치로 인식하여 전통의 의의를 홀시하였다. 그러나 한 사회에서 전통의 역할은 효용성에만 그치는 것은 아니었다. 기븐스가 말했듯이 "전통은 관례이다. 관례성 활동

---

14) <复辟与尊孔>, 庞朴等编,《先秦儒家研究》, 湖北教育出版社, 2003, 114쪽.

15)《陈独秀文章选编》, 北京三联书店, 1984, 186쪽.

의 의의는 일반적인 의의로 전통을 존중하고 마음으로 전통을 숭배하고 경애하여 전통과 의식의 밀접한 관례 상에 있는 것이다. 이것들은 종종 강제적이기는 하지만 동시에 사람들로 하여금 깊은 안도를 느끼게 한다. 전통과 관례는 과거와 현재 및 미래를 연속적으로 엮어주고, 사회실천 면에서 전통은 본질적인 안전의 기본 방식을 제공하는 것"[16] 것이었다. 즉 중국인들에게 있어 유가적 전통은 이미 증명할 필요가 없는 진리였기에 유가적 관념을 가지고 시비를 판단하는 것은 중국인들에게 안정과 안전감을 제공하는 것이었다.[17]

3. 啓蒙에 대한 반성과 新啓蒙의 民族化, 中國化

근현대 중국에서 한편으로 중국의 낙후된 현실을 변화시키고, 다른 한편으로 제국주의의 팽창과 자본주의의 확장에 대한 대응이 현대성을 추구하는 역사담론이 되었다. 앞서 살펴본 바와 같이 중국의 근대 지식인들은 중국 낙후의 원인을 儒家의 탓으로 돌렸다. 그러나 근대 중국이 직면한 위기의 본질은 제국주의 팽창과 자본주의의 확장이었다. 이에 중국에서는 중국 낙후의 원인을 서구제국주의로 귀결시키는 민족주의적 입장이 발현하게 되었으며, 동시에 현대성에 대한 비판과 반성이 이루어지게 된다.[18] 이러한 현상은 유가가치에 대한 긍정적인 재평가를

16) 吉登斯,《现代性的后果》, 译林出版社, 2000, 92쪽.
17) Levenson이 康有爲를 유교와 중국 간의 사상적, 문화적 관계에 대해 심각하게 이해하고 있었다고 평가한 것은 이러한 맥락에서였다: 列文森,《儒教中国的现代命运》, 中国社会科学出版社, 2000, 162~163쪽.
18) 현대성에 대한 비판과 반성은 중국 현대성의 가장 큰 특징 가운데 하나이다: 汪晖,《死火重温》, 人民文学出版社, 2000, 14, 50쪽.

유도하게 되었고, 사회의식 면에서 儒家의 사회주의적 大同思想을 중국인들이 수용할 수 있게 되는 기초를 마련하였다. 또한 사상문화적 면에서는 유가사상을 재평가하는 新儒家가 보수주의 관념의 대표로서 출현하게 되었다. 이는 중국에서 계몽사조에 대한 반성이 민족 정체성의 독특한 가치가 되었다는 것을 의미한다.

신해혁명 후 중국은 구조와 제도는 주로 서구의 것을 빌려왔다. 그러나 사상과 의식형태 면에서 시종 儒家 관념과 交織하였다. 북양군벌이 儒學에 의지한 것은 말할 필요도 없고, '革命'을 주장한 國民黨 또한 '민족주의'를 기치로 삼았다. 孫文은 때로는 三民主義를 사회주의, 공산주의와 일치한다고 인식하였지만 근본적으로 그는 三民主義가 이미 사회주의의 내용을 포함하고 있고, 동시에 三民主義와 유가전통 간의 계승관계를 강조하였다. 1925년 孫文 절세후 戴季陶는 孫文 유촉의 정통 해석자의 신분으로 三民主義와 유교적 전통 간의 관련성에 대해 증명하기 시작했다. 戴季陶에 따르면 三民主義의 가장 근본적인 목적은 민족의 자신력을 회복하는 데 있으며 그 기초는 유가적 가치관에 기초하고 있다.[19] 蔣介石에 이르러 이러한 경향은 더욱 심해져서, 蔣은 三民主義를 儒家道統의 현대적 구현이라고 주장하였다.

학술문화 영역에서의 상황은 다소 상이하였다. 科玄論戰과 社會性質論戰 등을 거치면서 전통적인 제도 유가가 이미 현실적인 실천가치를 상실한 것처럼 보였다. 그 뒤를 이어 등장한 新儒家는 계몽의 가치와 진보의 역사관념을 흡수함으로써 전통 유가사상과는 다른 방향으로 발전하였다. 梁漱溟과 馮友蘭 등 新儒家의 대표적인 학자들은 모두 中西의 차이를 古今의 차이라는 관점에서 보았다. 牟宗三의 良知坎陷說 또

19) 中国人民大学中共党史系编,《戴季陶主义资料选编》, 1981, 14, 22쪽.

한 중국에서 왜 민주와 자유가 없는 지에 대해 이유를 탐구함으로써 보편적 가치로서 서구적 가치를 상정하고 있다. 이로 인해 그들의 유가 가치에 대한 증명은 유가의 제도적 측면의 합리성을 포기하고 있다고 할 수 있다. 이로 인해 그들은 유가를 정화하여 경세가 아닌 心性之學으로 전화시켰다. 그들은 심지어 유가의 종교성을 가지고 유가의 초월성과 보편성을 입증하려 하고, 유가를 서구적 가치관과 일치되는 것으로 바꿔 포장함으로써 유가의 존재를 위해 공간을 찾으려고 하였다. 신유가에서 유가적 생존 공간 확보를 위한 노력은 이해할 수 있지만, 이들은 문화적 정체성의 확립이란 측면에서는 일종의 근본적인 오류를 범하고 있다. 즉 유가를 계몽사상의 주석처럼 다루어서는 유가와 사회에 대한 영향과 현대적 제도 건립에 공헌할 수 있는 바를 찾아내기란 쉽지 않기 때문이다.

이처럼 문화적 정체성의 재건이란 측면에서 바라볼 때, 1935년 1월 국민당 관변 신유가 학자들이 발표한 <中國本位文化的宣言>은 상당한 의의를 지닌다. 이들은 비록 국민당과 밀접한 관련이 있었지만 "중화민족 자신의 생존에도 적합하고, 전 인류의 공생의 결과", 즉 중국의 현실에서 출발하여 일종의 새로운 문명을 창조할 것을 강조하였다. 그리고 이러한 새로운 문명을 민족 본위의 문화라는 개념으로 설명하였다. 이들의 주장은 우선 중국의 계몽사상이 갖고 있었던 양분법을 탈피하여, 문화건설의 과정 중 본토자원에 대한 새로운 인식을 유도하였다. 또한 이들은 문화발전의 궁극적인 지향점을 전 인류의 공생이라는 세계적 가치에 둠으로써 이전의 보편적 가치로서 서구문명의 한계를 뛰어넘고 있다. 본위 문화론은 중국의 현실에서 출발하여 일종의 새로운 문명을 창조할 것을 강조한 것으로 문화발전에 있어서 일종의 새로운 '이성'적 사고로 볼 수 있다.

중국 본위의 문화토론 후 마르크스주의 방법론의 수용과 중국 계몽사조에 대한 비판적 계승으로 나타난 新啓蒙운동은 민족 본위의 새로운 문화적 정체성을 창조하였다. 특히 張伸府, 張岱年으로 대표되는 新啓蒙 사상의 주창자들은 중국 전통문화 중 시대정신에 부합되는 사상적 자원을 재평가하였고, 문화 가치상의 회귀를 통해 중국 문화적 정체성을 재조립하였다. 張岱年이 제시한 '綜合創新論'에 따르면 농업사회인 중국과 공업사회인 서구열강은 서로 다른 발전단계에 처해있다. 그리고 농업문화는 공업문화를 향해서 발전하게 된다. 그러나 문화의 새로운 단계로의 발전은 앞의 단계에 대한 부정이지만 단절은 아니며 일정한 관련성을 지니고 있다. 당시 농업사회에 처해있던 중국이 공업사회에 기초한 서구의 자본주의 문화를 그대로 수용하는 것은 문제가 있다. 뿐만 아니라 반식민지적 상황에 처해있던 중국에서 근대 서구문명의 기초가 된 자본주의의 순탄한 발전 자체가 불가능하다. 그러면 중국문화의 발전방향은 어떻게 설정되어야 할 것인가?라는 문제에 대해 張은 단순히 서구열강의 공업문화로의 발전보다는 더욱 보편적인 세계화의 추구를 주장하였다. 그 대안으로 당시 중국에서 전개되던 사회주의 운동을 통한 문화 발전을 모색할 것을 제시하였다. 결국 張에 따르면 식민지적 상황 하에 불가능한 것으로 보였던 자본주의 문화건설을 포기하고 사회주의 문화건설은 주장하게 된다. 그러나 당시 중국의 여건 하에 사회주의 건설은 시기상조이어서 "현재의 중국은 사회주의 문화 전의 대과도적 시대이며…… 현재 중국의 문화 공작은 사회주의 건설의 준비공작이다"라는 결론에 도달하게 된다.[20)]

이러한 인식은 그 후에 중공의 영향을 받은 진보지식인들이 新啓蒙

20) 干青松, <张岱年30年代的文化观>, 《清华大学学报》 2004年 第四期 参고.

運動으로 발전시켰다. 新啓蒙運動의 출현은 표면적으로는 당시 출현한 尊孔과 復古관념에 대한 대응으로 일어났다. 이들은 5.4 계몽운동의 임무가 완성되지 못하였고, 중국인민에 대해 새로운 계몽을 진행해야 한다고 주장하였다. 그러나 新啓蒙運動은 이미 5.4 시기의 양자택일의 관점에서 탈피하여 중국의 문화적 전통에 대해 일종의 동정을 갖고 있었다.[21] 5.4 계몽운동에 참가하였던 張伸府는 당시의 편협한 입장을 교정할 것을 명확하게 요구하면서 "新啓蒙은 민족주의적, 과학민주적 사상 문화운동이다. 자기의 전통적인 것을 揚棄해야 한다. 揚棄의 뜻은 어떤 것은 버리고, 어떤 것은 보존하여 발양하여 더욱 높은 단계로 제고시킨다는 것이다. ……중국의 진정한 전통유산은 비판적이고 해석적으로 새로 평가할 수 있고, 몽매와 쓰레기를 없앤 후 계승할 가치가 있다"고 주장하였다.[22]

4. 毛澤東의 新民主主義 文化理論과 문화정체성의 회복

이 시기 중국 공산당 또한 실천의 과정 중에서 마르크스주의의 사상적 방법에 대해 심각한 고민 끝에 마르크스주의와 중국에서의 실천을 결합시킬 수 있는 방법을 제시하였다. 이로써 중국공산당은 장기간에 걸친 교조주의의 영향에서 벗어날 수 있었다. 중공의 대표적인 이론가였던 艾思奇는 "마르크스주의자들의 마르크스주의에 정통하다는 것은

21) 拙稿, <1930年代中国的新启蒙运动>, 《中国과 中国学》(영남대 중국연구센터) 제4호, 2006.8, 104쪽.

22) 张申府, <论中国化>, 罗荣渠主编 《从"西化"到现代化》, 北京大学出版社, 1990, 588쪽.

이론 연구 뿐만 아니라 구체적인 환경 하에서 마르크스주의를 실천할 수 있는 것이다. 즉 특정 국가의 특수한 조건하에 창조적인 마르크스주의 사업을 창조하는 것이다. 그리고 여기에는 '化'의 의미가 있다. 그것은 바로 창조의 의미이다. 따라서 중국화는 절대로 마르크스주의의 입장을 버리는 것이 아니라 반대로 더욱 중국화 시키는 것이며 이것은 더욱 정확하고 견결하게 마르크스 · 레닌주의의 입장을 실천함으로써, 더욱 창조적이고 진정한 마르크스주의를 개진한다는 의미이다"라고 주장하였다.[23] 이것은 곧 문화적 입장에서 古今中外의 각종 사상의 정수를 변증법적인 방법으로 융화하여 민족적, 과학적, 대중적 신문화를 건설하자는 주장이었다. 그리고 이러한 내용의 주장들이 신속하게 발표, 확산되게 되었던 바, 그 대표적인 글이 바로 毛澤東이 1040년에 발표한 新民主主義論이다.

毛澤東의 문화관은 한편으로는 단선적 문화적 논리를 수용하여 당시의 문화가 주요하게는 帝國主義와 封建主義의 입장에 서있다고 인식하였다. 毛에 따르면 일정한 문화는 일정한 사회의 정치와 경제의 관념형태상의 반영이다. 중국에서 제국주의 문화가 있다는 것은 제국주의가 정치상, 경제상으로 중국을 통치하거나 거의 통치한다는 것이다. 이 부분의 문화는 제국주의가 중국에서 직접 문화기관을 운영하는 것 외에 약간의 파렴치한 중국인에 의해 제창되고 있다. 노예화 사상을 포함한 일체의 문화는 모두 여기에 속한다. 중국에는 또한 半封建 문화가 있다. 이것은 半封建 사회와 半封建 경제의 것을 반영한다. 尊孔讀經을 주장하고, 舊禮教 사상을 제창하여 新文化運動에 반대하는 이들은 모

23) 艾思奇, <论中国的特殊性>, 罗荣渠主编《从"西化"到现代化》, 北京大学出版社, 1990, 601쪽.

두 이러한 문화의 대표이다. 제국주의 문화와 반봉건문화는 매우 절친한 두 형제이다. 그들은 문화 면에서 반동적 동맹을 형성하여 중국의 신문화에 반대한다. 이러한 반동문화는 제국주의와 봉건계급을 대신하여 복무함으로 타도되어야 할 것이다. 이것들을 타도하지 않으면 어떠한 신문화도 건립할 수 없다. 깨뜨리지 않으면 세울 수 없고, 막지 않으면 흐를 수 없고, 저지하지 않으면 나아갈 수 없다. 그들 간의 투쟁은 생사의 투쟁이다.[24] 그렇다면 어떤 신문화가 진정으로 중국인의 민족 응집력과 문화정체성의 근거가 될 수 있을까? 毛澤東은 민족, 과학과 대중이라는 세 개의 기준을 제시하였다.

毛澤東이 제시한 민족, 과학과 대중이라는 기준은 비록 사회주의 혁명을 염두에 둔 것이기는 하지만 당시의 자유주의와 신유가 혹은 官邊유가의 보수입장과 비교할 때 더욱 큰 포용성을 지니고 있다. 우선 제국주의에 반대하고 사회주의의 발전모델을 제시한 것은 당시 중국의 현대성 추구의 기본적인 요구에 부합된다. 또한 민족성의 강조는 전시하의 민의의 표현이라고 볼 수 있으며, 과학의 추구는 계몽의 정신을 반영하고 있다. 대중의 의미는 민주의식을 포함하고 있다. 일본 제국주의와 국민당의 붕괴라는 현실적 여건이 갖추어지자 신민주주의 문화관은 신속하게 중국의 지식인들과 인민들에게 수용되었으며 주도적 문화로 자리 잡을 수 있었다.

5. 結論

현대화가 처음 시작된 서구열강과는 달리 중국에서 현대성은 전통

---

24) 毛泽东, <新民主主义论>,《毛泽东选集》第二卷, 人民出版社, 1991, 694~695쪽.

사회와의 일종의 단절을 의미하는 것이었다. 그 결과 전통적 사회질서에 합법성을 부여하던 제도화된 유가가 해체되었고, 이는 중국인들의 사회심리와 문화적 정체성에 커다란 위기를 가져왔다. 중국과 서구열강과의 국력의 차이로 인해 상대적이어야 할 중국과 서구열강 간의 문화적 차이가 中西의 문제가 아닌 古今과 優劣의 문제로 인식되었다. 이는 중국의 사회적 변화를 강제하는 것이었고, 이 과정에서 중국인들은 전통적 문화적 정체성을 상실하고 새로운 정체성을 모색하게 되었던 바, 이로 인해 중국에서는 현대성의 추구와 문화적 정체성의 위기가 동시에 나타나게 되었다.

康有爲는 근대 중국에서 현대성의 추구로 인해 발생하게 될 사회적, 문화적 혼란을 우려하였고, 유가사상의 이념적 틀 내에서 변혁을 추구하였다. 康은 《孔子改制考》 등의 일련의 저작을 발표하여 '托古改制'의 이론적 체계를 구축하였다. 康의 노력은 최후에는 孔敎의 건설 운동으로 귀결되게 된다. 이것은 康이 중국의 불가피한 제도변혁의 변혁의 과정에서 유가사상의 사회적, 문화적 영향력을 새롭게 제도화하여 문화적, 사회적 안정을 보장하려는 시도였다.

그러나 陳獨秀, 李大釗로 대표되는 5.4 시기 급진지식인들은 동,서양의 문화를 근본적으로 다른 두 가지 체계로 인식하였고, 진화의 입장에서 동서의 차이는 문화적 다원화의 표현이 아닌 '古今'과 '新舊' 의 문제로 보았다. 이에 그들은 유가사상으로 대표되는 중국의 문화는 일종의 낙후된 문화이며 중국이 현대성을 추구하는 과정에서 적합하지 않은, 폐기해야 할 문화로 인식하였다. 이들의 주장은 당시 국가적 위기상황에서 많은 지지를 얻었다. 그러나 그들은 전통의 역할을 단순히 효용성의 여부로만 판단함으로써 전통이 한 사회 구성원들에게 부여하는 안정과 안전감을 무시하였다. 따라서 이 시기 중국의 문화적 정체성 위기는 더욱 심화된다.

근현대 중국에서 중국의 낙후된 현실의 변화와 제국주의 팽창, 자본주의의 이식에 대한 대응이 현대성에 관한 역사적 담론을 형성하였다. 이에 중국에서는 이 두 가지 목표를 통일적으로 인식하는 민족주의가 발현하게 된다. 민족주의의 대두는 유가사상의 가치에 대한 긍정적인 재평가를 유도하는 것이었다. 실제로 신해혁명 후 중국은 구조와 제도의 측면에서 서구의 것을 도입하였지만 사상과 의식의 면에서 시종 유가 관념과 交織하고 있었다. 梁漱溟, 馮友蘭, 牟宗三 등으로 대표되는 신유가는 유가의 생존공간 확보를 위해 제도적인 측면의 합리성을 포기함으로써 사실상 문화적 정체성의 위기 해결에는 그다지 공헌하지 못하였다.

근대이래 중국의 문화적 정체성 위기의 해결에 단초를 제공한 것은 張申府와 張岱年이었다. 이들은 중국 전통문화 중 시대정신에 부합되는 사상적 자원을 재평가하였고, 문화 가치의 회귀를 통해 중국의 문화적 정체성을 재조합하였다. 동시에 이들은 서구화가 곧 현대화라는 기존의 현대성의 추구 모델을 비판하고 그 범주를 보편적 세계로 확장시켰다. 이는 곧 반식민지 상태에서 실현 불가능한 것으로 보이던 서구식 자본주의 문화의 건설시도를 비판하고 사회주의를 지향하는 과도적 문화의식이 대두하였음을 나타내는 것이었다. 이러한 문화의식은 뒤이어 출현한 新啓蒙運動에 계승되어 전통문화의 비판적 계승과 현대성의 추구를 결합하는 노력으로 이어졌다.

이 시기 중국공산당 내에서는 마르크스주의의 사상적 방법에 대한 실천적, 이론적 비판이 계속되고 있었다. 그 결과 艾思奇에 의해 마르크스주의의 중국적 실천이 이론적으로 자리잡게 되었다. 艾思奇의 이론을 정치, 경제, 사회, 문화 등 사회 전 영역으로 확장시킨 것이 毛澤

東의 신민주주의론이었다.

毛澤東은 중국의 민족적 응집력과 문화적 정체성을 발현시킬 수 있는 신문화의 기준으로 민족, 과학, 대중의 세 가지를 제시하였다. 이는 당시 자유주의, 신유가 혹은 관변의 유가보다 훨씬 큰 포용성을 가지고 있었다. 우선 제국주의에 반대하고, 사회주의의 발전모델을 제시한 것은 당시 중국의 현대성 추구의 기본적인 요구에 부합된다. 또한 민족성의 강조는 전시 하의 민의의 표현이라고 볼 수 있으며, 과학의 추구는 계몽의 정신을 반영하고 있다. 대중의 의미는 민주의식을 포함하고 있다. 따라서 일본 제국주의와 국민당의 붕괴라는 현실적 여건이 갖추어지자 신민주주의 문화관은 신속하게 중국의 지식인들과 인민들에게 수용되었으며 주도적 문화로 자리잡을 수 있었다.

참고문헌

陈独秀,《陈独秀文章选编》, 北京三联书店, 1984.

陈独秀,《独秀文存》, 安徽人民出版社, 1987.

复旦大学历史系编,《近代中国的国家形象与国家认同》, 上海古籍出版社, 2003.

吉登斯,《现代性的后果》, 译林出版社, 2000.

蒋贵麟编,《万木草堂遗稿外编》(下), 台北成文出版社, 1974.

列文森,《儒教中国的现代命运》, 中国社会科学出版社, 2000.

刘禾,《跨语际实践－文学, 民族文化与被译介的现代性-中国：1900～1937》, 北京三联书店, 2002.

罗荣渠主编,《从“西化”到现代化》, 北京大学出版社, 1990.

《毛泽东选集》第二卷, 人民出版社, 1991.

庞朴等编,《先秦儒家研究》, 湖北教育出版社, 2003.

汤志均,《经学与近代中国》, 北京, 中华书局, 1989.

汤志均,《康有为政论集》, 中华书局, 1981.

汪晖,《死火重温》, 人民文学出版社, 2000.

谢遐龄编选,《变法以致太平：康有为文选》, 上海远东出版社, 1997.

中国人民大学中共党史系编,《戴季陶主义资料选编》, 1981.

李承佑, <1930年代中国的新启蒙运动>,《中国과 中国学》(영남대 중국연구센터) 제4호, 2006년 8월.

林毓生, <中國近現代歷史上的三個基本問題>,《中國과 中國學》(영남대 중국연구센터) 제3호, 2005년 8월.

陆宝千, <民国初年康有为之孔教运动>,《中央研究院近代史研究所集刊》, 第八辑, 台北, 1983年6月.

干青松, <张岱年30年代的文化观>,《清华大学学报》2004年第四期..

赵汀阳, <认同与文化自身认同>,《没有世界观的世界》, 中国人民大学出版社, 2003.

제2부 한국의 근대와 근대체험

근대시의 형태와 의식의 분열*

-정지용을 중심으로-

손 병 희**

1. 머리말

정지용은 휘문고보 시절 박팔양 등과 「요람」 동인을 구성하여 동인지 『搖籃』에 작품을 발표하고 『曙光』지에 소설 <三人>을 발표했다. 또한 1922년에서 1925년 사이 자신의 시적 재능을 드러낸 <風浪夢>, <鄕愁>, <柘榴>, <바다>, <幌馬車> 등을 이미 창작하기도 했다. 그러나 정지용이 시인으로서의 면모를 본격적으로 드러낸 것은 경도 유학생 잡지인 『學潮』 창간호(1926)에 작품을 대거 발표하면서부터라고 할 수 있다. 『학조』에 작품을 발표한 1926년에 정지용은 국내 잡지인 『新民』, 『文藝時代』에 <Dahlia>, <紅椿> 등을 발표함으로써 국내 문

---

* 이글은 필자의 『정지용 시의 형태와 의식』(국학자료원, 2007)의 제2장 중 일부를 인문과학연구소의 요청에 따라 재수록한 것으로, 단행본 출간 이전에 발표된 「정지용의 초기시의 형태-『학조』 창간호에 실린 작품을 중심으로」(『솔뫼어문논총』 14집, 안동대학교 어학원, 2002)와 그에 이어지는 「정지용 시의 형태 분석」(『인문과학연구』 5집, 안동대학교 인문과학연구소, 2002)을 통합한 것이다.

** 안동대학교 인문대학 교수

단과 관련을 맺고, 이후 『시문학』 동인에 가담(1930)하여 작품을 발표하는 등 활발한 창작 활동을 전개한다.[1)]

정지용이 『학조』 창간호에 발표한 작품의 형식이 시조에서 동요와 자유시 형식에 이르기까지 비교적 다채롭다는 것은 주목할 만하다. 이러한 시 형태를 정지용이 같은 지면에 동시에 선보였다는 사실은 당시 시 형식에 대한 정지용의 의식이 분열되거나 불안정한 채 모색과 실험 단계에 있었다는 것을 암시한다. 이러한 점을 출발점으로 하여 정지용의 시 형태 모색과 실험, 그리고 그 과정과 실상을 살필 수 있다.

2. 시 형태의 답습과 모색

정지용이 『학조』 창간호에 발표한 작품들을 형태적으로 살피면 시조, 동요, 그리고 자유시 형식으로 나눌 수 있다. 시조 형식은 <「마음의 日記」에서-시조 아홉 首>와 같이, 이미 그 제목에 형식을 명시하고 있다. 그와 함께 <동요>라는 제목 밑에 덧붙여진 짤막한 줄글 1편[2)]과 <서쪽한울>, <씌>, <감나무>, <한울혼자보고>, <쌀레(人形)와아주머니> 등이 5편,[3)] 그리고 <카페- ·프란스>, <슬픈 印像畵>, <爬蟲類

1) 김학동 엮음, 『정지용전집 2-산문』(증보판), 민음사, 1988, 473～475쪽. 연보 참조. 또한 한 연구자에 따르면, 정지용은 이미 1925년에 일본 경도 동지사대학 내의 동인지 『街』에 일문시 세 편을 발표한 적이 있다. 이에 대해서는 호테이 토시히로의 「정지용과 동인지 『街』에 대하여」(『관악어문연구』 21, 서울대, 1996)를 참조할 수 있다.

2) 이것은 이후 『정지용시집』에서 <별똥>으로 개작되었다는 점에서 독립된 작품으로 인정한다. 『학조』에 발표될 때는 “-별똥이 썰어진 고슬 나는 씍 밝는날 차저가랴고 하엿섯다. 별으다 별으다 나는 다 커버렷다.-”와 같다. 『學潮』 창간호, 1926.6. 京都學友會, 105쪽.

動物>과 같은 자유시 형식의 작품이 3편이다.

정지용이 시조와 동요, 그리고 자유시 형식의 작품들을 동시에 발표한 사실은 당시 그의 시 형태 의식을 이해하기 위한 실마리가 될 수 있다. 시조와 동요, 그리고 자유시의 공존은 정형성定型性의 유지와 해체의 욕망이 정지용에게 혼거하고 있었음을 보여주는 것으로 일단 이해할 수 있다. 뒤에서 구체적으로 살피겠지만, <「마음의 日記」에서-시조 아홉 首>와 같은 평시조 형식이 정형성을 지닌 근대 자유시 이전의 보수적이고 관습적인 시 형태라면, <카페- ·프란스>, <슬픈 印像畵>, <爬蟲類動物> 등은 새롭고 실험적인 형태주의*formalism*의 흔적까지 뚜렷이 보여주고 있는 자유시 형식이다. 당시 정지용이 이렇게 시 형태의 정형성과 함께 그 해체를 동시에 보여줌으로써 한편으로는 시 형태에 대한 시인의 불안정한 의식과 모색의 욕망을 보여주고, 다른 한편으로는 분열된 욕망과 엇갈리는 지향으로 드러나는 시인의 유동적인 미의식과 내면을 일정하게 드러냈다고 할 수 있다.

이후에도 시 형식의 정형성整形性에 대한 정지용의 지속적인 관심과 실천이 단절되는 것은 아니다. 그러나 정지용의 마지막 작품이라고 알려진 <四四調五首>(『文藝』, 1950.6)에서 정형적定型的인 형태 의식이 더욱 경직되고 변형되어 다시 나타나기는 하지만, 전형적인 시조 형식은 정지용에게 더 이상 시적 형태로서의 유효성을 갖지 않는다. 더구나 『학조』 창간호에 작품을 발표하기 전에 창작한 것으로 알려진 <풍랑몽>, <향수>, <자류>, <바다>, <황마차> 등이 정형을 해체한 자유시와 산문시라는 사실에서 알 수 있듯이, 정지용이 공식적으로 창작활

3) 이 역시 <동요>라는 제목 아래 실려 있어, 그 형식이 규정되어 있다. 『정지용시집』의 발문에서, 박용철은 이 시편들을 "自然童謠의 風調를 그대로 띤 童謠類와 民謠風詩篇들"로 분류했다. 정지용, 『정지용시집』, 시문학사, 1935, 157쪽.

동을 시작한 이 시기 그의 시 형태의식은 불안정하고 분열된 상태에 있으며, 따라서 그것은 일정한 지향을 유보한 채 이루어지는 다양한 형식의 모색과 실험의 과정, 혹은 습작의 과정이라고 할 수 있다.

또한 이 점은 『학조』 창간호에 발표한 시조 형식의 작품과 이른바 동요 형식의 작품들이 뒷날 발간된 『정지용시집』에 실리지 않거나 개작되어 실린 사실에서도 확인된다. 『정지용시집』에는 <「마음의 日記」에서-시조 아홉 首> 중에서 단 한 편만이 개작되어 실렸으며, 동요들도 제목과 내용이 바뀌었다. 곧 <서쪽한울>은 <지는 해>로, <감나무>는 <홍시>로, <한울혼자보고>는 <병>으로 그 제목이 바뀌고, <짤레(人形)와아주머니>는 <三月삼질날>과 <딸레>로 나뉘어 개작되었으며, <동요>라는 제목 밑에 덧붙여진 짤막한 줄글은 <별똥>으로 개작되었다. 이러한 개작이나 작품의 선택적 시집 수용은 그 동안 정지용의 형태 의식이 좀더 안정되고 확고해졌음을 뜻하는 것으로 볼 수 있다.

이러한 점을 구체적으로 밝히기 위해 <「마음의 日記」에서-시조 아홉 首>를 먼저 살필 필요가 있다.

> 큰바다 아페두고 힌날빗 그미테서
> 한백년 잠자다 겨우일어 나노니
> 지난세월 그마만치만 긴하품을 하야만.
>
> 아이들 총중에서 승나신 장님막대
> 함부루 내두루다 빼ㅅ기고 말엇것다
> 얼굴붉은 이친구분네 말슴하는 법이다.

창자에 처져잇는 기름을 씨서내고
너절한 볼따구니 살뎅이 쎄여내라
그리고 피스톨알처럼 덤벼들라 싸호자!

참새의 가슴처럼 깃버쒸여 보자니
승내인 사자처럼 부르지저 보자니
氷山이 푸러질만치 손을잡어 보자니.

시그날 기운뒤에 갑작이 조이는맘
그대를 시른차가 하마산을 돌아오리
온단다 온단단다나 온다온다 온단다.

「배암이 그다지도 무서우냐 내님아」
내님은 몸을썰며 「뱀ㅁ마는 실허요」
쏴리가치 새빨간해가 넘어가는 풀밧우.

이지음 이실(露)이란 아름다운 그말을
글에도 써본저이 업는가 하노니
가슴에 이실이이실이 아니나림 이여라.

이밤이 기풀수락 이마음 가늘어서
가느단 차디찬 바눌은 잇스려니
실이업서 물디린실이 실이업서 하노라.

한백년 진흑속에 뭇첫다 나온듯.

긔(蟹)처럼 여프로 기여가 보노니
머-ㄴ푸른 하눌아래로 가이업는 모래밧.

-<「마음의 日記」에서-시조 아홉 首>[4] 전문

부분적인 가감이 있지만, 대체로 위 시조들은 삼장육구의 형식과 각 구의 구성이 3(4)·(3)4 음절이 기본인 평시조의 형식에 충실하다. 이러한 충실성은 평시조 종장의 두 번째 구의 음절수를 대부분 다섯 자로 맞춘 것에서도 찾아 볼 수 있겠다. 그런데 "창자에 처져잇는 기름을 씨서내고/ 너절한 볼싸구니 살뎅이 쩨여내라/ 그리고 피스톨알처럼 덤벼들라 싸호자!"(여기서 /은 장을 표시함)에서 보이는 단호하고도 전투적인 의지의 직접적인 표명은 이후 정지용 시에서 찾아보기 힘든 것이어서 조금 뜻밖이라는 생각까지 든다. "가슴에 이실이이실이 아니나림이여라"와 "온단다 온단단다나 온다온다 온단다." 등에서 보이는 언어감각과 재치, "쐬리가치 새쌀간해가 넘어가는 풀밧우."에서 보이는 감각적 인상의 선명함, "이밤이 기풀수락 이마음 가늘어서/ 가느단 차디찬 바눌은 잇스려니/ 실이업서 물디린실이 실이업서 하노라."에서 보이는 마음과 바늘을 연결하는 기상*conceit* 등은 정지용의 시적 감각을 시조 형식에서도 어느 정도 보여준다고 할 수 있다.

그러나 위에 인용한 정지용의 시조는 전통적인 평시조 형식의 기계적이고 단순한 답습에 그쳤을 뿐, 그것을 창조적으로 차용하고 변용하여 의미의 함축이나 상상의 공간을 새롭게 심화하거나 확충했다고 평

4) 김학동 엮음, 『정지용전집 1 시』(수정증보5판), 민음사, 1991, 172～173쪽. 『정지용시집』과 『백록담』에 실리지 않은 작품은 특별한 문제가 없는 한 앞으로 이 책에서 따온다. 이 책에서 원형이 훼손된 텍스트의 경우에는 수록 잡지에 발표된 당시 작품과 함께 혹은 그것만을 따로 다룰 수 있을 것이다.

가하기 어렵다. 더구나 평시조의 종장형식의 음절수를 의식하여 "온단단다나"와 같이 작위적이고 어색한 언어조합을 시도하고 있는 것은 종장이 지니고 있는 시조의 심미적 기능을 오히려 제한하거나 무력화시킨다고 할 것이다. 이후 『정지용시집』이 발간될 때 아홉 수의 시조 가운데 한 편만이 개작되어 실린 것은 당연한 일이라고 할 수 있다.

그런데 위 시조 중에서 유일하게 시집에 실린 것은 위 아홉 수 중에서 가장 끝에 있는 작품이다. 그것이 『정지용시집』에서는 <바다 2>로 제목이 바뀌면서 다음과 같이 시의 형태가 달라졌다.

> 한 백년 진흙 속에
> 숨었다 나온 듯이,
>
> 게처럼 옆으로
> 기여가 보노니,
>
> 머언 푸른 하늘 알로
> 가이 없는 모래 밭.
>
> -<바다 2>[5] 전문

이 시는 정지용 시의 형태 및 방법과 관련된 특징을 일부 보여주고

5) 『정지용시집』, 85쪽. 앞으로 이 글에서 연구 대상으로 삼는 시 텍스트는 원칙적으로 『정지용시집』과 『백록담』(문장사, 1941)에 실린 것으로 한다. 그렇게 하는 까닭은 이 두 시집에 실린 시의 언어와 형태는 정지용에 의해 최종적으로 확정 · 정착된 것으로 보기 때문이다. 그러나 텍스트의 변형 자체가 분석의 대상이 되거나 비평적 의의가 있는 경우에는 필요에 따라 수록 잡지에 발표된 당시 작품을 함께, 혹은 따로 다룰 수 있을 것이다.

있다. 즉 정지용이 애용한 2행 1연의 반복에 의해 이룩되는 정형적整形的인 시 형태와 간접적인 암시와 환기에 의해 대상과 정서를 드러내는 방법이 그것이다. 특히 3연은 대상을 직접적으로 묘사하지 않고 간접적으로 암시하거나 환기하는 방법을 잘 보여 준다. 여기에서 "바다"는 직접적으로 언급되거나 그려지지 않고 하늘과 모래밭을 통해 효과적으로 환기되기 때문이다. 또한 "머언 푸른 하늘"과 "가이 없는 모래 밭"의 공간 감각이 환기하는 대상("바다")의 부피와 크기도 인상적으로 암시된다.

시적 주체와 주체의 외부세계와의 관계 또한 간접적으로 암시될 뿐이다. "게처럼 옆으로/ 기여가 보"는 시적 주체의 횡보는 새로운 세계(대상)에 대한 시적 주체의 조심스러운 탐색과 어눌한 행보의 시도처럼 보인다. 1연의 "한 백년 진흙 속에/ 숨었다 나온 듯이"가 그렇게 읽을 수 있도록 한다. 시적 주체의 이러한 대상 탐색은 지적인 작업이라기보다 감각적인 것으로 드러난다. 그렇게 읽을 때, 시적 주체가 파악한 세계는 무한한 공간이며("머언"과 "가이 없는"이라는 수식어가 그것을 암시한다.), 그것은 시각과 신체의 운동에 근거한 시적 주체의 감각에 의해서 파악된 세계이자 주체의 감각을 초월해 존재하는 세계의 모습이기도 하다. "가이 없는" 대상이란 시적 주체의 시각과 신체 운동에 의해 포착된 세계이지만, 그것은 동시에 시각과 신체 운동의 범위를 넘어선, 그래서 시야와 신체 운동의 한계를 확인시키는 대상이기 때문이다. 이 시가 보여주는 감각에 의한 대상 파악과 감각의 범위를 초월한 대상의 존재론적 특성이 시사하는 바가 정지용 시의 일반적인 특성 및 성격에 관계될 수 있는 가능성은 따로 검토할 필요가 있겠다.

이 시에서 시적 주체의 움직임은 "게"蟹의 그것에 비유되어 시적 주체의 시야를 초월해 존재하는 자연(외부세계) 사이에 극단적인 대비가 이루어진다. 이러한 대비는 주체와 자연 사이의 갈등을 드러내기 위한 것으로 보이지는 않는다. 광대한 세계에 대한 왜소한 주체의 두려움이나 소외감을 전경화*foregrounding*시키기보다 오히려 주체의 행위에 대비되어 광대무변한 자연(세계) 자체가 단순하고도 선명한 인상으로 드러날 뿐이기 때문이다. 그것은 주체의 감각에 의해 파악되지만, 그것을 넘어선 존재(자연, 세계)의 초월성과 그에 대한 감각적 인상을 전경화시킨다.

맞춤법이 달라진 것을 제외하면, <바다 2>에서 보이는 가장 두드러진 변화는 행과 연의 구분이다. 그 밖의 변화는 "뭇쳣다 나온듯"을 "숨었다 나온 듯이"로 고친 정도이다. "머-ㄴ"이 "머언"으로, "하눌아래로"가 "하늘 알로"로 바뀐 것이 시적 효과를 얼마나 더 높이거나 변화시킬 수 있는지는 분명하지 않다고 하더라도, 이것이 언어에 대한 정지용의 섬세한 배려를 엿볼 수 있는 한 예는 될 수가 있을 것이다. 그에 비하여 "뭇쳣다 나온듯"이 "숨었다 나온 듯이"로 바뀐 것은 좀더 큰 의미의 변화를 초래한다. "숨었다 나온 듯이"는 행위가 행위자의 주체적인 의지의 결과임을 보여주기 때문이다.

그러나 무엇보다 중요한 변화는 행과 연의 구분이다. 평시조의 각 장을 두 행으로 나누고 각 장을 연으로 독립시킨 것은 정지용이 행과 연의 미학적 기능과 의의를 좀더 뚜렷이 의식한 까닭이라고 볼 수 있다. 행은 리듬, 의미, 심상의 단락[6]으로서 모든 자유시는 구체적인 작품에서 특유한 행 가름을 통해 자신의 고유한 리듬[7]과 시적 공간을 개

6) 김춘수, 『시론-시의 이해』, 송원문화사, 1976, 9~13쪽 참조.

7) 그것은 에즈라 파운드Ezra Pound가 신봉한 "절대 리듬", 즉 "표현해야 할 정서나 정서의 미묘한 음영에 정확히 대응하는 그런 리듬"일 것이다. Antony Easthope, *Poetry as Discours*, London:Methuen, 박인기 옮김, 『시와 담론』, 지식산업사, 1994, 234쪽.

별적으로 실현한다.[8] 정형시는 형태의 고정성으로 인해 행 가름과 연 구분이 일정한 규칙성을 지니며, 산문시는 줄글의 형태로서 행의 미학적 기능이 존재하지 않고 단락이 연의 기능을 수행한다고 볼 수 있다. 산문시를 제외한 모든 시는 행이 전경화된 담론의 양식[9]이지만, 행이 개별 작품별로 개성화되는 자유시에서 그 미적 기능과 효과가 무엇보다 두드러지다고 할 수 있다.

그런 측면에서 살핀다면, 정지용의 이러한 개작 과정은 자유시 형태에 대한 그의 미학적 형태의식과 지향을 일정하게 반영한다고 할 수 있다. 그런데, 행 가름과 연 구분의 내적 필연성을 따진다면 반드시 그렇게 되어야 할 상상의 논리나 심미적인 근거에 대해서는 의문이 생길 수도 있다. 한 연을 두 행으로 고르게 가른 것이나 1연과 2연을 구분한 것은 시의 내적 필연성에 따르기보다 오히려 정형을 의식한 기계적 분할로 보이기 때문이다. 적절한 것으로 보이는 2, 3연의 구분과 대비하면 그 점이 좀더 분명해질 것이다. 2, 3연의 구분이 적절하게 느껴지는 것은, 그것을 통해 서술의 대상과 공간의 이동이 이루어지는 것과 함께 그에 따른 서술 대상의 행위와 공간의 극한적인 대립을 축조하기 위해 행말 휴지 이상의 큰 휴지가 필요하기 때문이다. 이렇게 본다면, 1, 2연의 구분은 2, 3연의 구분에 비해 그 기능적 필요성이 약하다고 하지 않을 수 없다.

---

8) 한편 엘리어트T. S. Eliot는 자유시를 형태, 각운, 운율의 결여로 정의했다. 위의 책, 235쪽.

9) 위의 책, 85쪽. 여기서 "러시아 형식주의파와 프라하 언어학파는 시에서 보편적인 한 가지 조건, 즉, 시의 구성원리격인 지배소란 시를 행으로 조직하는 것이라고 간주했다."고 하고 "이처럼 시적 언어를 비슷하거나 가능한 대로 균등한 힘의 경계를 갖는 음성 단위인 시행으로 분할하는 것은 분명히 시적 언어의 변별 자질이라고 할 수 있다."고 한 보리스 토마셰프스키Boris Tomashevsky의 말을 인용했다.

또한 3연에서 이루어진 행 가름은 공간(하늘/모래밭, 위/아래), 색채(푸른색/흰색), 물질성(공기/모래) 등의 대조를 매우 뚜렷이 하고, 작은 행위("게"의 기어가는 행위)와 크고 무한한 공간(하늘과 모래밭)의 대립을 더욱 두드러지게 하는 효과가 있다. 그에 비하여 1, 2연의 행 가름은 그렇게 해야 할 내적 근거가 분명하지 않다. 이런 판단이 옳다면, 1, 2연의 행 가름과 연 구분은 자유시에서 요구되는 미학적 기능을 수행하기보다 형태의 외적 안정성과 동일성, 다시 말해 형태의 정형을 유지하는 데 그쳤다고 할 수 있다. 앞에서 살폈듯이, <바다 2>는 시조 형식을 행 가름과 연 구분을 통해 형태적 변용을 꾀한 것으로서 그 리듬은 시조의 리듬이 그대로 유지되고 있다. 곧 시조의 율격이 행과 연 단위에서 그대로 유지되고 있을 뿐만 아니라, 시의 형태도 정형을 유지하고 있음을 볼 수 있다. 그런 까닭에 행과 연의 기능을 부분적으로 강화했지만, 실제로 <바다 2>는 율격과 형태의 규칙성이 뚜렷한 정형시에서 벗어나지 않았다.[10)]

전통적 율격과 형태의 정형화에 대한 정지용의 이러한 관심은 시조와 함께 발표한 이른 바 동요 형식들에서도 잘 드러난다. 다음은 그 일부 예들이다.

10) 다만 좀더 세밀하게 살피면, 개작의 형태가 좀더 탄력성 있는 율격의식을 보여준다고 할 수 있다. 개작된 시의 3연 1행이 개작되기 전 시조 형식의 종장 두 번째 구에 해당된다는 것을 염두에 둔다면, "머-ㄴ푸른 하눌아래로"가 "머언 푸른 하늘 알로"로 바뀐 것에서 그것을 엿볼 수 있다. 곧 이 부분은 시조 종장 두 구에 해당하는 데, "머-ㄴ푸른∨하눌아래로"가 "머언∨푸른 하늘∨알로"(여기서 ∨은 율격의 중간휴지를 뜻한다.)와 같이 바뀐 것은 율격의 단위를 이루는 음절의 수에 좀더 신축성을 부여한 까닭이라고 볼 수 있기 때문이다.

우리 옵바 가신 곳은
해님 지는 西海 건너
멀리 멀리 가셨다네.
웬일인가 저 하늘이
피ㅅ빛 보담 무섭구나!
날리 났나. 불이 났나.

-<지는 해> 전문

하늘 우에 사는 사람
머리에다 띄를 띄고,

이땅우에 사는 사람
허리에다 띄를 띄고,

땅속나라 사는 사람
발목에다 띄를 띄네.

-<띄> 전문

어적게도 홍시 하나.
오늘에도 홍시 하나.

까마귀야. 까마귀야.
우리 남게 웨 앉엇나.

우리 옵바 오실걸랑.

맛뵐라구 남겨 뒀다.

후락 딱 딱
훠이 훠이!

-<홍시> 전문

부헝이 울든 밤
누나의 이야기—

파랑병을 깨치면
금시 파랑 바다.

빨강병을 깨치면
금시 빨강 바다.

새꾹이 울든 날
누나 시집 갔네—

파랑병을 깨트려
하늘 혼자 보고.

빨강병을 깨트려
하늘 혼자 보고.

-<병> 전문

시집에 수록되면서 맞춤법을 제외하고 발표 당시와 달라진 것을 살펴보면, 제목이 <서쪽한울>은 <지는 해>로, <감나무>는 <홍시>로, <한울혼자보고>는 <병>으로 바뀌었다. <띄>와 <홍시>에서 일어난 중요한 형태적인 변화는 연의 구분이 이루어졌다는 점이다. 이 두 작품은 발표 당시에는 <지는 해>처럼 연이 나누어지지 않았다. 연 구분을 통해 이 두 작품은 <병>과 같은 형태인 2행 1연의 형식이 되었다. 이러한 형태 변화에 율격의 변화는 수반되지 않았다. <홍시>에서는 3연 2행에서 "남겨 두엇다"에서 "남겨 뒀다"와 같이 음절의 축약이 이루어지고, 한 줄이었던 것이 4연처럼 두 줄로 나뉘어져 전체적으로 행이 하나 늘어났다.

위에 인용된 네 편은 모두 단순하고도 규칙적인 율격을 가지고 있다. 이른바 '2음보 대응 연첩'[11]이다. "우리 옵바∨가신 곳은/ 해님 지는∨西海 건너/"(<지는 해>), "하늘 우에∨사는 사람/ 머리에다∨띄를 띄고,//"(<띄>), "어적게도∨홍시 하나./ 오늘에도∨홍시 하나.//"(<홍시>), "부헝이∨울든 밤/ 누나의∨이야기—//"(<병>)와 같이, 한 행은 두 개의 최소 율격 단위로 분할되어 전체적으로 반복되는데, 이러한 율격 구조는 민요나 시조와 가사 형식 등 전통 시가 형식에서 두루 확인되는 매우 익숙하고 관습적인 것이다. 그런데 위에 인용된 것 중 <지는 해>, <띄>, <홍시> 세 편은 한 행의 음절수가 정확하게 4·4로서 음절수의 규칙성을 보이고 있는 반면에 <병>은 거기에서 벗어나 있다.

---

11) 김대행, 「정지용 시의 율격」, 『정지용연구』(김학동 외, 새문사, 1988), 203쪽. 여기서 김대행은 "2음보 대응의 정형 율격적 요소, 2행 1연 및 후렴구의 정형시적 요소, 그리고 시어에 있어 古語 사용과 병렬 형식의 채용 등을 그 구체적 증거"로 들어 정지용의 시가 "형식면에서 정형시적 요소를 다분히 갖추고 있으며, 그것은 전통 지향의 태도가 반영된 증거"라고 했다.

율격 단위의 구성이 음절의 양에 바탕을 둔다고 생각한다면, 음절수의 규칙성을 확립하는 것이 율격 형성에 가장 우선적인 요소가 될 것이다. <감나무>에서 일어난 변화 중 "남겨 두엇다"가 "남겨 뒀다"와 같이 음절의 축약이 이루어지는 것은 정지용이 율격을 자수율로 이해했거나 자수율의 가능성을 주목했다고 일단 말할 수 있다. 정지용의 마지막 작품으로 알려진 <四四調五首>도 그 점을 확인시키는 증거가 될 수 있다. 그런데 이와는 달리, <병>에서는 각 행을 이루는 음절의 수가 2음절에서 4음절까지 신축적이다. 그러면서도 한 행이 두 개의 율격 단위로 나누어지고 이것이 연첩되는 율격 구조는 다른 세 편과 동일하다. 이 점을 함께 살피면, 정지용이 율격을 자수율로만 이해했다고 볼 수가 없게 된다.

위의 네 편에서 거듭 확인할 수 있는 것은 무엇보다 율격과 형태의 정형성이다. <홍시>에서 일어난 변화 중 끝 행을 두 행으로 갈라 4연으로 독립시킨 것도 2행 1연의 형태적 정형성을 고려한 것으로 볼 수 있다. 물론 이러한 정형성은 동요라는 갈래의 성격과 무관하지 않다. 동요는 그 성격 상 음악성이 전제되는 까닭에 단순한 형태와 소리의 규칙적인 반복이 요구되기 때문이다.

3. 시 형태의 변형과 해체

시조와 동요 형식이 시의 리듬과 형태의 정형성에 대한 정지용의 한 지향을 보여주는 것이라면, 그와 공존하고 있는 또 다른 지향, 혹은 분열된 형태 의식을 뚜렷이 드러내는 것은 자유시 형식이다. 특히 『학조』 창간호에 시조와 동요 형식과 함께 발표한 자유시 3편 <카페-·프란

스>, <슬픈 인상화>, <파충류동물>은 규칙적인 리듬과 정형적인 형태의 해체를 분명히 보여주거니와, 『정지용시집』에서는 거의 제거되기는 하지만, 그 실험적이고 전위적인 성격은 형태주의의 흔적[12]을 통해서 뚜렷이 드러난다고 할 수 있다.

식거먼 연기와 불을 배트며
소리지르며 달어나는
괴상하고 거—창 한 爬蟲類動物.

그 녀ㄴ 에게
내 童貞의結婚반지 를 차지려갓더니만
그 큰 궁둥이 로 쎄밀어

…털 크 덕…털 크 덕…

나는 나는 슬퍼서 슬퍼서
心臟이 되구요

여페 안진 小露西亞 눈알푸른 시약시
「당신 은 지금 어드메로 가십나?」

---

12) 이 세 편 모두 발표 당시 형태주의의 흔적을 보여주지만, <파충류동물>이 『정지용시집』에 아예 실리지 않았고, 시집에 실릴 때 <슬픈 인상화>에서는 형태주의의 요소가 삭제되었으며, <카페·프란스>(시집에 실릴 때 이와 같이 제목의 표기가 바뀌었다.)에서는 그것이 최소화되었다는 점에서 형태주의에 대한 정지용의 의식 변화를 확인할 수 있다.

…털 크 덕…털 크 덕…털 크 덕…

그는 슬퍼서 슬퍼서
膽囊이 되구요

저 기—드란 짱골라 는 大腸.
디처 젓는 왜놈 은 小腸.
「이이! 저다리 털 좀 보와!」

털 크 덕…털 크 덕…털 크 덕…털 크 덕…

六月ㅅ달 白金太陽 내려쏘이는 미테
부글부글 끄러오르는 消化器官의妄想이여!

赭土 雜草 白骨 을 짓발부며
둘둘둘둘둘둘 달어나는
굉장하게 기—다란 爬蟲類動物.

-<爬虫類動物> 전문

<파충류동물>에서는 형태와 리듬의 규칙성이 보이지 않는다. 당시로서는 새로운 문명의 산물이라고 할 수 있는 기차를 "파충류동물"에 비유한 것이나, 기차 안의 승객을 "파충류동물"의 내장에 연결한 발상은 기발하다고 할 수 있다. 기차가 달리고 있는 것을 "털크덕"이라는 음향을 통해 간접적으로 제시하고, 그것을 활자의 크기와 양적 확대를 통해 시각화한 것은 형태주의의 흔적이다. 첫 연의 통사 구조는 마지막

연에 반복되어 시를 전후 대칭의 구조로 만들며, 이와 함께 4연과 7연 역시 통사 구조가 동일하여 동일한 통사 구조의 반복이 이 시의 구성 원리임을 일깨운다.

함께 발표된 시조나 동요 형식과는 달리, <카페- ·프란스>, <슬픈 인상화> 역시 <파충류동물>과 마찬가지로 리듬과 형태의 정형성이 드러나지 않는다. 이 세 편은 정형시가 지닌 리듬과 형태의 규칙성을 벗어나 행 가름을 전경화하는 자유시의 형식적 특성을 잘 드러낸다. 이 세 편은 함께 발표된 시조와 동요 형식이 보여 준 음절의 양에 바탕을 둔 고정된 율격을 시도하지 않았다. 불규칙한 리듬이지만 굳이 리듬의 질서를 찾아본다면, <슬픈 인상화>의 리듬은 2음보가 중심이고 3음보가 보조적이며, <카페- ·프란스>의 리듬은 그와 반대로 3음보가 중심이며 2음보가 보조적이라고 할 수 있다. 따라서 <슬픈 인상화>와 <카페- ·프란스>의 리듬은 2음보와 3음보의 혼합으로 이해할 수도 있다. 그러나 <파충류동물>의 리듬은 2음보와 3음보의 빈도가 높지만, 그렇게만 규정할 수 없는 좀더 산문화된 리듬을 보여 준다. 이렇게 볼 때, 이 세 편은 각각의 고유한 리듬을 구현하고 있는 셈이지만, 그 리듬은 불규칙한 것이어서 정형시의 리듬과는 일정한 거리를 두고 있다고 할 것이다.

또한 행과 연의 구분에서도 규칙성에 근거한 정형성의 해체를 뚜렷이 보여 준다. <카페- ·프란스>는 그 전반부에서는 3행 1연의 규칙성을 보여주고 있으나, 후반부에서는 그 질서가 허물어지고 2행 1연의 형태가 지배적인 가운데 1행으로 이루어진 연과 공존한다. <슬픈 인상화>에서는 2행 1연의 형태가 지배적이고 4행 1연의 형태가 공존한다. <파충류동물>은 1행 1연, 2행 1연, 3행 1연의 형태가 대등한 빈도로 공존하고 있다. 이 세 편 모두 한 연을 구성하는 행 수의 규칙성은 존재하지 않는다.

리듬의 불규칙성과 행과 연 구분을 중심으로 한 형태의 불규칙성을 문장의 측면에서 보면 산문화의 과정이라고 할 수 있는데, 그 정도는 <슬픈 인상화>, <카페- ·프란스>, <파충류동물>의 순서가 될 수 있다. 이러한 산문화의 경향은 정형시의 구성 요건인 운(율)문의 해체를 통해 자유시를 지향하는 것을 보여 주는 하나의 구체적인 지표라고 볼 수 있다.

지금까지 살핀 것처럼, 문단 진출 시기 정지용의 시 형태 의식은 정형의 답습과 해체라는 분열된 욕망을 드러낸다고 할 수 있다. 그것은 시조 형식과 동요 형식, 그리고 자유시 형식의 공존에서 확인된다. 이러한 현상은 대체로 정지용 시의 초기적 양상에서 두드러지고, 이후 자유시와 산문시 형식이 정지용 시의 중심적인 형태가 되었을 때에는 정형에 대한 욕망이 변형되거나 잠복되었다가 광복 이후에 다시 드러난다고 할 수 있다.

형태의 정형성整形性에 대한 정지용의 지속된 관심을 전형적으로 드러내는 것으로서 2행 1연의 시 형식을 들 수 있겠다. 이 형태는 정지용의 자유시에서 두드러지게 나타나는 형식으로서, 시조와 산문시를 제외한 그의 자유시 중에서 차지하는 양적 비중은 1/3이 넘는다.[13] 또한

13) 2행 1연으로만 되어 있는 작품의 양(43편)이 그렇다. 정지용의 시에서 2행 1연의 형식이 한 편의 시에서 양적으로 우세하거나 다른 연의 수와 대등한 것까지 합친다면(18편) 그 비중은 자유시형의 절반이 넘는다. 물론 이러한 양적 비중은 시 형태에 대한 시인의 의식을 살필 수 있는 한 지표에 지나지 않는다. 그리고 이러한 빈도는 조사자의 기준에 따라 일부 변동이 있을 수 있다. 또한 2행 1연의 압도적인 비중에도 불구하고, 정지용의 자유시의 형태는 연 구성과 길이 등에서 매우 다양하다. 연 구분을 하지 않은 형태(비련시)나 단 2행으로만 이루어진 단시형 등이 그런 것들 중에 하나다.

이 2행 1연의 형태는 정지용의 시작 전기간에 두루 걸쳐 있는 까닭에 이 형태가 일시적인 관심의 결과가 아니라는 것을 알려 준다. 따라서 정지용의 시에 특징적이며 집중적인 이 2행 1연의 연 구성의 미학적 성격과 기능, 그리고 그 창작 의식과 바탕을 해명하는 것은 정지용 시의 특질과 성격을 이해하는 하나의 실마리가 될 수도 있을 것이다.

蘭草닢은
차라리 水墨色.

蘭草닢에
엷은 안개와 꿈이 오다.

蘭草닢은
한밤에 여는 담은 입술이 있다.

蘭草닢은
별빛에 눈떴다 돌아 눕다.

蘭草닢은
드러난 팔구비를 어쩌지 못한다.

蘭草닢에
적은 바람이 오다.

蘭草닢은

칩다.

-<蘭草> 전문

위에서 보듯이, 2행 1연의 연 구성은 무엇보다 연 구성에 필요한 최소한의 행으로써 연을 구성하는 방법이라고 할 수 있다. 한 행이 하나의 연을 구성할 수 있지만, 이 때의 행은 행 자체가 연의 구실을 하는 까닭에 행으로서의 기능은 이차적이거나 무화된다고 할 수 있다. 이렇게 최소한의 행으로써 연을 구성할 경우, 연 구성을 위한 언어의 절제와 집중이 한층 더 요구될 것이다. 또한 연 내부의 긴밀성이 더욱 강화됨으로써 그 자체가 좀더 독립적이고 완결된 심상과 의미의 단위가 될 수 있어, 연이 심상이나 의미의 단락으로서 더욱 뚜렷한 구실을 하게 될 것이다. 이럴 경우 연과 연 사이의 휴지가 주는 여백의 효과가 더욱 커질 수도 있어 연과 연 사이의 긴장과 비약을 강화하고 논리적이거나 산문적인 서술성과 서사의 개입을 최대한 차단[14]할 수 있게 된다.

또한 2행 1연의 연 구성은 대상에 대한 감각적 인상을 언어의 절제를 통해 간결하고도 선명하게 제시할 수 있어 사상이나 관념을 전달하기보다 감각적 인상을 표현하기에 적합하다고 할 수 있다. 동시에 2행 1연의 연속은 형태적 질서에 의해 시적 주체의 내면을 적절히 통어하는 장치가 될 수 있어 주관의 사적 노출을 방지할 수 있다. 위의 <蘭草>는 부사구와 관형어가 매우 제한적으로 쓰여 언어의 지극한 절제와 통사구조의 단순성을 보여 준다. 아울러 각 연은 대상에 대한 직관

14) 이숭원은 "2행 1연의 형식은 처음부터 스토리의 개입, 산문적 서술성을 거부하기 마련이다. 그것은 순간적 지각의 세계 · 이미지의 순간적 포착 상태를 드러내는 데 알맞은 시행이다."라고 했다. 이숭원, 「정지용시연구」, 서울대 석사학위논문, 1980, 43쪽.

적이고 순간적인 파악이 이룩해 낸 단일하고도 선명한 인상을 효과적으로 제시하면서 그 자체 완결성을 지닌다. 따라서 이 시에는 그 어떤 산문적 설명이나 서사적 동향, 그리고 절제되지 않은 주관의 개입도 철저하게 봉쇄되어 있다. 오로지 대상에 대한 삽상한 감각적 인상의 연쇄가 있을 뿐이다. 또한 <蘭草>는 2행 1연으로 구성되는 연의 연속을 통해 동형의 반복이 주는 질서와 안정감을 제공하면서, 각 연에서 완결된 선명한 감각을 입체적으로 누적시켜 '난초'에 대한 전체적이고 통합적인 심상과 의미의 공간을 생성하고 환기한다.

돌에
그늘이 차고,

따로 몰리는
소소리 바람.

앞 서거니 하야
꼬리 치날리여 세우고,

종종 다리 깟칠한
山새 걸음거리.

여울 지여
수척한 흰 물살,

갈갈히

손가락 펴고

멎은 듯
새삼 돋는 비ㅅ낯

붉은 닢 닢
소란히 밟고 간다.

-<비> 전문

만약 2행 1연의 형태의 연속에서 각 연이 제한적이고 감각적인 인상을 독립적이고 자족적으로 제시하는 데 그친다면, 한 편의 시는 대상에 대한 통일된 인상이나 전망을 구축하는 데 실패할 것이다. 각 연이 완결된 장면처럼 단순히 병치되는 것에 그칠 가능성도 충분히 있기 때문이다. 그럴 경우 한 편의 시는 고립된 경험의 파편적 제시에 지나지 않을 것이나, 그러한 현상이 반드시 2행 1연의 형태에 필연적으로 수반되는 제약이나 형태적 한계라고 볼 수는 없다.

<비>에서 각 연은 각각 비교적 독립적인 하나의 장면을 구성한다. 그러나 각 장면은 묘사의 대상이 바뀌면서 시각의 공간적인 이동에 의해 매우 자연스럽게 연결된다. 이는 각 연이 매우 단일하고 선명한 인상을 완결된 형태로 제시하면서, 시간의 흐름을 최대한 배제하고 공간적 확산도 제한하는 <난초>의 경우와는 다르다. 시각의 이동과 함께 각 연을 연결해 주는 효과적인 수단은 연결 어미의 적절한 활용이다. <비>에서는 연결 어미의 활용을 통해 시간의 흐름과 함께 대상 및 공간의 이동을 효과적으로 보여 주고 있다. 이러한 시간의 흐름과 공간의 이동은 단편적인 인상의 평면적 누적으로 인한 대상의 파편화를 효과

적으로 방지한다. <압천>이나 <고향> 등 많은 작품들도 그러한 예가 될 수 있다.

<난초>와 <비>는 연 구성에서 2행 1연의 연속이라는 규칙성을 보인다. 이러한 규칙성은 일종의 정형시의 흔적이라고 볼 수도 있다. 그러나 리듬은 불규칙하여 정형시에서 발견할 수 있는 어떤 규칙적인 반복성을 드러내지 않는다. <비>의 경우 <난초>보다는 2음보와 3음보의 혼합이 좀더 뚜렷하고 율독의 가능성이 좀더 높긴 하지만, 그렇다고 규칙성을 보이는 정형시의 율격이라고 말할 수는 없다. <난초>와 <비>를 근거로 해서 말한다면, 정지용의 2행 1연의 형식은 연 구성에서는 형태의 규칙성을 보이면서도 리듬에서는 정형의 해체를 지향하는 자유시의 불규칙하고 자연스러운 리듬을 보인다고 할 수 있다. 물론 리듬에서도 정형시에 가까운 좀더 규칙적인 성향을 보이는 <고향>과 같은 작품도 없지는 않다.

고향에 고향에 돌아와도
그리던 고향은 아니러뇨.

산꽁이 알을 품고
뻐꾹이 제철에 울건만,

마음은 제고향 진히지 않고
머언 港口로 떠도는 구름.

오늘도 메끝에 홀로 오르니
흰점 꽃이 인정스레 웃고,

어린 시절에 불던 풀피리 소리 아니나고
메마른 입술에 쓰디 쓰다.

고향에 고향에 돌아와도
그리던 하늘만이 높푸르구나.

-<故鄕> 전문

통사구조나 의미론적 연결관계를 고려한다고 하더라도, 음보율은 율격 단위의 구체적인 분할에서 자의성이 개입할 가능성이 큰 것이 사실이다. <고향>의 경우에도 행에 따라서 율격 단위의 분할이 어느 정도 유동적일 수 있다. 그런 점을 논외로 하면, <고향>은 대체로 한 행을 세 개의 율격 단위로 분할할 수 있는 가능성이 있어 3음보의 율격을 구현한다고 할 수도 있다. 그러나 5연 1행을 3음보의 연첩으로 보기에는 아무래도 무리가 따르고, 2연 1행도 두 개의 율격 단위로 나누는 것이 자연스럽다고 한다면, <고향>도 정형시의 규칙적인 리듬과는 어느 정도 거리를 두고 있다고 할 것이다.

따라서 정지용이 선호한 2행 1연의 연 구성에 따른 작품들은 그 연 구성에서는 일정한 규칙성을 보이지만 리듬에서는 정형시의 그것을 해체하고 있다고 말할 수 있다. 작품에 따라서 정형시적 리듬의 해체 정도는 다르게 나타나지만, 근본적으로 불규칙한 리듬이라는 점에서는 자유시의 리듬임에 틀림이 없다. 또한 2행 1연의 연 구성의 규칙성도 그러한 연 구성에 의거한 작품들 전체에 양적 통일성을 부여하거나 행 구성에 일정한 규율을 강요하는 것이 아니라는 점에서, 정형시의 규칙성과는 분명히 다르다. 다시 말해 2행 1연의 형태에 기대고 있는 개별 작품들은 2행 1연이라는 일정한 연 구성의 규칙을 양적이고 질적인 측면에서 독자적으로 구현하고 있다는 뜻이다. 그것을 가능하게 하는 것은 행의 구성과 연의 양적 차이이다. 그것이 2행 1연의 연 구성을 한 시편들을 일정한 모형으로 환원할 수 없도록 만드는 동시에 그것들에게 자유시로서의 지위를 분명하게 부여한다.

2행 1연의 구성을 한 시 형태가 정지용에게 개성적이고 집중적인 자유시 형식이라면, 그것은 정지용의 분열된 지향과 욕망에 뿌리를 두고 있을 것이다. 오탁번은 이 형식이 한시와 관련 있는 것으로 암시[15]하고 있지만, 앞에서 살핀 <바다 2>의 예에서 볼 수 있듯이, 시조 형식의 변용 과정, 곧 시조의 장을 두 행으로 갈라 한 연으로 구성하는 방법도 그 한 통로가 될 수 있을 것이다. 또한 좀더 규칙적인 리듬에 지배되면서 매우 단순하고 단형의 구조를 가진 작품들이 그 선행하는 형태적 기원이 될 수도 있다. 다음과 같은 것들이 그 예가 될 수 있을 것이다.

비ㅅ방울 나리다 누뤼알로 구을러
한 밤중 잉크빛 바다를 건늬다.

-<겨을> 전문

오리 목아지는
湖水를 감는다.

15) 오탁번, 「한국현대시사의 대위적 구조-소월시와 지용시의 시사적 의의」, 고려대 박사학위논문, 1982, 100쪽. 여기서 오탁번은 정지용의 시 형태를 "자유시형은 물론, 한시적 2행 1연, 산문시 등"으로 제시하고 있어, 그런 판단을 할 수 있다. 그리고 "한시적 체취를 강하게 풍긴다"(101쪽)고도 했다.

오리 목아지는

자꼬 간지러워.

-<湖水 2> 전문

<겨울>은 단 2행으로 구성된 단형이며 한 행이 네 개의 율격 단위(4음보, 혹은 2음보의 연첩)로 구성되어 규칙성을 보여준다. <호수 2>는 2행 1연의 연이 연속되는 구조로서 한 행이 두 개의 율격 단위(2음보)로 구성되어 역시 형태와 리듬의 규칙성을 보여 준다. 행 가름과 연 구분을 변형하면 <겨울>과 <호수 2>는 서로 형태 상 넘나들 수 있다. 이와 같은 형태는 정지용의 동요와 민요 형식에서도 많이 볼 수 있어, 2행 1연의 구조가 이런 유형에서 행과 연의 축소와 확장, 그리고 산문화(리듬의 불규칙화)를 통해 이루어진 형태적 변용의 결과일 수 있다는 가정이 가능하다.

따라서 2행 1연의 연 구성은 정지용의 다양한 형태 모색의 과정 중에 획득되었을 가능성이 크다고 보지만, 그것을 촉진한 내적 동기는 이중적인 것일 수 있다는 가정을 하게 된다. 그것을 일단 심리적인 동기와 미학적 전략이라고 할 수 있는데, 심리적인 동기는 일종의 불안의식에 뿌리가 닿는 안정에 대한 욕망이라고 부를 수 있다. 2행 1연의 반복 구조는 문학과 사회문화 전반에서 일어난 낡은 질서와 새로운 질서 사이에서 일정한 균형을 유지하려는 욕망이 정지용이라는 개인 안에서 빚은 일종의 타협의 소산으로 볼 수도 있기 때문이다. 좀더 구체적으로 말하면, 형태의 정형성이 부여하는 안정성(이것은 과거의 질서를 유지하려는 보수적인 성향이라고 볼 수 있다.)에 대한 지속적인 욕망과 리듬의 해체를 지향하는 의식(이것은 관습을 해체하려는 좀더 진보적인 성향이라고 볼 수 있을 것이다.)이 갈등하고 길항하면서도 변형된 방식

으로 공존하기 위해 타협한 결과라는 뜻이다.[16] 미학적 요구는 <난초>와 <비>를 예로 들면서 간략히 언급한 바와 같이, 산문적인 서술성을 차단하고 감각적 인상의 선명한 제시와 시적 긴장을 강화하기 위한 전략이라는 뜻이다. 여기에는 시조를 "시형의 제약적 부자유를 통하여 시의 절조적 자유를 추구할 수 있는 유구한 악기적 성능을 갖춘 것"[17]으로 이해하는 정지용의 고전주의적[18]인 미학적 절제의식이 관여한다고 할 수 있다.

정지용이 정형의 구속에서의 해방과 그 해체를 겨냥하는 자유시를 쓰면서 동시에 그 지향을 내부에서 부분적으로 전복시키는 정형성整形性에 일정한 관심을 그의 시작 기간 내내 보인 것은 주목할 만한 가치가 있다. 좀더 유연한 형태로 이루어지기는 하지만, 정형성에 대한 정지용의 관심과 지향이 그의 시작 과정의 초기에 국한되는 일시적인 것이 아니었다는 사실은 그의 시 전체 성격과 관련될 수 있기 때문이다. 정형성에 대한 이러한 정지용의 지향은 개성적인 2행 1연 구성에 기대는 자유시 형식을 창조하는 것으로 나아가기도 하고 한편으로는 마침내 귀환하는 무의식처럼 어느 정도 억압되어 한동안 잠복상태에 있기도 한다. 이처럼 정지용의 시 형태 의식과 심미적 욕망이 여전히 그 내부에서 서로 다른 지향을 갖는 분열된 형식으로 존재한다는 것을 거듭

---

16) 물론 이것은 좀더 섬세한 관찰과 폭 넓고 깊이 있는 분석이 요구되는 주제이다. 일단 여기서는 그 가능성만 지적하고, 좀더 집중적인 분석은 다음으로 미룬다.

17) 정지용, 『산문』, 동지사, 1949, 268쪽. 아울러 "강경하게도 전통적이고 열렬히도 혁신해야 할 것이 시조예술의 당위성"(같은 책, 264쪽)이라고 말할 때, 이와 같은 발언이 정지용 자신이 시도해 온 다양한 시 형태 모색의 과정과 동떨어진 것이라고 생각할 수 없다.

18) "2행련(二行聯)의 형태"는 영시에서 "낭만주의적 이완기에 잇따르는" "신고전주의 '절정기'에 실천"된 형식이기도 하다. Antony Easthope, 앞의 책, 88쪽과 183쪽 참조.

지적할 필요가 있다.

이런 과정을 거치면서 정지용은 새로운 시 형태를 모색한다. 그것은 좀더 과감하고도 본격적인 정형성의 해체라고 할 수 있는 산문시 형식의 모색과 실험이다. 그러나 산문시 형식은 정지용이 『학조』 창간호에 공식적으로 작품을 발표하기 이전에 이미 창작한 바가 있다. <황마차>가 그것인데, 1927년 6월 『조선지광』에 발표되지만, 이 작품은 1925년에 씌어진 것이다.[19] 아래에서 보듯이, <황마차>는 그 형태가 줄글로 된 산문시이다.

> 이제 마악 돌아 나가는 곳은 時計집 모퉁이, 낮에는 처마 끝에 달어맨 종달새란 놈이 都會바람에 나이를 먹어 조금 연기 끼인듯한 소리로 사람 흘러나려가는 쪽으로 그저 지줄 지줄거립데다.
>
> 그 고달픈 듯이 깜박 깜박 졸고 있는 모양이—가여운 잠의 한점이랄지요—부칠 데 없는 내맘에 떠오릅니다. 쓰다듬어 주고 싶은, 쓰다듬을 받고 싶은 마음이올시다. 가엾은 내그림자는 검은 喪服처럼 지향없이 흘러나려 갑니다. 촉촉이 젖은 리본 떨어진 浪漫風의 帽子밑에는 金붕어의 奔流와 같은 밤경치가 흘러 나려갑니다. 길옆에 늘어슨 어린 銀杏나무들은 異國斥候兵의 걸음제로 조용 조용히 흘러 나려갑니다.
>
> -<幌馬車> 일부

<長壽山> 시편(1939.3) 이전에 발표된 것으로서 산문시 형식을 취하고 있는 것은 이 <황마차>가 유일하다. <황마차>는 감상적 의식과 장식적인 수사가 표면에 두드러져 산문시의 정신과 잘 어울린다고 할

---

19) 김학동, 앞의 책, 1988, 474쪽. 정지용 연보 참조.

수 없을지 모르나, 1930년대 후반 정지용의 산문시 모색을 앞질러 보여준다는 점에서 의의를 찾을 수 있다. 그와 함께 정지용의 자유시 중에서 이후의 산문시를 예고하는 하나의 징후들로서 문장이 좀더 산문화되는 예들을 다음에서 볼 수 있다.

돌아다 보아야 언덕 하나 없다, 솔나무 하나 떠는 풀잎 하나 없다.

해는 하늘 한 복판에 白金도가니처럼 끓고, 똥그란 바다는 이제 팽이처럼 돌아간다.

갈메기야, 갈메기야, 늬는 고양이 소리를 하는구나.

고양이가 이런데 살리야 있나, 늬는 어데서 났니? 목이야 히기도 히다, 나래도 히다, 발톱이 깨끗하다, 뛰는 고기를 문다.

-<갈메기> 일부

「悲劇」의 힌얼골을 뵈인적이 있느냐?

그손님의 얼골은 실로 美하니라.

검은 옷에 가리워 오는 이 高貴한 尋訪에 사람들은 부질없이 唐慌한다.

실상 그가 남기고 간 자최가 얼마나 香그럽기에

오랜 後日에야 平和와 슬픔과 사랑의 선물을 두고 간줄을 알었다.

-<悲劇> 일부

심수한 바다 속속에 온갓 神秘로운 珊瑚를 간직하듯이 그대의 안에 가지가지 귀하고 보배로운것이 가초아 계십니다.

먼저 놀라올 일은 어찌면 그렇게 속속드리 좋은것을 진히고 계신것이옵니까.

心臟, 얼마나 珍奇한것이옵니까.

名匠 希臘의 손으로 誕生한 不世出의 傑作인 뮤—즈로도 이 心臟을 차지 못하고 나온 탓으로 마침내 美術館에서 슬픈 歲月을 보내고 마는것이겠는데 어찌면 이러한것을 가지신것이옵니까.

生命의 聖火를 끊임없이 나르는 白金보다도 값진 도가니인가 하오면 하늘과 따의 悠久한 傳統인 사랑을 모시는 聖殿인가 하옵니다.

-<슬픈 偶像> 일부

<갈메기>는 『朝鮮之光』(1928.9)에, <悲劇>은 『카톨닉靑年』(1935.3)에, <슬픈 우상>은 『朝光』(1938.3)에 각각 발표되었다. <슬픈 偶像>은 원래 『조선일보』(1937.6.11)에 「愁誰語」 ④란 제목으로 발표했던 산문인데, 행을 가르고 연을 구분하여 『백록담』에 실었다.[20] 위의 예들이 곧바로 산문시 형식의 모색 과정을 보여준다고 할 수는 없지만, 시적 서술이 좀더 길어지고 리듬도 좀더 산문적인 것에 기울어지고 있음을 보여 준다.

이와 관련하여 정지용이 자신의 시집에 산문을 함께 싣고 있는 것을 상기할 필요가 있다. 『정지용시집』에는 <밤>, <람프>를, 『백록담』에는 <耳目口鼻>, <禮讓>, <비>, <아스빨트>, <老人과 꽃>, <꾀꼬리와 菊花>, <비들기>, <肉體>와 같은 (시적) 산문들이 실려 있다. 이것은 정지용의 장르 의식의 일단을 보여 주는 것으로 이해할 수도 있겠는데, 그것은 산문에 시의 성격과 지위를 부여하려는 시도로 볼 수도 있다. 정지용이 이해한 산문시의 성격과 정신도 그런 각도에서 살필

20) 김학동, 앞의 책, 1988, 484쪽 산문연표 참조. 양왕용, 『정지용연구』, 삼지원, 1988, 106쪽 참조.

수 있는 가능성이 있을 수 있다. 그런 점에서 산문을 일부 변형하고 수정하여 시로 제시한 <슬픈 우상>은 비록 자유시 형식이지만, 시와 산문에 대한 정지용의 의식을 엿볼 수 있는 계기가 될 수도 있을 것이다.

정지용의 산문시는 1938년 이후 1941년 사이에 집중적으로 발표된다. <황마차>(1927년)가 발표된 지 십 년이 지난 후이다. 이 기간에 발표된 산문시는 <삽사리>, <溫井>(『삼천리문학』, 1938.4), <장수산 1>, <장수산 2>(『문장』, 1939.3), 「백록담」(『문장』, 1939.4), <盜掘>, <禮裝>, <호랑나븨>, <진달래>(『문장』, 1941.1) 등이다.

> 그날밤 그대의 밤을 지키든 삽사리 괴임즉도 하이 짙은 울 가시사립 굳이 닫히었거니 덧문이오 미닫이오 안의 또 촉불 고요히 돌아 환히 새우었거니 눈이 치로 싸힌 고삿길 인기척도 아니하였거니 무엇에 후젓허든 맘 못뇌히길래 그리 짖었드라니 어름알로 잔돌사이 뚫로라 죄죄대든 개올 물소리 긔여 들세라 큰봉을 돌아 둥그레 둥긋이 넘쳐오든 이윽달도 선뜻 나려 설세라 이저리 서대든것이러냐 삽사리 그리 굴음직도 하이 내사 그대ㄹ 새레 그대것엔들 다흘법도 하리 삽사리 짖다 이내 허울한 나룻 도사리고 그대 벗으신 곻은 신이마 위하며 자드니라.
>
> -<삽사리> 전문

> 伐木丁丁 이랬거니 아람도리 큰솔이 베혀짐즉도 하이 골이 울어 멩아리 소리 쩌르렁 돌아옴즉도 하이 다람쥐도 좇지 않고 뫼ㅅ새도 울지 않어 깊은산 고요가 차라리 뼈를 저리우는데 눈과 밤이 조히보담 희고녀! 달도 보름을 기달려 흰 뜻은 한밤 이골을 걸음이랸다? 웃절 중이 여섯판에 여섯번 지고 웃고 올라 간뒤 조찰히 늙은 사나히의 남긴 내음새를 줏는다? 시름은 바람도 일지 않는 고요에 심히 흔들리우노니 오오 견듸랸다 차고

兀然히　　슬픔도 꿈도 없이　　長壽山속 겨울 한밤내 ―

-<長壽山 1> 전문

그런데 위에서 보듯이, <삽사리>와 <장수산 1>은 산문시의 형태를 하고 있지만, 조판에서 독특한 모습을 보인다. 곧 작품 내의 일반적인 띄어쓰기와는 구별되는 공간적 여백을 필요에 따라 배치한 점이 그것이다. 「백록담」을 제외한 위의 모든 시편들에서 이러한 배치가 나타나는데, 이러한 공간 배치는 "시각을 통해 시의 운율을 조장"하는 수법이라는 주장[21]을 가능하게 한다. 또한 이러한 빈 공간이 "리듬의 휴지"로서 이에 바탕을 둔 리듬 의식이 산문시로서의 성격을 약화시킨다는 주장[22]도 있다.

사실 이러한 빈 공간은 행 가름이나 연 구분에 의해 생길 수 있는 휴지를 시각화한 것으로 간주할 수 있다. 또한 <삽사리>나 <장수산 1>은 호흡이 긴 문장이 시적 주체의 내면을 영탄조로 드러내면서 율문화의 가능성마저 엿보여 산문의 리듬을 두드러지게 구현한다고 보기도 어렵다. 다음과 같은 의도적인 변형을 거치면 그 점이 더욱 뚜렷해진다.

그날밤 그대의 밤을 지키든 삽사리 괴임즉도 하이
짙은 울 가시사립 굳이 닫히었거니

21) 오탁번, 앞의 글, 100쪽.

22) 양왕용, 앞의 책, 128~129쪽. 이러한 리듬의식을 이유로 「백록담」만이 "철저한 산문시"이며 다른 작품들은 그렇지 않다고 했다. 아울러 이러한 리듬의 휴지가 <장수산 1>의 경우 "화자의 정신적 고뇌"를 표출하는 데에 기여한다고 했다. 그러나 같은 "리듬의 휴지"를 둔 모든 다른 시편에까지 이 논리를 두루 적용하기는 어려울 듯하다.

덧문이오 미닫이오 안의 또 촉불 고요히 돌아 환히 새우었거니
눈이 치로 싸힌 고삿길 인기척도 아니하였거니
무엇에 후젓허든 맘 못뇌히길래 그리 짖었드라니
어름알로 잔돌사이 뚫로라 죄죄대든 개올 물소리 긔여 들세라

伐木丁丁 이랬거니
아람도리 큰솔이 베혀짐즉도 하이
골이 울어 멩아리 소리
쩌르렁
돌아옴즉도 하이

위는 원래의 시에 나타난 빈 공간을 기준으로 편의상 앞 뒤 문장을 행 단위로 갈라 재배치한 결과이다. 이렇게 형태를 변형하면, 행 끝에 동일하거나 유사한 소리의 반복이 이루어져 일종의 각운이 형성되는 효과가 있다는 것이 좀더 분명해진다. 감탄 종결형 어미와 연결형 어미가 교체되거나 연속됨으로써 생기는, 같거나 비슷한 소리의 반복이 음악적인 효과를 만들어내는 것이다. 그래서 리듬 의식이 시의 형태를 통해 시각적으로 더욱 분명히 드러난다고 할 수 있다.

이렇게 변형시켜 보면, <장수산 1>의 경우에는 제시된 행이 비교적 리듬과 심상, 그리고 의미의 단락으로서 제 기능을 한다고 할 수 있다. 특히 "쩌르렁"이 한 행으로 독립되어 깊은 산 속의 정적과 대비되는 효과가 더욱 커진다고 볼 수 있다. 이렇게 변형을 하면 <삽사리>의 경우에도 행이 리듬의 단락이 되는 것이 뚜렷이 시각화된다. 이 경우에는 행 경계가 문장의 경계와 겹치거나 일치하게 되는데, 이 점은 <장수산 1>도 마찬가지이다. 행 경계와 문장의 경계가 일치하면서 형성되는 이

리듬을 문장 단위에서 이루어지는 일종의 억양률 *intonational metre*[23)]로 이해할 수도 있다. 위의 시행들이 대체로 문장과 일치해 말의 억양 체계에 대체로 순응하는 경향[24)]이 있기 때문이다.

이와 같이 산문시에서 일정한 공간적 여백을 통해 리듬을 시각화한 것은, 자유시에서 2행 1연의 연 구성 방법을 텍스트 조직 방식으로 개성화한 것과 더불어 정지용의 특유한 형태 의식과 창작 방법의 소산이라고 할 수 있다. 한편으로 이것은 정지용의 분열된 형태 의식과 지향을 드러내는 것이기도 하다. 정지용은 형태의 정형성을 해체하려는 자유시에서 일정한 연 구성을 통해 가지런하고 균질적인 형태를 유지하고자 하며, 리듬을 억제하고 토의적인 성격[25)]을 강화하는 산문시에서조차 리듬을 상당히 드러내면서 시각화하려고 하기 때문이다.

그런데 정지용이 언어의 집중성과 밀도를 획득함으로써 산문시에서 산문을 통한 시적 창조를 이룩했다고 할 수 있음에도 불구하고, 이와 같은 공백을 통해 의도적으로 휴지를 확보하고자 한 것을 다른 각도에서 살필 수도 있다. 그것은 빈 공간의 의도적인 배치를 통해 산문의 직선적이고 연속적인 리듬을 제어하기 위한 것으로 볼 수도 있다. 다시 말해 줄글의 형태를 지닌 산문이 자유시에 비해 속도감을 지닌다고 할 때, 의도적으로 배치한 빈 공간은 필요한 때에 산문의 속도를 적절히 이완시킴으로써 단절의 효과를 생성할 수 있다는 점이다. 더구나 <삽사리>와 <장수산 1>에서는 "-하이", "-거니", "-노니", "-어" 등의 종결

23) 억양의 기능과 억양률에 대해서는 Antony Easthope의 앞의 책, 235~243쪽을 참조할 수 있다.
24) 위의 책, 239쪽.
25) 김춘수, 앞의 책, 22쪽; 권기호, 『시론』(재판), 학문사, 1984, 318쪽. 산문시를 산문정신과 시적 창조, 그리고 토의적 성격의 측면에서 설명하고 있다.

과 연결 어미가 많이 쓰여, 이러한 종결과 연결 어미의 활용에 걸맞은 좀더 큰 휴지와 단절을 확보하는 데 이러한 빈 공간이 일정한 기능을 발휘한다고 할 수 있다. 이러한 공간의 배치를 통한 단절은 적절한 호흡을 유도하면서 산문의 서술성을 어느 정도 완화하고 각 문장 단위의 시적 서술을 단속적이며 좀더 자체 완결적이고 집중적인 것으로 만든다.

또한 이러한 빈 공간이, 빈 공간에 의해 시각적으로 분리된 시적 서술의 단위를 좀더 자체 완결적이고 집중적으로 만든다면, 그것은 독자에게 좀더 시적 주체의 내면 표현에 밀착된 읽기를 유도하는 계기가 될 수도 있다. 공간의 시각적 여백은 독자의 상상력이 활동할 수 있는 공간과 그것을 가능케 하는 시간적 휴지가 될 수 있기 때문이다. 특히 <삽사리>와 <장수산 1>, 그리고 이와 같은 유형의 <장수산 2>, <온정> 등의 경우는 대상 세계에 대한 시적 주체의 내면을 표현하는 데 초점을 두고 있다는 점에서 그러하다. 그와 달리 <도굴>, <예장>, <호랑나븨>, <진달래> 등의 유형과 같이 시적 주체가 경험하는 대상 세계의 재현에 무게가 실리는 경우에는 이러한 빈 공간의 기능이 달라진다고 할 수 있다. 이 때에는 빈 공간에 의해 시각적으로 분리된 시적 서술의 단위는 더욱 자체 완결적이고 집중적인 상태가 되어 어떤 상황과 현실에 대한 묘사를 연속적으로 혹은 대립적으로 병치시킴으로써 시적 주체의 내면을 배제한 채 시적 대상을 재현하면서 병치의 효과를 극대화할 수 있게 한다. 아래에 그 보기로서 <도굴>을 일단 제시한다.

百日致誠끝에 山蔘은 이내 나서지 않었다　자작나무 화투ㅅ불에 확근
비추우자　도라지 더덕 취싻 틈에서　山蔘순은 몸짓을 흔들었다　심캐기
늙은이는 葉草 순쓰래기 피여 물은채 돌을 벼고　그날밤에사 山蔘이 담속

불거진 가슴팍이에　앙징스럽게 后娶감어리 처럼 唐紅치마를 두르고 안기는 꿈을 꾸고 났다　모태ㅅ불 이운듯 다시 살어난다　警官의 한쪽 찌그린 눈과 빠안한 먼 불 사이에 銃견양이 조옥 섰다　별도 없이 검은 밤에 火藥불이 唐紅 물감처럼 곻았다　다람쥐가 도로로 말려 달어났다.

-<盜掘>[26] 전문

그 밖의 산문시로서 <백록담>이 있다. <백록담>은 정지용의 대표적인 산문시일 뿐만 아니라, 정지용이 이룩한 중요한 정신적, 미학적, 시적 성취로 평가된다. 그에 관해서는 뒤에 따로 분석하고 서술할 필요가 있지만, <백록담>은 정지용의 산문시 전체에서 본다면 형태면에서는 예외적인 것이라고 할 수 있다. 1에서 9까지의 일련번호를 표시해 일종의 연작 형태로 시를 구성한 것도 그렇지만, 무엇보다 <백록담>을 그의 다른 산문시편들과 구별시키는 것은 좀더 강화된 산문적 리듬이다.[27] 다른 산문시편들에서 보이는 리듬상의 휴지를 시각화하는 조판 상의 빈 공간이 없을 뿐만 아니라, 율문의 성향 역시 최대한 억제된다. 그런 점에서 <백록담>은 산문의 정신이나 리듬이 가장 뚜렷이 구현된 시편으로서 다른 산문시편들과는 구별되는 새로운 모습을 보이고

26) 『文章』 22호, 문장사, 1941.1, 126쪽.

27) 김춘수는 「백록담」의 일부를 예로 들면서 “음률에 완전히 무관심한 도저한 산문이다. 산문시의 형태를 갖추었다. 그리고 이것은 단순한 서경이나 사생이 아니다. 함축 있는 image가 도처에서 언어의 몇 배나 되는 양의 세계를 전개시키고 있다. 산문시의 조건이 모아졌다 할 것이다.”라고 해 「백록담」의 산문체와 시적 창조의 측면을 함께 지적했다. 김춘수, 『한국현대시형태론』, 해동문화사, 1958, 116쪽. 또한 김대행은 산문시로서의 「백록담」의 특성을 “짧은 문장으로 호흡을 단절시키고 있어서 매우 단단한 산문의 인상을 주고 있으며”, “自己表出에 치우친 시어가 없이 객관적 사실을 지시하는 시어들로 되어 있는 점”, “전체가 비유와 상징으로 되어 있어 직접적 서술이 아니라는 점에서 시의 인상이 강렬해지는 것” 등으로 제시했다. 김대행, 앞의 글, 205쪽 참조.

있다고 할 수 있다.

그와 함께 <백록담>에서는 그의 다른 산문시나 자유시에서 보였던 분열된 형태 의식이 드러나지 않는다는 점을 지적할 필요가 있다. 앞에서 <백록담>이 정지용의 산문시편 전체에서 보면 오히려 예외적이라고 한 것은 그런 점에서도 정당하다. 정지용은 <백록담>에 와서 정형시의 리듬과 형태를 가장 철저하게 해체했다고 할 수 있다. 이것은 정지용의 분열된 형태 의식이 마침내 도달한 한 지점인 동시에 "감각의 단련을 무욕의 철학으로 발전시킨"[28] 시적(미학적) 성취의 수준이 드러나는 자리이기도 하다. 정지용의 산문시가 <백록담>에 이르러 이러한 시적(미학적) 성취를 수반한 까닭에, 그가 이상과 함께 처음으로 산문시를 개척했다는 주장[29]이 가능해진다. 다음은 <백록담>의 일부이다.

> 絶頂에 가까울수록 뻑국채 꽃키가 점점 消耗된다. 한마루 오르면 허리가 슬어지고 다시 한마루 우에서 목아지가 없고 나종에는 얼골만 갸웃 내다본다. 花紋처럼 版박힌다. 바람이 차기가 咸鏡道끝과 맞서는 데서 뻑국채 키는 아조 없어지고도 八月한철엔 흩어진 星辰처럼 爛漫하다. 산그림자 어둑어둑하면 그러지 않어도 뻑국채 꽃밭에서 별들이 켜든다. 제자리에서 별이 옮긴다. 나는 여긔서 기진했다.
>
> -<白鹿潭> 일부

28) 김우창은 "「백록담」에 이르러 그(정지용: 따온이)는 감각의 단련을 무욕의 철학으로 발전시킨 것이다. 분명 정지용에 이르러 현대 한국인의 혼란된 경험은 하나의 질서를 부여받았다."고 평가해 정지용이 「백록담」에서 이룩한 미학적 성취를 지적했다. 김우창, 「한국시와 형이상-하나의 관점」, 『궁핍한 시대의 시인』, 민음사, 1977, 53쪽.

29) 김춘수, 앞의 책, 1958, 116쪽. 정지용의 「백록담」이 "이 상의 것과 함께 한국에서는 처음으로 산문시라는 genre를 개척한 것"이라고 평가한 것도 『백록담』의 시적(미학적) 성취와 관련해서 이해해야 할 것이다.

그러나 <백록담>에서 그 정점을 보여 준 산문시의 형태를, 광복 후 정지용은 더 이상 보여 주지 않는다. 산문시를 통한 리듬과 형태의 해체는 여기에서 마감되고, 광복 후에는 그 동안 억압되거나 잠복되어 있던 욕망이 전면으로 나서게 된다. 그것은 일정한 리듬과 형태를 유지하려는 정형성에 대한 집착이다. 그리고 그것은 더욱 단순하고 기계적인 형태로 귀환한다. 그 예로 들 수 있는 것이 광복 직후 발표된 <愛國의 노래>(『大潮』 1호, 1946.1)와 정지용의 마지막 작품으로 알려진 <四四調五首>(『문예』 8호, 1950.6) 등이다.

<愛國의 노래>와 <四四調五首>는 모두 4 · 4조의 반복으로 구성되어 있는데, 구성 방법에 약간의 차이가 있다. <愛國의 노래>는 한 행에서 4음절의 반복에 의한 4 · 4조가 형성되고, 이러한 행 네 개가 모여 하나의 연을 구성하는데, 전체가 7연이다. <愛國의 노래>는 개화기의 애국가 · 우국가의 형태를 답습한 것이라고 할 수 있는데, 아래에서는 그 일부만 제시한다. 그에 비해 <四四調五首>는 4 · 4조로 된 5편을 한데 묶어 발표됐는데, 5편 모두 한 행이 4음절로 구성되어 있지만, 행의 수는 작품에 따라 8행에서 11행까지로 차이가 있다. 동질적인 형태[30]이므로 그 중의 하나만 든다.

---

30) 양왕용은 다섯 편의 리듬이 음보격에서 차이가 있음을 지적했다. 곧 "<꽃분>과 <山달> 2편은 철저한 2음보격이며, <네몸매>는 2음보가 4회 계속되다가 마지막이 3음보격"이며, "<늙은범>은 2음보격, 3음보격 순서로 교차되고, <나븨>는 3음보격, 2음보격 순서로 교차된다."고 했다. 양왕용, 앞의 책, 115쪽. 그러나 여기서 주목하는 것은, 제목에서 알 수 있듯이, 정지용이 4 · 4조 음수율을 시도했다는 사실이다. 그리고 이러한 사실은 초기 시 이후 잠복된 정형성에 대한 욕망이 되돌아 온 결과라는 점에서 5편이 보이고 있는 부분적인 차이에도 불구하고 동질적인 형태로 파악한다.

챗직 아레 옳은 道理
三十六年 피와 눈물
나종까지 견뎟거니
自由 이제 바로 왔네

東奔西馳 革命同志
密林속의 白戰義兵
獨立軍의 銃부리로
世界彈丸 쫓았노라

-<愛國의 노래> 일부

山달 같은
네로구나
널로 내가
胎지 못해
토끼 같은
내로구나
얼었다가
잠이 든다

-<山달> 전문

<愛國의 노래>나 <山달>은 4.4조 음수율을 시도한 것으로서 단순한 형태와 리듬이 반복되어 단조롭다. <山달>의 경우, 시상도 너/나의 대립을 바탕으로 대상과 주체의 거리, 그리고 주체의 결핍 상태를 단순하게 드러낸다. 한 행이 4음절로서 율격 단위를 구성하고 연의 구분이

없다는 점이 앞에서 살핀 초기의 형식들과 다르지만, 4음절 1행을 균등하고도 기계적으로 반복한 것은 행의 기능을 단순한 리듬의 단락을 드러내는 것으로 제한할 뿐이다. 이 4·4조를 최소 율격 단위와 행의 일치를 보여 준 새로운 형태 실험으로 파악할 경우, 시적 성취와 무관하게 이를 정지용이 시험한 새로운 시 형태로 이해할 수도 있다. 그러나 『정지용시집』과 『백록담』을 거치면서 정지용이 그 동안 자유시와 산문시의 형태를 나름대로 개척하면서 개성적인 시 세계를 구축해 온 것을 상기한다면, 이러한 형태는 새로운 실험이라기보다 오히려 퇴행적인 것[31]이라고 볼 수 있을 것이다.

4. 마무리: 시 형태와 의식의 분열

지금까지의 분석을 통해 이 글에서 중심적으로 살피고자 한 것은 시 형태에 대한 정지용의 분열된 욕망과 지향이다. 정지용의 분열된 욕망과 지향은 한편으로는 리듬과 형태의 정형성을 유지하고자 하며 다른 한편으로는 그것을 변형하거나 해체하려는 것으로 나타난다. 그것은 정지용의 초기 시에서부터 마지막 작품에 이르기까지 다양한 형태로 지속, 변형된다는 점에서 주목할 만한 현상이다. 정지용의 분열된 형태 의식은 정지용이 그의 시작 활동 초기에 시조와 자유시, 그리고 산문시

31) 정지용은 박용철과의 대담(조선일보, 1938.1)에서 "우리 운문에서 삼사조가 기본조인지 사사조가 기본조인지 몰라도 근원이 성향聲響이 조흐니까 그러한 글자 제한을 밧지 안코도 훌륭한 시가 될 수 잇"다고 했으며, 장래 우리 시가 원칙적으로 정형시의 걸을 것인가 비정형시의 길을 걸을 것인가라는 질문에 "원칙적으로 비정형이 본래 원형"(김학동, 앞의 책, 1988, 291~292쪽)이라고 대답했다. 고정된 음절의 기계적 반복은 이러한 자신의 견해에서도 멀어진 것이다.

를 동시적으로 창작하거나 발표하는 데서 일단 구체적으로 확인할 수 있다. 또한 이후 정형의 구속에서의 해방과 그 해체를 일정하게 겨냥하는 자유시와 그 극단의 형태인 산문시를 발표하면서, 자유시에 정형성整形性을 일정하게 도입하고 산문시에 독특한 리듬의식을 시각화함으로써 자유시와 산문시가 추구하는 형태와 리듬의 해체를 부분적으로 제약하는 데서 거듭 확인할 수 있다.

이러한 분열은 미적 형식으로서의 시 형태에 대한 정지용의 모호하고 유동적인 의식에 연유하는 것으로 일단 이해할 수 있다. 동시에 거기에서 연유하는 형태 실험에 대한 정지용의 관심과 의욕을 보여주는 것일 수도 있다. 그러나 한편으로 그것은 자유시가 지배적인 서정시의 양식으로 확립되어 가는 과정 중[32]에 위치한 그의 불안정한 문학사적 자리를 확인시키며, 아울러 역사적 전환기이자 식민지 근대화의 과정에서 겪을 수 있는 개인의 불안의식을 환기시킨다. 아울러 그것은 관습적이거나 전통적인 문학 형식의 잔존하는 구속력[33]과 창조력[34]이 결코 약하지 않았다는 점을 일러주는 것이기도 할 것이다. 낡았지만 익숙

---

32) 정지용이 시작 활동을 공식적으로 시작한 1920년대 후반에 자유시는 서정시의 주류를 형성하고 그 형세는 문학사의 진행 방향과 일치하는 것이었지만, 당시 문단에서 한편으로는 자유시에 대한 반성으로 시조부흥 운동이나 민요시 운동이 전개되었던 것을 상기할 수 있다.

33) "(앞줄임) (역사주의) 비평가들은 문학적 관습을, 문학의 형식을 결정하는 데 일조할 수 있는 활력 있고 현존하는 힘으로 본다. 커닝햄J. V. Cunningham은 이 점에 관해 다음과 같이 역설했다. 곧 문학의 형태는 단순히 문학 작품들을 분류하는 외적인 원칙이나 어떤 관념에 지나지 않는 것이 아니라 오히려 작품 생산에 작용하는 원칙이다." S. N. Grebstein(1968) 엮음, *Perspectives in Contemporary Criticism*(영인본, 탑출판사, 1980), 8쪽.

34) 김대행은 "지용에게 있어서 전통 지향적 요소는 현대 지향적 요소와 부딪치면서 율격 쪽에서는 자유로워지고 연의 구성에서는 더욱 정제된 형태의 발굴로 나타났다"고 했다. 김대행, 앞의 글, 203~205쪽.

하고 안정된 시 형식인 시조와 민요 형식에 기대면서 그 자양을 흡수하는 한편 그러한 정형성이 부과하는 구속에서 벗어나 자유로운 리듬과 형태를 시도하려는 움직임은 문학사적 전환기에 시도할 수 있는 미학적 창작 방법의 모색 과정이며 그 흔적이라고 할 수도 있기 때문이다.

그러나 더욱 중요한 것은 정지용의 이러한 분열된 형태 의식과 지향의 뿌리가 미학적인 것이든 역사적인 것이든, 혹은 그 결합에 의한 것이든 그것이 그의 시적 창조에 일정한 동력을 제공한다는 사실이다. 그러한 분열은 그의 의식을 부동의 상태로 결빙시키지 않고 불안하고 불안정한 상태에서 다양한 경험의 가능성에 스스로를 개방할 수 있게 하기 때문이다.[35] 따라서 2행 1연의 특유한 연 구성에 기댄 그의 자유시나, 가능한 한 율문의 리듬을 배제하는 산문시에서 독특한 방식으로 리듬을 구현하고 있는 그의 산문시는 불안정하고 분열된 의식이 나름의 안정성과 심미적 형식을 확보하고 발견하기 위한 모색과 실험의 결과로 이해할 수 있다. 그의 모색과 실험은 물론 4 · 4조의 실험과 같이 음수율의 기계적인 반복과 같은 퇴행적인 면을 보이는 경우도 없지 않으나, 그가 자유시와 산문시에서 보인 형태 실험은 분열된 욕망에 의해서 개성화된 일정한 시적 창조로 평가할 수 있다.

또한 이러한 분열된 의식의 결과로 개척된 그의 특유한 자유시와 산문시 형식은 일종의 이중 음성적 텍스트 *double-voiced text*[36]로 볼 수도 있

35) 그런 점에서 박용철이 정지용을 "한군대 自安하는 詩人이기 보다 새로운 詩境의 開拓者이려한다."고 평가한 것은 정확한 지적이라고 할 수 있다. 『정지용시집』, 157쪽 (박용철의 跋文).

36) "이중 음성적 텍스트는 헨리 루이스 게이츠가 그의 저서 『시그니파잉 몽키』에서 사용하고, 다른 아프리카계 미국인 비평가와 백인 페미니즘 비평가들도 사용한 용어"로서 "문학작품이 어떻게 소수민족 작가나 여성 작가의 이중의식 double consciousness

다. 여기에 기대면, 정지용의 경우는 시 형태에서 일종의 이중 의식을 드러낸다고 할 수 있는데, 그 이중 의식을 이 글에서는 의식의 분열이라고 지칭했다. 정지용의 자유시와 산문시 형식을 이중 음성적 텍스트로 볼 수 있는 것은 그의 시 형태가 이중의 문학적 선조를 갖거나 이중 스타일을 함유하는 것으로 볼 수 있기 때문이다. 그것은 정지용의 자유시와 산문시가 시조, 민요와 같은 전통적인 시(가)형식과 근대 서구의 자유시-산문시 형식이 서로 침투하고 교섭하면서 각각의 흔적을 각인한 형식으로 간주한다는 것을 뜻한다.

아울러 전통적 형식과 관련된 정지용의 형태 실험은 좀더 적극적으로 평가할 수도 있다. 타율적인 힘에 의해 전통이 파괴되고 식민지의 강압적인 체제와 식민지의 근대화가 진행되는 혹독한 역사적 시련기에 한 개인이 자신의 전통을 미학적인 차원에서 유지함으로써 자신의 정체성을 보존하기 위한 방법으로 파악할 수도 있기 때문이다. 정지용이 보여 준 시조에 대한 관심과 방언과 고어를 자신의 시작에서 활성화한 것, 전통적 율격의 변형과 계승,[37] 자유시에서 보인 독특한 연 구성 방법 등을 그런 각도에서 조명할 수 있다. 그의 시작, 혹은 그와 직접적으

을 반영하는가를 나타낸다. 미하일 바흐친 역시 서로 대립되는 의미들을 함유하고 있는 말, 특히 패러디에 있는 말을 가리키기 위해 이중 음성적이라는 용어를 쓴다. 텍스트는 다음과 같은 경우 이중 음성적이 된다. (1)텍스트가 이중 청중을 상대로 하는 경우. (2)텍스트가 이중의 문학적 선조를 갖거나 이중 스타일을 함유하는 경우. (3)텍스트가 자체의 전통 내부에 존재하는 모티프를 반복하는 동시에 수정하는 경우. (4)텍스트가 이중적 메시지를 함유하는 경우." 위 내용은 Joseph Childers and Gary Hentzi, *The Columbia Dictionary of Modern Literary and Cultural Criticism*(N.Y.:Columbia Univ. Press, 1995), 황종연 옮김, 『현대 문학·문화 비평 용어사전』, 문학동네, 2000, 160-161쪽의 내용을 그대로 옮겼다.

37) 이에 대해서는 양왕용의 앞의 책, 김대행의 앞의 글, 김훈, 「정지용 시의 분석적 연구」(서울대 박사학위논문, 1990) 등에서 살피고 있다.

로 연관된 시 형태 실험이 미학적 차원에서 이루어진 무력한 개인의 자기방어 전략이 될 수 있는 것은 무엇보다 자신의 시작을 일제시대에 자신이 "최소한도의 조선인을 유지하기 위하였던 것 이외의 아무 것도 아니었다."[38]고 한 정지용의 언명에서 엿볼 수 있을 것이다.

38) 정지용, 앞의 책, 1949, 30쪽.

설화의 개작과 식민지 근대의 주입

-《보통학교 조선어독본》의 '삼년고개'를 중심으로-

천혜숙*

1. 머리말

'삼년고개' 설화가 기록상 처음 모습을 보이는 것은 일제 강점기의 《溫突夜話》(1923)란 설화집이다.[1] 근대 이전의 한국 문헌에서는 이 설화를 찾기 어렵다. 그에 비해 일본의 중세 문헌에서는 '三年坂'(삼년고개)의 속신담과 지명이 더러 확인되는 바, 삼년고개 설화는 일본에서 유입된 것이 아닌가 생각될 수도 있다.[2] 구전 자료도 많지 않으니 더

* 안동대학교 교수

1) 田島泰秀의 《溫突夜話》(敎育普成株式會社, 1923, 국립중앙도서관 소장)는 조선총독부에서 편찬한 《조선동화집》(1924)보다 1년 앞선 설화집으로, 1927년 정인섭이 일본에서 편찬한 《온돌야화》와도 제목이 같다. 그런데도 근대 이행기-식민지 시대에 간행된 동화집 또는 설화집 연구에서 흔히 누락되었고, 주목되지 못했다. 大竹聖美가 「'조선동화'와 호랑이-근대 일본인의 '조선동화' 인식」(≪동화와 번역≫ 5집, 건국대 동화와번역연구소, 2003)에서 제시한 자료집 목록 속에 들어 있는 정도이다. 그러나 笑話性이 강한 160편의 설화를 민간에서 채록하여 자료화한 점에서 당시의 다른 설화집들과 구별되는 특징이 있다. 이 설화집의 성격과 의의에 관한 규명이 과제로 남아 있다.

욱 그런 의심이 날 만하다.[3)]

그러나 설화의 원류란 그것이 기록에 남게 된 역사와 반드시 상응하는 것은 아니다. 나라마다 기록 문화의 역사와 배경이 다르기 때문이다. 따라서 지금으로서는 삼년고개 설화가 한국과 일본의 양국에서 공존해 온 것이라고 볼 수 밖에 없다. 양국에서 이 설화가 전승되고 있을 뿐 아니라 양국의 자료들이 문화적 차이를 반영하고 있어서 더욱 흥미롭다.[4)]

더 면밀히 조사해 봐야겠지만, 한국의 경우 《온돌야화》형 삼년고개와 같은 이야기가 인물담이나 가담항설류가 지배적인 조선조 문헌설화집들에서 발견될 가능성은 크지 않다. 원래 그것이 지명전설이었다면, 전설은 현장을 떠나서 전승되기 어려운 것이므로 더욱 중세 문헌에 오를 이유가 희박하다. 구전자료가 드문 까닭도 삼년고개 설화가 일제 강점기 이래 오랫동안 국정 교과서의 교재로 채택되어 온 역사와 무관하지 않다. 역사적 사건과 인물에 대한 기록이나 기념비가 이루어지면, 아무래도 그에 관한 구비전승은 위축되고 약화되기 마련이다.

《온돌야화》에 게재된 '삼년고개'는 7년 여 후 《보통학교 조선어독본》(권4)(1930~1937)의 교재로 채택되었다. 식민 정부의 교육 방침에 따른 변개가 이루어졌음은 물론이다. 왜 이 설화가 당시 교재로 채택되었는가, 그리고 교재화 과정에서 이루어진 설화 개작의 방향과 의도는

2) 심은정, 「'삼년고개'와 '산넨도게'의 비교연구」, 《일본학보》 55집 2권(한국 일본학회), 2003.6, 287면.

3) 한국정신문화연구원에서 간행된 《韓國口碑文學大系》 전 82권의 자료집에서 단 한 편, 그 밖의 설화자료집에서 두 편이 발견된 정도이고, 지명 및 전설이 전하는 곳은 여섯 남짓 확인될 뿐이다.

4) 천혜숙, 「'삼년고개' 설화의 비교로 본 설화 원류의 문제」, 《비교민속학》 33집(비교민속학회, 2007)를 참고할 수 있다.

무엇인가라는 물음을 통해서 일제 강점기 당시 식민교육의 현장을 지배했던 근대문명화 담론의 실체를 드러내는 것이 이 연구의 목적이다.

2. '삼년고개' 설화가 《조선어독본》에 게재된 과정

일본인 田島泰秀가 편찬한 《온돌야화》(1923)는 한국의 笑話들을 모은 자료집이다. 일본어로 씌어진 이 책은 무려 160편이나 되는 설화를 수록하고 있는데, 편수나 분량 외에도 자료의 笑話的 특징 면에서 당시 간행된 다른 설화집들과 뚜렷한 차이를 보인다. 아래 인용은 편자의 서문에서 발췌한 것이다.

> 落語家의 입을 통해 비죽비죽 튀어나오는 熊公과 八公에게서 느끼는 재미.[5] 부러운 것은 落語家라고 하는 직업이다. 그렇지만 박학하신 주인어른, 삐라-멘 김씨, 사랑에 빠진 바보나 젊은 주인들에 대해서 얼마만큼 감사하지 않으면 안 될 일이다.
>
> 溫突夜話는 조선의 熊公이나 八公의 소개이다. 적어도 나 개인으로서는 어리석은 郡守, 잘 잊어버리는 生員, 허풍선이 吏房, 멍청한 총각, 엉덩이가 까진 소년, 살이 뒤룩뒤룩한 고자, 만사태평인 영감, 이들 조선의 팔공과 웅공에게 친근해지는 일이 조금이라도 무의미하기는커녕, 오히려 더없는 영광이고 행복이라고 말할 수 있다는 확신에 사로잡혀 이렇게 분수에 넘치는 일을 했다.
>
> 다만 송구스러운 것은 拙文. 군수나 생원의 분노를 살 일만 남아 있다.

5) 落語家는 일본의 만담형 이야기인 '라쿠고'(落語)의 전문이야기꾼을 가리키며, 熊公과 八公은 그 라쿠고에 흔히 등장하는 서민적인 군상의 표상이다.

이렇게 '삼년고개' 설화는 식민지 시대 한 일본인의 시선에 笑話로서 포착되어 비로소 기록으로 남게 되었다. 아래는 《온돌야화》에 실린 '삼년고개' 설화이다.

(a) 삼년고개[三年坂](《온돌야화》 수록본)

경상도에 삼년고개[三年坂]라고 하는 고개가 있었는데, 옛날부터 이 고개에서 넘어지면 삼년 이내에 반드시 죽는다고 전해지고 있다. 그래서 누구든지 이 고개를 지날 때는 아주 조심해서 넘어지지 않도록 하였다. 한 노인이 시장에서 돌아오다가 이 고개에서 미끄러져 넘어지고 말았다. 집으로 돌아와 자식을 불러놓고는 "내 명도 삼년 밖에 남지 않았다. 내가 죽은 후에는……" 등의 유언을 하고 있었던 바, 근처에 사는 醫者가 와서 위로하면서 "내가 기막힌 방법을 알고 있다"고 말했다. 노인이 기뻐서 빨리 가르쳐달라고 안달하자, '삼년고개에 가서 한 번 더 넘어지라'고 했다. 노인이 화가 나서 "당치도 않은 소리. 그런 일을 했다가는 내 목숨은 그 자리서 끊어지고 말 것 아닌가?" 고 베개를 치켜들어 때리려고 했다. 그 의원이 하는 말, "조바심치지 말고 이 어리석은 사람의 말을 귀담아 들어주게. 한 번 넘어져 3년 산다고 하니, 두 번 넘어지면 6년, 세 번 넘어지면 9년, 네 번 넘어지면 12년, 이런 좋은 이야기가 어느 곳에 있겠는가?" 노인이 비로소 납득이 가서 "과연, 과연 그것이 틀림없겠다."고 다시 삼년고개로 되돌아가서 마구 구르면서 "제발 쓰러질 정도로 (넘어져서) 오래 살 수 있도록 해 주십시오."라고 빌었는데, 바로 그 때 공중에서 들리는 소리, "걱정마라. 동방삭도 이 고개에서 천 번 굴렀단다."

죽음과 관련된 속신이 전해지는 험한 고개에서 넘어지는 바람에 죽을 병이 깊이 든 노인이 이웃의 지혜로 그 상황을 극복하는 이야기다.

'경상도'란 지명이 있지만, 逆發想의 지략이 중심이 된 소화형 민담에 가깝다.

이 자료집이 간행된 지 7년 후, 삼년고개 설화는 식민 정부가 편찬한 교과서의 교재로 채택된다. 일제시대 세 차례의 조선교육령이 공포되면서 《朝鮮語讀本》 교과서도 개정을 거듭하였는데, 삼년고개 설화가 게재된 것은 2차 교육령 시기(1924~1937)에 간행된 《普通學校 朝鮮語讀本》[6] 4권(1930~1937)이다. 아래는 교재로 실린 '삼년고개'의 요약이다.

(b) 삼년고개(《보통학교 조선어독본》 4권 제10과)

옛날 두메산골에 한 老人이 살았다. 어느 날 장에 다녀오다가 고개에서 넘어졌다. 여기서 넘어지는 사람은 삼년 밖에 살지 못한다는 말이 전해오는 고개였으므로, 노인은 허둥지둥 집으로 돌아와서 아내와 아들에게 그 사실을 말하면서 울었다. 가족도 어쩔 도리가 없어 같이 울기만 할 뿐이었다. 노인의 몸은 갈수록 衰弱해져서, 醫員도 藥도 效力이 없이 죽기만 기다리게 되었다.

그 말을 듣고 이웃에 사는 한 少年이 問病을 와서는 '액을 때는 좋은 方法이 있다'고 했다. 노인이 벌떡 일어나 물었으나, '삼년고개에 가서 한 번 더 넘어지면 된다'는 말을 듣고, '그 자리에서 죽고 말라는 거냐'며 화를 냈다. 소년이 '한 번 넘어지면 삼 년은 사니, 두 번 넘어지면 육 년, 세 번 넘어지면 구 년, 네 번 넘어지면 십이 년…… 이런 좋은 방법이 또 어디 있겠는가'고 했다.

노인은 '그 말이 그럴 듯하다'하고 다시 삼년고개로 가서 데굴데굴 구르

6) 이하, 때로 《조선어독본》으로 약함.

면서 '구르는 수효대로만 살게 해 달라'고 빌었다. 어디선가 '걱정할 것 없다. 東方朔이도 이 고개에서 六萬 번이나 굴렀다'고 하는 소리가 들렸다. 물론 그 소년이 附近에 숨어서 한 말이었으나, 노인은 그런 줄 모르고 '東方朔이가, 그 三千甲子 東方朔이가' 하면서 자꾸 구르다가 집으로 돌아와, 아주 오래도록 살았다.

이 세상에는 迷信이 많다. 믿을 수 없는 것을 믿는 것이 미신이다. 미신에 빠지는 것은 文明人의 큰 수치이다.

일부가 변개되기도 하고 다른 내용이 보태지기도 했지만 줄거리가 《온돌야화》의 '삼년고개'와 대체로 유사하고 어떤 부분은 표현까지 흡사한 것으로 보아서 (b)의 '삼년고개'는 《온돌야화》의 '삼년고개' 이야기를 모태로 한 것임을 알 수 있다. 《온돌야화》의 편저자인 田島泰秀는 《조선어독본》 간행 당시 학무국 편집과의 직원이었을 뿐 아니라,[7] 昭和 3년(1928) 교과서 개정을 위해 구성된 '임시교과서조사위원회'의 편수서기직도 맡고 있었다.[8] 동 조사위원회의 위원 小倉進平과 간사 玄櫶이 《온돌야화》의 서문을 써 주기도 했다. 서문에서 小倉은

---

7) 大正15년(1926)~昭和6년(1931)의 「조선총독부 급 소속관서 직원록」에서 학무국 편집과 편수서기로 그의 이름이 확인된다. 1926년 이전에는 학무국 학무과에 근무했던 사실도 동 직원록에서 확인할 수 있다.

8) 委員長: 兒玉秀雄(정무총감)

委員: 武部欽一・有賀光豊(학무국장), 韓相龍(중추원참의), 重村義一・嚴柱益(해군소위), 神尾貳春(사무관), 福士末之助(시학관), 小田省吾(경성제국대학 교수), 高本市之助(경성제국대학 교수), 小倉進平(경성제국대학 교수), 加藤茂苞(농사시험장 장), 鄭萬朝 (경학원 대제학), 加藤常次郎(공립중학교장), 高本千鷹(공립여자고등 보통학교장).

幹事: 玄櫶(시학관), 高橋濱吉(시학관), 稻垣茂一(편수관), 李能和(편수관), 井上智(편수관), 松月秀雄(경성제국대학 교수).

편수서기: **田島泰秀**, 森 又四郎, 原田大六

田島泰秀를 "열의에 찬 조선연구가"로 소개하고 있다. 이런 정황이 《온돌야화》의 '삼년고개' 이야기를 가져다 《조선어독본》의 교재로 사용하였으리란 심증을 굳게 한다.

'삼년고개' 설화는 2차 조선교육령 시기 두 번째로 간행된 《보통학교 조선어독본》에 처음으로 게재되었다.[9] 제2차 조선교육령 시기(1922~1938)는 3.1 독립운동을 경험한 식민 정부가 이른바 문화정책으로 통치 방향을 선회한 때이다. 교육 부문에서도 '학제의 혁신을 加할 시기'가 되었다는 인식을 가지고, '임시교육조사위원회'를 설치하여 제도 수립의 방향을 모색하였다. 아울러 '교과서조사위원회'를 만들어서 '內鮮朝野'의 학식경험을 갖춘 諸賢에게 위원을 위촉, 교과서 개정에 관한 문제를 심의하였다.[10] 그렇게 해서 1923~4년에 간행된 것이 《보통학교 조선어독본》(1~6) 여섯 권이었다. 그러다가 학무국에서는 '1923~24년에 걸쳐 간행된 교재가 적합치 못한 곳이 많다'고 하면서, 1928년 초 '대대적인 개정 번각 발행'사업을 도모하였다.[11] 다시 '임시교과서조사위원회'가 결성되고, 개정판 교과서의 편찬 지침과 내용 기준들이 만들어졌다. '삼년고개'가 게재된 《보통학교 조선어독본》(1930)은 이때 이루어진 개정판이다.

9) 3차 조선교육령 시기 조선어가 수의과목으로 되었다가 결국 사라지게 되는 과정에서 이 설화도 식민지 시대 교재로서 수명을 다하게 된다.

10) 齋藤朝鮮總督, 「臨時教科書調査委員會에 臨해서」, 《朝鮮》(朝鮮總督府), 1921(大正10년) 2월호, 6면.

11) "新編纂 教科書飜刻發行件" 문서 참조(총무처 정부기록보존소, 《일제문서 해제선집》(1992)의 학무편 '編輯'항, 198면).

3. 교재용 설화로 개작된 양상과 의미

개정판 《보통학교 조선어독본》에 게재되는 과정에서 삼년고개 설화가 개작된 양상을 더 구체적으로 살펴 볼 필요가 있다. '혹 뗀 이야기'의 교재 수록과정처럼, 여기서도 식민정부 나름의 '교육적 견지에서 變改'가[12] 이루어졌을 것이기 때문이다. 물론 田島泰秀가 채록한 '삼년고개'가 한국적 원형이리란 확신은 할 수 없다. 그 자료 또한 田島에 의해 개작되었을 가능성도 없지 않다. 그러나 《온돌야화》의 자료는 일본의 '三年坂' 자료와도 많이 다르다. 그리고 일선동조론의 강화를 위해 '韓日 類話'의 존재를 탐색하고 주목하던 시기인 만큼, 田島가 조선설화집을 표방한 책에다 일본의 자료를 말없이 옮겨놓았을 이유는 전무하다.

이상의 사정과 함께, 이전의 자료가 남아있지 않은 현재로서는 《온돌야화》의 자료를 변이와 개작의 기점으로 잡을 수 밖에 없다. 일단 《조선어독본》 교재의 원천이 된 것으로 추정되는 《온돌야화》의 '삼년고개'와 《조선어독본》의 자료를 그 서사단락을 통해 비교해 보자.

(a-1) 삼년고개(《온돌야화》 수록본)

㉠ 경상도에 삼년고개가 있다.

㉡ 이 고개에서 넘어지면 삼년 이내 죽는다는 말이 전해진다.

㉢ 한 노인이 고개에서 넘어졌다.

㉣ 돌아와 식구들에게 유언을 하였다.

12) "普通學校 朝鮮語讀本卷4 編纂趣意書"(1933) 참조.

ⓜ 인근의 醫者가 거듭 넘어지는 지략을 가르쳤다.

ⓑ 노인이 다시 고개로 가서 빌면서 여러 번 굴렀다.

ⓢ 공중에서 동방삭도 이 고개에서 천번을 굴렀다는 말이 들렸다.

(b-1) 삼년고개(《조선어독본》 교재)

㉠ 두메산골에 한 노인이 살았다.

㉡ 넘어지면 삼년 밖에 못산다는 말이 전해지는 삼년고개에서 노인이 넘어졌다.

㉢ 노인은 식구들에게 그 사실을 말하고 함께 울었다.

㉣ 노인은 쇠약해져 죽을 날만 기다렸다.

㉤ 이웃 소년이 고개에 가서 거듭 넘어지라는 지략을 가르쳤다.

㉥ 노인이 다시 고개로 가서 여러 번 구르면서 빌었다.

㉦ 소년이 숨어서 '동방삭도 이 고개에서 육만 번을 굴렀다'고 소리쳤다.

㉧ 노인은 아주 오래 살았다.

㉨ 미신에 빠지는 것은 문명인의 수치이다.

단락별 요약 자료를 비교해 보면 《조선어독본》 자료(b-1)에서는 살아날 지략을 낸 자가 인근의 '醫者'에서 '이웃 소년'으로 바뀌었고, 공중에서 신비롭게 들려 온 '동방삭 운운'의 소리도 소년이 숨어서 한 말로 변하였다. 또한 '경상도'란 지역명이 사라지고 그냥 '두메산골'이 되었다. 醫者를 소년으로 바꾼 것은 초등학교의 아동용 교재임을 고려한 것이리라. 경상도란 지명이 긴요치 않게 된 것도 이 교재가 아동을 위한 '동화' 장르로 이행했기 때문일 것이다.

그러나 교재화 과정에서 무엇보다 큰 변개는 설화 말미 부분(b-1-㉨)에 난데없이 아래와 같은 迷信 타파의 교훈이 첨가된 것이다.

> 여러분은 이런 이야기를 들을 때에, 이 世上에서 傳하야 나려오는 말 中에는, 믿지 못할 것이 만은 줄 알겟지오. 믿을 수 업는 것을 믿는 것이 迷信이올시다. 鬼神이나 독가비가, 世上에 잇다고 생각하는 것도 迷信입니다. 鬼神이나 독가비는, 사람들이 지여낸 이야기 가운데에는 잇슬지라도, 實地로는 업는 것이올시다. 도통 迷信에 빠지는 것은, 文明人으로서는 더할 수 업는 수치올시다.

이 내용은 이야기의 맥락에 어울리지 않는 贅言이다. '미신'에 관한 식민담론이 노골적으로 드러났다. 田島泰秀가 채록할 당시까지는 逆發想의 주제를 지닌 笑話였을 뿐 '미신'의 그림자도 비치지 않았던 이야기가 《조선어독본》의 교재로 수록되면서 미신을 경계하는 교훈담으로 탈바꿈한 것이다.[13] (a-1)의 서술이 '고개'에 초점이 주어진 반면 (b-1)은 인물 중심인 것도 '미신'의 담론화와 무관하지 않다. (b-1)에서는 몽매한 두메산골의 노인을 주인공으로 설정하고 그 노인이 이러저러한 계기로 미신에서 벗어나 오래도록 잘 살게 되었음을 보여주는 서사적 배치를 하고 있다. '동방삭 운운'의 소리를 소년이 숨어서 말한 것으로 바꾼 것도 신비의 요소를 제거하고 합리를 추구한 것으로서, 역시 '미신 타파'의 주제화에 부응하는 변개이다. 따라서 '삼년고개'의 개작은 대체로 '童話化에 따른 兒智 모티프의 삽입'과 아울러 '미신 타파의 주제화'에 초점이 주어진 것으로 보인다.

엄밀히 《온돌야화》의 '삼년고개'는 이미 지명전설이 아니다. 구체적인 지명이 증거물로 제시되지 않기 때문이다. 田島가 채록하면서 '경상

---

13) 2차 교육령 시기의 1차 교과서 편찬방침을 보면, 교재의 '예화에는 풍부한 격언과 훈사를 보태서 교훈의 요지를 지적할 것'을 강조한 것을 볼 수 있다(조선총독부, 《조선총독부편찬교과서개요》, 1922, 8면 참조).

도' 이하의 구체적인 지명이 불필요하다고 여겨 삭제했을 수도 있지만, 이야기 자체도 역발상의 발랄성을 지녀 이미 민담화가 이루어진 단계이다. 특히 아이의 역발상['兒智']과 관련해서는 설화적 전통도 풍부한 편이다. 예화 두 편을 보자.

지략으로 아버지 원수를 잡은 아들[14)]

금화현에 사는 부자가 장사를 하기 위해 兎山을 왕래하였다. 어느 날 부자가 함께 소를 팔러 가다가 한 장부를 만났다. 장부가 아비를 죽이고 아들마저 죽이려 하자, 아들이 자신을 살려 주면 장부를 따르겠다고 하였다. 토산에서 소를 파는데 아이가 갑자기 자기 아버지를 죽인 도둑이라 소리 지르니 사람들이 장부를 붙잡아 징치하였다. (金化倅로부터 이 이야기를 들었는 바, 그 아이의 智略이 뛰어나다.)

아버지를 구한 아들의 지혜[15)]

옛날 한 대감이 종의 부인을 탐내고 있었다. 하루는 종에게 내기를 하자고 하며 나무딸기 서 말을 따오라고 했다. 엄동설한에 딸기를 따 올 궁리가 없어 병이 들었다. 아들이 알고서는 아버지를 안심시키고 대감을 찾아갔다. 대감이 '왜 네가 왔느냐'고 묻자, 아버지가 딸기를 따러 가서 뱀에게 물렸다고 했다. 그러자 대감이 '동지섣달에 무슨 뱀이 있는가'고 물었다. 종의 아들이 '그럼 동지섣달에 어떻게 딸기가 있는가'고 반문하여, 대감이 졌다.

또 대감이 종을 불러 이번에는 수탉 알을 한 줄만 사가지고 오라고 했다. 종이 또 궁리가 나지 않아 낙심천만하고 드러누웠다. 아들이 역시 안심

---

14) 《溪西野談》, '金化縣村人父子'.

15) 《한국구비문학대계》 2-8(837), 영월읍 설화 241.

을 시키고 대감을 찾아갔다. '왜 또 네가 왔느냐'고 묻는 대감에게 종의 아들이 '아버지가 간밤에 몸을 풀어서 못 왔다'고 대답했다. '이 놈, 남자가 어떻게 아기를 낳는가?'고 되묻는 대감에게, 종의 아들은 '그러면 수탉이 어떻게 알을 낳습니까?'고 응수했다. 대감이 결국 그 종의 부인을 빼앗지 못했고, 오히려 그 아들이 영리하다고 도와주었다. 그 아들이 나중에 고을 원이 되었다. (지금이나 그 때나 크게 될 사람은 항상 궁리가 돌아간다.)

이상의 이야기들은 《한국구비문학대계》 한국설화유형분류의 '232 어른보다 아이가 지혜롭기'에 속하는 것으로서, 전국적으로 풍부한 전승을 보이고 있다.16) 《조선어독본》의 '삼년고개' 역시 죽음의 위기에 빠진 몽매한 노인을 아이의 지혜가 살려 낸 이야기로, '兒智'型17) 설화의 전통과 합류된다.

따라서 교재화 과정에서 지략을 내는 주체가 '이웃 의원'에서 '이웃 소년'으로 바뀐 것의 의미는 단순히 아동용의 동화를 위한 대체에서 그치지 않는다. 일제가 의도한 것은 아니라 해도 다분히 한국 설화의 전통에 밀착된 개작이기 때문이다. 이 부분의 개작만은 비교적 한국적 설화 전통에 친숙한 누군가에 의해 이루어졌을 가능성을 제고해 보게

16) 그에 속하는 설화유형들은 다음과 같다.
232-1 중국에서 낸 어려운 문제 푼 아이, 232-2 원님(정승)을 굴복시킨 아이, 232-3 얕잡아보던 아전들 누른 어린 원님, 232-4 원님이 낸 어려운 과제 해결한 아들, 232-5 키운 아버지 고민을 해결한 아들, 232-6 소박맞은 어머니의 고민을 해결한 아이, 232-7 누명 벗겨준 아이, 232-8 자기(가족)의 실수를 재치로 감춘 아이, 232-9 군사놀이하면서 대감 못 지나가게 한 아이, 232-10 도둑에게 잡혀가 도둑잡은 아이, 232-11 원수진 두 집안 화해시킨 아들, 232-12 묘자리를 지킨 아들, 232-13 어려운 시비 쉽게 해결한 아이232-14 어려운 수수께끼(셈) 쉽게 푼 아이, 232-15 도둑 안 맞게 돈 잘 감춘 아이, 232 -16 훈장보다 지혜로운 아이, 232-17 지혜로 정승된 아이.

17) 설화 유형을 지칭할 때, '아이의 지혜'를 줄여서 '兒智'型으로 표현한다.

된다. 교재를 위한 조사 편집과정에 관여한 존재가 설화 전통에 익숙한 한국인이었다면 이러한 대체가 어렵지 않다. 2기 교육령 시기의 1차 간행 때 '內鮮朝野의 學識經驗을 갖춘 諸賢에게 委員을 위촉'하였듯이,[18] 2차 개정 작업에도 유명한 李能和 선생을 비롯하여 네 명의 한국인이 참여한 것을 볼 수 있다.[19] 또 교과서 내용의 심사에도 한상룡(조선생명보험주식회사 사장), 엄주익(양정고보 교장), 정만조(경학원 부제학) 등이 참여하였던 것을 보면, 크게 무리한 추론은 아니다.

'미신타파'의 계몽적 교훈을 내세운 단원이지만, 아동용 교재에 상응한 '아지'형 모티프의 삽입은 그러한 계몽적 의도를 오히려 무색하게 할 만큼 '삼년고개' 설화의 흥미를 자극하는 중심이 된다. '아지형'의 설화 전통이 가진 힘이다. 해방 후 '미신 운운'이 탈락되면서 설화의 전승과 변이가 대부분 이 '아지' 모티프를 중심으로 이루어지는 것을 보아도 알 수 있다.[20]

설화상의 미신 타파 담론과 관련하여 일본의 삼년고개 전설을 잠깐 일별할 필요가 있다. 지금으로서는 田島의 《온돌야화》 이전에 존재했던 한국의 삼년고개 이야기가 어떤 형태인지 알 수 없지만, 일단 한국

18) 각주 10) 참조.

19) 각주 8) 참조.

20) 희소하지만 민간에서 전승된 '삼년고개'이야기들은 역시 '아이의 슬기'나 '발상의 전환'을 부각하는 쪽으로 전통적인 의미 복원이 이루어졌다. 교과서에서 놓여난 삼년고개 이야기는 이야기판에서 구연될 때 旣成的이고 惰性的인 시선들이 놓치는 眞實을 포착하는 아이의 지혜를 강조하는 의미로써 전통적인 '兒智'형 설화와 만나게 된다. 또 다른 변이로는 문제해결자의 존재가 이웃소년에서 아들이나 손자로 바뀌면서 孝의 주제가 보태진 것이다. 지략을 내는 존재가 '이웃 소년'에서 '넘어진 노인의 아들'이나 '손자'로 바뀌는 흥미로운 각편이 보인다. 예화 '아버지(또는 부모)를 살리는 아들의 효성'이야기처럼, 한국적 孝子譚의 풍부한 전통 속에서 이루어진 변이이다.

에서도 '삼년고개' 지명이 다소 남아 있는 점으로 미루어, 한일 양국에서는 애초 지명전설 형태의 '삼년고개'가 공존하였을 가능성이 크다. 그러나 한국의 경우 지명전설적 특징이 일본만큼 강하지 않다. 일본의 '삼년판' 전설은 지명 관련 속신에 가깝고, 서사적 이야기라 할 만한 내용이 없다. 그에 비해서, 田島가 채록한 한국의 '삼년고개'는 역발상의 지혜를 담은 민담에 가깝다. 일제 강점기 당시 '동조론'의 빌미를 추구하던 일본인 학자들이 이 설화를 韓日 類話로서 주목하지 않았던 이유는 이러한 장르 차이 때문이 아니었던가 짐작된다.

양국의 전승 자료를 비교해 보면 두 나라 간 문화의 차이가 확연히 드러난다. '지혜/역발상—수명 연장'이 강조된 한국의 자료와 달리, 일본에서는 죽음에 대한 두려움과 기피, 나아가 그것을 물리치기 위한 속신 또는 미신이 두드러진 특징이 있다.

> 三年坂이라고 불리는 江戶시대의 고개가 구 동경 시내에 6개소가 있다. 모두 寺院, 墓地 근처, 또는 그 곳에서 사원 묘지 등이 보이는 곳의 고개이다. 三年坂은 때때로 三念坂이라고도 쓴다. 옛날 이 고개에서 구른 사람은 삼년 안에 죽는다고 하는 어처구니 없는 미신이 있었다. 사찰의 경내에서 넘어진 사람은 곧 그 흙을 세 번 핥지 않으면 안 된다. 물론 흙을 핥는 흉내를 하는 것으로 족한 것이지만, 우리들도 어린 시절 숙모 등이 자주 시켰던 것이다. 그것을 하지 않으면 삼년 내에 죽는다고, 그 시절에 늘 들었던 말이다. 고개는 넘어지기 쉬운 곳에 있다. 사찰 옆에 있는 고개는 특히 사람들이 많이 지나다니는 곳이었는데, 이런 고개가 삼년고개로 불렸던 것이다. 세 번 흙을 핥는 것은 부처에 세 번 安泰를 염원하는 것을 의미한다. 어쨌든 三年坂이라고 하는 고개는 주로 그 옆에 절이나 묘지가 있고 四邊이 고요하고, 기분이 나쁠 정도로 엄숙한 장소의 고개라는 의미일 것이다.[21]

오히려 일본의 '삼년고개' 전설이 일제 식민정부가 그토록 혐오하던 전근대적 '미신'에 짓눌려 있는 모습이다. 《온돌야화》에 실린 한국의 '삼년고개' 이야기는 밝고 발랄한데, 일본의 '삼년판' 주변은 어둡고 후미지다.[22] 굳이 미신 타파를 위한 수신적 교재로 田島의 '삼년고개'가 채택된 것을 보면, 당시 교과서조사위원회에 참여했던 일본인들도 이 '삼년고개'가 일본의 '삼년판' 지명 유래담과 비슷한 것임을 인지하였던 것이 분명하다. 동경에만 해도 '삼년판'의 지명이 아홉 곳이 확인될 정도이니,[23] 일본인들에게는 낯선 내용이 아니었을 터이다.

따라서 한국 삼년고개 설화가 지닌 발랄한 역발상의 주제를 미신 타파의 교훈적 주제로 바꾼 것은 일본인들이 이 설화를 자국 문화의 선입견으로 이해한 탓이다. 일본에서는 '삼년판'과 관련된 죽음의 재앙을 피하기 위해 여러 가지 주술적 방책이 발달하였고, 또 '삼년판'의 이름이 주는 재앙의 느낌을 忌諱하여 '産寧坂', '三延坂' 등의 경사스러운 이름으로 개칭되기도 했다.[24] 미신 성향으로 보자면 오히려 일본이 한 수 위이다. 그럼에도 불구하고 일본 식민정부는 '삼년고개' 이야기를 한국의 문화적 未開를 부각하는 교재로 삼은 것이다. '똥 묻은 개가 겨 묻은 개를 나무란' 격이 아닌가. 미신타파의 교훈이 어색하게 첨가된 《조선어독본》 자료의 개작은 다분히 일제의 자기중심적이고 격에 맞지 않은 '나무람'의 소산이 아닐 수 없다.[25]

---

21) 横關英一, 《江戸の坂 東京の坂》, 有峰書店, 1982, 68면 인용; 池田末則, <地名の知識 100>, 新人物未來社, 昭和 52. 峙と 坂の名部分 82~114면도 참조.
22) 천혜숙, 「한일 '삼년고개' 설화의 비교로 본 설화 원류의 문제」, 《비교민속학》 33집, 비교민속학회, 2007, 98면.
23) 천혜숙, 위의 글, 90면.
24) 천혜숙, 위의 글, 90~91면.
25) 천혜숙, 위의 글, 99면 참조.

4. 설화 개작의 의도와 식민지 근대의 주입

3.1독립항쟁을 계기로 일제는 지배정책의 전면적인 변화를 꾀했다. 문화통치기로 알려진 1920년대는 신문과 잡지의 출판이 허용되었고 교육의 기회도 개방되었다. '충량한 국민', 또는 '일본 천황의 신민' 육성을 기치로 내걸고, 모든 것을 황실의 恩澤과 施惠에 대한 감사로 돌렸던 제1차 조선교육령의 강압적 기조가[26] 제2차 조선교육령(1922. 2.6.)에서는 획연히 달라졌다. '內鮮共學'과 아울러 여러 가지 문화제도를 혁신하는 문화정치를 표방하고, 조선인을 일본인과 동등하게 대우하는 '一視同仁'을 강조한 점이 크게 드러나는 차이이다.

1918년에는 세 면에 하나씩 있던 보통학교가 1929년에는 '일면 일교'로 늘어났다. 내선 공통의 정신과 제도를 강조한 2차 조선교육령에서는 특히 보통학교를 국민성의 함양과 국어의 보급에서 가장 중요한 기관으로 간주하고 중시하였다. 점차 보통학교들이 문전성시를 이루었다.[27] 의무교육의 확대는 당시 조선의 민심이나 일부 개량적 민족주의자들의 지향과도 부합되는 바가 있었다.[28]

그러나 식민 정부가 내세운 내지연장주의는, 민족차별을 없앤다는 것은 명목일 뿐이고 결국 내선일체를 겨냥한 일종의 장기적 회유책에 지나지 않았다. 융화로 바꾸어 말한다고 해도 동화와 다를 바 없으니, 어쩌면 더 교묘한 술책이었다. 궁극적으로는 완전한 同化를 위한, 보다 완화된 기획일 뿐이었다.

---

26) 조선총독부, 「조선총독부편찬교과서개요」, 1916년(대정6년) 참고
27) 이윤갑, 「일제하의 근대교육론과 식민지 교육문화」, 《계명사학》 10, 1999, 113면.
28) 미야타 세쓰코 해설 감수, 정재정 역, 《식민통치의 허상과 실상》, 혜안, 2002, 152면.

> 교육내용에서는 조선인을 위한 민족주의 교육이라는 특수한 사고방식은 없었습니다. 여기에 대해서는 여러 가지로 논란이 있습니다만, 혈연적으로나 지연적으로나 문화적으로나 일본과 조선은 극히 관계가 밀접하여, '가급적 일본인으로 융화시켜 간다'라는 사고방식 아래 교육을 행했기 때문에, 교과서 등도 어쨌든 내지의 국정 교과서를 중심으로 하고 거기에 조선의 지방색을 여러 가지 덧칠한, 조선총독부가 편찬한 국정교과서가 사용되었습니다.[29]

'내지의 교과서에다 조선의 지방색을 덧칠한' 국정교과서가 사용되었다는 표현을 통해서, 문화통치기에 이루어진 '조선적 색채'에 대한 배려가 실은 동화의 은밀한 의도를 숨긴 것임을 알 수 있다.

그러다가 1928년 조선총독부는 2차 조선교육령 시기에 간행된 교과서의 교재(1923~24)에 대해 '적합치 못한 곳이 많다'고 하면서 대대적인 교과서 개정작업을 서둘렀다. 어쩌면 그 완화된 기획에 대한 일종의 자기 반성이 아니었던가 생각되는 부분이다. 교재의 '적합치 못한 곳'이 정확히 무엇을 말한 것인가는 가늠하기 어려우나, 학교교육의 전환이 요구되는 시기가 도래하였음이 분명하다. 1920년대 중반 이후 사회주의가 유입되었고, 민족 해방운동도 사회주의와 연계되거나 국외의 범위로 확장되면서 더욱 활발해졌기 때문이다. 또한 문화통치기에 이루어진 각종 문화 제도의 허용과 교육의 저변 확대가 조선의 '민도'를 높인 결과, 식민지 지배에 곤란을 초래할 위험이 부각되었을 수도 있다. 어떻든 교과서 개정 작업을 서둘렀다는 것은 모종의 식민지배 정책의 변화를 예고하는 것이었다.

---

29) 위의 책, 271~272면.

1928년 3차 교과서 개정작업을 위한 임시교육위원회와 임시교과서조사위원회가 구성되었다. 동년 6월 소집된 임시교육위원회에서는 문화통치기 전개된 文運의 번창을 경계라도 하는 듯이 근로와 실과 교육의 필요성이 강하게 제기된다. 그리고 동년 8월에 개최된 임시교과서조사위원회에서는 교재 선택의 기준으로 '日鮮併合의 정신'과 '內鮮融和의 實' 외에도 勤勞愛好 또는 興業治産의 정신, 良風美俗의 진작, 그리고 農村文化의 개발을 촉진할 방도가 강조되었다.[30] 그 기준에 따라 만들어진 이 시기의 '교과용도서편찬강령'을 보이면 아래와 같다.

至善에 대한 신념

황실국가에 대한 사항

일한병합의 정신 이해

조선의 양풍미속 진작, 풍습 및 생활의 개선

공동생활에 적응할 품성 도야

근로호애, 자립자영, 직업존중, 흥업치산의 정신 함양

농촌문화의 개발

근로와 흥업, 농촌문화 등은 이 시기에 특히 부각된 사항들이다. '삼년고개'는 이때 개정된 《보통학교 조선어독본》(권4)에 처음 교재로 수록된다. '삼년고개'의 교재화는 그것이 미신타파의 교훈을 담고 있는 점으로 보아, 위의 강령 가운데 특히 '조선의 양풍미속의 진작, 풍습 및 생활의 개선'의 항목과 연관이 있음이 분명하다.

---

30) 임시교과서조사위원회(1928.8.3~4) 제3호의안 "보통학교용국어급조선어독본 편찬에 관한 방침" 참조.

당시 일제는 국어 및 조선어독본 교과서의 교재를 수신적 교재, 역사적 교재, 지리적 교재, 이과적 교재, 실업적 교재, 국민적 교재, 문학적 교재로 유별하였는데, '삼년고개'는 그 가운데서 수신적 교재로 분류되었다.[31] 일제는 한편으로 '수신서'의 과목을 별도로 두어, 국어와 함께 국민성 함양 교육의 중심으로 삼았다. 특히 수신서는 교육령의 주요 지침들을 실천궁행하기 위한 교과목이었던 만큼, 그 교재의 편성에는 교육령의 모든 지침이 그대로 투영되었다. 따라서 수신서 교재의 지침을 통해 '삼년고개'의 교재화의 의도를 더 명확하게 읽을 수 있다. 다음은 개정 작업시에 이루어진 '보통학교 수신서편찬취의서'의 '양풍미속의 진작 및 가정 사회의 개선' 부분을 발췌한 것이다.

> 사람의 수양을 높이고 생활의 향상을 도모하는 데는 우선 그 현재 지니고 있는 것을 기초로 할 필요가 있다. 그들이 지니고 있는 것 가운데 中善의 것은 인정해서 조장하고, 악한 것은 없애고, 없는 것은 보완하는 방향으로 나가야 한다. …(중략)… 조선의 현상, 그것을 민도, 풍속, 습관, 실생활의 상태에 대해서 보자면, 여하히 개선하지 않으면 안 되는 점이 많다. 그 반면에 동양도덕의 미점으로 인정될 만한 것도 많이 남아 있다. 예컨대, 祖先을 존숭하고 부모에 효양을 다하고, 장유의 질서를 중시하고, 친척상조하는 등이 그것이다. ……병합 전 오래 지속된 실정의 영향으로 민중은 일반적으로 적극진취의 기상을 잃고 怠惰安逸의 생활에서 헤어나지 못하고, 근로를 기피하는 악폐가 누습되고, ……신앙도 없이 미신에 빠지고, 자연을 사랑하는 심정도 말라버려 ……산야를 황폐하게 하는 등의 점에 대해서는 개선을 가할 필요가 있다.[32]

---

31) "4년제 보통학교 조선어독본권4 편찬취의서(1928)" 참조.

양풍미속의 장려에서 그치지 않고 부정적인 폐풍에 대한 개선이 보태졌다. 미신이 개선되어야 할 악폐 가운데 하나로 언급되었다. 악폐의 개선에 대한 내용은 아래의 1차 조선교육령 내용의 계승이다.

> 현시의 조선인에 대하여 가장 필요하다고 생각하는 諸德, 예를 들면, 정직, 근면, 검약, 저축, 청결, 위생 등은 특히 뜻을 이용해 적당히 각권에 배치함…… 또한 조선인 고래의 미풍에서 보존장려를 요할 만한 것, 예컨대 尙老, 敬師 등. 폐풍에서 속히 개선할 만한 迷信, 遊惰, 실업의 무시 등은 어떻든 미리 그것을 조사해서 보탬.[33]

'미신', '유타', 그리고 '실업 무시'의 폐풍에 대한 언급이 표현과 길이의 차이가 있을 뿐 반복되고 있다. 강점기 초기의 '문명화' 슬로건이 다시 국정 교과서 교재 선택의 기준이 되고 있음이 주목된다. 미신 타파 담론을 담고 있는 '삼년고개' 설화의 교재화는 바로 이러한 의도와 맞물려 있다.

'미신 타파'는 일제 강점기를 풍미했던 문명화 또는 근대화 담론이다. 일제 이전부터 儒學과 洋學에 의해 무속을 미신시하는 담론의 유포가 거듭돼 왔지만, 일제 강점기는 병합과 강점, 그리고 식민통치를 위한 정치담론으로 특히 그것을 강화하고 확장했던 시대이다. 일제는 한국－반문명, 일본－문명의 이분법적 도식을 활용하여 한일합방을 합리화하는 데까지 나아갔는데, 이때 한국의 반문명 또는 미개의 중요한 표상이 되었던 것이 미신이다. 미신 외에도 일제가 조선을 미개의 상태로

32) "보통학교수신서편찬취의서" 20~22면 참조.
33) 각주 26) 참조.

규정한 근거는 위생관념과 근로 의욕의 부재였다. 조선인은 불결하고, 예절이 없고, 게으르고, 미신에 빠져 있다는 것이었다.[34]

> 역대 총독, 시정을 담당하시는 분들의 기본 생각은 일한합병 당시의 '내선일여'라고…… 그런 기본 관념 하에 '내선일체' 동아의 운명공동체라는 데서 출발했던 것입니다. 조선통치의 경우는 실력 차이가 대단히 커서 속칭 흡수합병 형태를 위하게 되었다라고 보아도 괜찮은 그런 상황이었습니다. 일한 합병에 이른 역사를 보면 필연적으로 그렇게 될 수 밖에 없었다는 것을 이해할 수 있을 겁니다. 이토 통감이 한국 황제에게 동정심을 갖고…… 어떻게든 제 구실을 할 수 있도록 여러 가지를 도모했다는 흔적이 여러 기록에 나옵니다만, …(중략)… 정치가 제대로 되지 않아 산하는 황폐해질 대로 황폐해지고 민정은 대단히 불안하였고, 교육문화도 뒤떨어지고, 이런 상태로는 당시 '약육강식'의 세상 속에서 도저히 자립하지 못할 것이라는 이유로, 한국민 전체도 심정적으로 대단히 위축되어 스스로 일어나 운명을 치고 나갈 적극적인 의욕이 좀처럼 보이지 않는 그런 상황에서 국가의 운명, 민족의 운명을 걸었던 것입니다.[35]

일제 강점기 당시 고관을 지낸 한 일본인의 회고이다. 놀랍게도 한일합병이 한국을 위한 일본의 시혜였다는 착각을 지금까지도 유지하고 있다. 당시 그들의 시혜 논리의 구심에 있었던 것이 문명화론 곧 근대화론이다. 문명화론은 일선동조론과 더불어 일제 강점기를 지속하여 조선 침략 지배 이데올로기로서 상보적 역할을 했던 침략논리였다.[36]

---

34) 박신양, 「19세기 말 일본인의 조선여행기에 나타난 조선상」(≪역사학보≫ 177집, 역사학회)에서 상세한 논의가 이루어졌다.
35) 《식민통치의 허상과 실상》, 266면.

문명화된 일본이 同祖를 지닌 비문명의 조선을 문명화시킨다는 논리였으므로, 문명화는 곧 동화의 논리와 합류될 수 밖에 없다. 동화의 논리는 한일 양국이 하나가 됨으로써 동조의 과거를 회복한다는 의미인 동시에, 근대적 문명국가인 일본이 반문명국가인 조선을 일본처럼 문명화시킬 사명을 감수하겠다는 의미도 있었다.[37]

이런 관점에서 문명화론 또는 근대화론은 일제 강점의 명분인 동시에 통치 정책의 핵심적 요체가 될 수 있었다. 다만 그 정도와 강도는 시기적으로 차이가 있었다. 특히 무단정치기는 무속과 민간신앙 등이 미신시되어 법적으로 통제 당하고 탄압 당했던 시대였지만, 문화통치기에 이르러서는 다소 그 규제가 완화되었다. 이 시기 일제는 식민지의 전통문화를 인정하고 그 가운데 좋은 것은 권려하는 태도로 선회하였다. 그래서 2차 교육령에는 미신과 같은 악폐 타파에 대한 언급이 나타나지 않는다. 오히려 문화통치기의 미신타파운동은 일제당국이 아니라 언론이나 각 지방 청년단체에 의해 더욱 적극적으로 진행되었다.[38] 이런 현상은 당시 조선의 지식인들이 가졌던 근대 서양문명에 대한 경도에도 그 원인이 있었겠지만, 한국의 '미개'와 서양/일본의 '문명'을 지속적으로 부각해 온 식민담론의 힘이 그만큼 강력했던 탓이기도 했다. 일제는 이미 1920년대부터 한국의 전통문화 전반에 대한 조사사업을 실시하였고, 그 전근대적이고 부정적인 국면들을 식민통치를 위한 자료로 활용했다.[39]

---

36) 정상우, 「1910년대 일제의 지배논리와 지식인층의 인식」, 《한국사론》 46, 서울대 국사학과, 2001, 185면.

37) 정상우, 위의 글, 199면.

38) 이방원, 「일제하 미신에 대한 통제와 일상생활의 변화」, 《동양고전연구》 24집, 290면.

39) 강점기 당시 조선총독부가 간행했던 《조선》지의 지면에서 '미신'과 '위생'에 관련

문화통치기에 이르러서 일제는 '무단정치'의 실패를 거울삼아 통치의 방식을 '문화적'으로 선회하였을 뿐, 그 정책적 기조는 달라진 것이 없었다. 일찍이 구습과 폐풍으로 낙인을 찍었던 것들에 대해서 무리한 탄압을 하기보다 교화나 사회교육을 통해서 개량해 나가자는 것이 문화통치기의 방침이었다. 1928년 교재 강령에 등장하는 '농촌 문화의 개발'이란 것도 기실은 1920년대부터 진행해 온 '모범부락' 운동의 지속이다. 1921년 조선총독부는 총독부 내무국 산하에 사회과를 설치하고 조선인들에 대한 사회교육을 실시하여 '국민된 성격'을 도야하고자 했다. '모범부락' 운동은 그 일환이었는데, 1926년 158개였던 전국의 모범부락 수가 1930년이 되면 257개로 늘어난다. 이 운동에서도 산업장려와 생활개선이 중심이었다. 특히 '생활개선'에는 위생, 미신 타파 등과 관련된 근대적 생활의 주제들이 포함되어 있었다.[40] 1931년에 우가키(宇垣一成) 총독이 부임하면서 추진한 농촌진흥운동도 위의 모범부락 운동과 연장선상에 있는 것이었다.

1928년 교과서 개정 작업에서 나타난 '풍습 및 생활의 개선'이나 '농촌문화의 개발' 강령도 이때 갑작스럽게 나타난 것이 아니라, 문화통치기로 선회하면서 사회 교육의 장에서 지속되어 오던 것이 학교 교육을 위한 강령으로 표면화되었을 뿐이다. 그리고 이 시점에서 '삼년고개' 설화는 미신 타파를 통해 생활을 개선하고 농촌문화를 진보시키기 위한 교재로 교과서에 수록되었던 것이다.

충량한 신민의 육성, 국민된 성격의 도야를 제일의 교육목표로 내세웠던 조선총독부는 국정교과서를 만드는 과정에서 그러한 목표에 따라

된 제목을 발견하는 일이 어렵지 않다.

40) 이하나, 「일제강점기 모범부락 정책과 조선농촌의 재편」, 《학림》 19, 1998.

교재 자료의 적극적인 개작을 감행했다. 삼년고개의 교재화 과정에서 말미 부분에 어색하게 덧붙은 미신타파의 교훈은 '예화에 격언 또는 훈사를 많이 첨가해서 教訓의 요지를 지적'할 것을 권장한 식민정부의 교재화 방침에 부응하는 방식이다.[41] 특히 '교훈'의 요지가 많이 첨가된 것이 당시 국정교과서의 특징이라고 할 수 있겠는데, 개중에는 권선징악의 교훈을 주입하기 위해 무리한 변개를 시도한 경우도 많았다.[42] 그 과정에서 전통적인 자료를 잘못 해석하거나, 의도적으로 다른 내용으로 바꾸기도 했다.

'삼년고개' 역시 발랄한 소화의 요소가 소거되고 미신에 빠진 노인이 미신에서 벗어나는 교훈적 이야기로 성격이 바뀌었다. '삼년고개'의 개작 과정에서 덧붙은 미신 타파 담론은 일제가 주입하려고 했던 '근대'를 노골적으로 드러낸다. 삼년고개의 주인공인 두메산골의 노인은 미신에 빠져 있던 전근대적 조선인의 표상이었다.

1930년대를 전후하여 조선총독부로 하여금 이렇게 다시 한번 통치 정책을 바꾸도록 추동한 요인으로는 농촌의 공황, 사회주의의 확산, 그리고 일본의 대륙침략을 들 수 있다. 사회주의적 농민운동의 확산은 식민지배 체제를 위협할 정도였고, 여기에다 중국 대륙 침략의 성공적 수행을 위해서는 무엇보다도 후방 기지인 조선의 안정이 요구되었던 시기였다. 1931년에 부임한 신임 총독 우가키(宇垣一成)는 "기강의 진작, 민심의 작흥, 과거에 한발 앞선 내선융화의 촉진"을 선언하면서, 식민지 정책의 전환을 예고한다. 병참기지로서의 한반도의 안전을 위해서는 더욱 강력한 통치가 요구되었기 때문이다.[43]

---

41) 《조선총독부편찬교과서개요》, 1922(대정6년) 7월, 10면.

42) 권혁래, 「조선총독부편 '조선동화집'의 성격과 의의」, 《동화와 번역》 5집, 건국대 동화와 번역연구소, 2003에서 그 문제를 다루었다.

'과거에 한발 앞선 내선융화'란 신사참배를 통해 황민화 정책의 수위를 높여가는 것이었다. 미신 통제가 다시 강화되는 시대가 된 것이다. 일본의 신도에 대해 조선의 전통종교와 신앙은 일체 미신으로 낙인이 찍혔다. 후쿠자와 유키치(福澤諭吉)가 강조했던 서구식의 문명개화가 곧 일본의 근대화가 아님을 서서히 깨달아가고 있었던 1930년대에도[44] 일본이 변함없이 서구적인 시선과 도식을 빌어와 식민지 한국을 반문명국가로 규정하고 있는 것은 이러한 시대적 정치적 정황과 관계가 없지 않다. 그리고 1928년에 시작된 2차 교육령기의 교과서 개정작업에서도 여전히 청결, 예절, 근면, 합리의 관점에서 한국의 폐풍을 지적하고 생활 개선을 도모하는 담론을 반복하고 있다는 것은 미개와 문명의 이분법적 시선으로 식민통치를 시작하였던 합병 초기와 비교해서 하나도 달라진 것이 없거나 오히려 그 전제가 강화되었음을 말해 주는 사실이다. 결국 이 시대 근대문명화의 논리는 변화하는 식민지 현실과 무관하게 식민주의 지배 담론으로 복무했을 뿐이었다.

5. 마무리

근대 당시 일본이 한국을 반문명의 상태로 규정하고 한국의 근대화를 위한 계몽적 주체와 선도적 역할을 자임했지만, 서구의 시선은 여전히 근대적 서양과 전근대적 동양의 이분법적 구도를 견지하고 있었다. 그런가 하면 당시 조선의 지식인들이 중국을 여행하고 쓴 글에서는 중

43) 권태억, 「1920, 30년대 일제의 동화정책론」, 《한국사론》 53, 2007, 427~428면.
44) 박지향, 《일그러진 근대》, 푸른역사, 2003, 68~78면.

국을 야만국으로 멸시하는 목소리가 넘쳐난다. 이렇듯 근대 이행기-근대는 자신과 타자의 관계 설정이 주관적이고 상대적인 시대였다. 사실이나 현상보다는 오히려 근대가 정치적 담론으로 존재했던 시대이기도 했다.

당시 주로 타자 만들기에 주력했던 서양인들 또는 일본인들이 전근대와 반문명의 근거로 삼은 것에는 위생, 근면, 예절과 같은 외양의 부분 외에도 전통신앙이 있었다. 신앙은 정신의 문제이니, 그것의 미신성 여부는 지극히 자기중심적인 규정일 뿐 객관적인 근거를 갖기 어려운 것이다. 한일 양국의 삼년고개 자료에서도 일본의 것이 미신적 사고에 오히려 더 깊이 침윤되어 있음을 볼 수 있었다.

수구와 개화의 담론이 갈등하는 와중에 일본의 식민지로 전락하게 된 당시 조선의 지식인들은 결국 문명개화가 자주독립을 위한 제일보라고 생각하게 되었고, 이 생각은 일부 사회주의자들 또한 크게 다르지 않았다. 이런 생각과 태도는 '삼년고개' 설화의 교재화에서 보듯이 집요하게 식민주의 근대의 주입을 구사해 온 일제의 동화 이데올로기와 변별되는 자생적 근대의 전망을 가지기 어렵게 만들었다.

해방 이후에도 삼년고개 설화는 말미 부분의 미신 타파 담론이 탈락된 채 계속해서 국어교과서의 교재로 채택되었다. 일제 강점기 시기까지 합하면 반세기가 넘도록 제도교육을 위한 이데올로기로서, 가히 폭력적 기여를 해 온 셈이다.

그런데 迷信에 대한 교훈 부분이 삭제되었는데도, 이 단원의 주제가 오랫동안 '미신타파'로 남아있었던 점은 주목을 요하는 부분이다. 일본의 근대문명화 담론과 변별되는 한국적 근대에 대한 전망이 부재했음을 반증하는 사실이다. 식민지 시대 일제가 주입한 '근대'를 쉬이 청산하지 못했던 부끄러운 단면이 아닐 수 없다.

아직도 미신에 대한 인식은 당시 일제가 주입한 식민주의 근대에서 벗어나지 못한 측면이 많다. 무엇이 미신이고, 왜 미신인가에 대한 검증이 없이 전통적 세계관을 쉬이 미신시하는 사고는 근대 이행기-근대기에 걸쳐 서양 또는 일본에 의해 이루어진 타자화의 정치학에서 비롯되었다는 사실을 새삼 인식할 필요가 있다.

한국 실경산수의 전통과 오늘

-수묵화의 미관(美觀)을 바탕으로-

권기윤*

1. 序言

예술은 인생과 우주의 실상實相에 대한 관심에서 출발한다. 그렇다고 하여도 예술 작품은 사상으로 존재하는 것이 아니라 감정으로 존재하며, 진리眞理에 대한 직접적인 설명보다는 오히려 진리의 상징象徵으로서 존재한다.[1] 이처럼, 예술은 리얼리티를 확인하는 것이 아니라 그것과는 다른 무엇을 상상하고 창조할 수 있는 능력을 확인하는 행위이다.[2] 곧, 리얼리티에 대한 관심과 해석에서 비롯된 다양한 가치관 및 심미 의식의 표현인 것이다.

중국의 회화 예술에는 동진東晋(317~420) 또는 남조南朝(420~589) 시대에 벌써 독립된 화과畫科로서의 산수화가 태동한다. 유송劉宋

---

* 안동대학교 교수, 화가

1) 허버트 리이드, 白琪洙·徐羅史 共譯, 『藝術論』, 黑潮社, 1970, 69쪽 참조.

2) 金鍾暎, 『초월과 창조를 향하여』, 열화당, 1993, 75쪽 참조.

(420~479) 때의 종병(宗炳, 378~443)은 산수화론의 효시인 "화산수서畫山水序"에서 "무릇 성인聖人은 정신으로써 도道를 본받고, …… 산수는 형상으로써 도를 아름답게 하여……"라고 하여서[3] 산수화의 심미 작용을 밝히는 동시에, '창신暢神'이라는 산수화의 효용을 말한다. 그리고 노후에는 "오직 마음을 맑게 하여 도를 볼지니, 누워서 명산에 노니겠다."고 하여[4] 산수화 감상법의 대명사격인 "와유臥遊" 사상을 피력한다. 이후 중국의 수묵水墨 산수화는 당나라 때 왕유(王維, 701~ 761)의 시적 의경意境과 장조(張璪, 8세기 중반~8세기 말경)의 파묵법破墨法에 의해 본격적인 발달을 보이게 되고, 이후 근대에 이르기까지 그들의 회화 예술에서 종주宗主의 자리를 차지해 왔다. 이와 더불어, 장조가 남긴 한 마디의 명언, 곧 "외사조화外師造化 중득심원中得心源"이라는 말은 이후 천여 년 동안 화가들의 창작활동에 깊은 영향을 끼친다.[5]

우리나라 산수화의 기원은 영락永樂 18년(408년)의 명문銘文이 발견된 고구려 덕흥리 고분德興里古墳의 <수렵도狩獵圖>와 5세기 후반의 무용총舞踊塚의 <수렵도> 같은 데까지 거슬러 올라갈 수 있다. 고려 시대에는 이녕李寧의 <예성강도禮成江圖>와 <천수사남문도天壽寺南門圖> 등을 통해 실경산수實景山水의 탄생을 읽을 수 있다. 그러나 한국의 수묵 산수화가 회화 예술의 대종大宗을 차지하게 되는 것은 아무래도 조선 초기 현동자玄洞子 안견(安堅, 생졸년 미상)의 <몽유도원도夢遊桃源圖>와 인재仁齋 강희안(姜希顔, 1419~1464)의 <고사관수도高士觀水圖> 이후로 보아

3) 宗炳 撰, "畫山水序", 兪劍華 編著, 中國畫論類編, 中華書局, 1973, 583, 584쪽.
夫聖人以神法道, 而賢者通, 山水以形媚道而仁者樂, 不亦幾乎?

4) 宗炳 撰, "畫山水序", 兪劍華 編著, 같은 책, 584쪽.
以疾還江陵, 歎曰, "噫! 老病俱至, 名山恐難遍遊. 唯當澄懷觀道, 臥以遊之."

5) 葛 路著 , 姜寬植 譯, 中國繪畫理論史, 미진사, 1989, 163쪽 참조.

야 할 것인데, 이 시기는 이미 송宋, 원元, 명明, 청淸의 중국회화를 선별적으로 수용하여 독자적인 양식을 형성하였고, 또 일본의 수묵화 발전에도 크게 기여하였던 때이다. 이렇게 뿌리내린 독자적 회화 전통은 시종 후대의 한국적 화풍 창조의 토대가 되어, 왜란倭亂과 호란胡亂을 연이어 겪었던 중기(약 1550~약 1700)에도 특색 있는 한국적 화풍이 이어진다. 또한 조선 후기(약 1700~약 1850)에는 이러한 전통 속에서 명청대明淸代 회화를 수용하면서도 좀더 뚜렷한 민족의 자아의식을 발현시키게 된다.[6] 곧, 중기의 독자적 조선성리학의 완성에 힘입은 나머지 후기에는 문화 전반에 걸친 민족적 자긍심과 자아의식이 난만히 꽃피어나게 되고, 정선(鄭敾, 1676~1759) 일파가 등장하여 한반도에 실제로 존재하는 산천을 "진경산수眞景山水"라는 독특한 화풍으로 표현해 내게 된다.

실경산수는 분명 관념산수觀念山水의 상대 개념이라고 할 수 있지만, 그렇다고 해서 눈에 보이는 대로만 그리는 그림이 아니다. 산천의 자연경관을 심미 의식의 대상으로 삼아 예술적 표현을 하게 될 때에는 그 객관 사실성을 넘어 추상성 내지는 상징성을 추구하여 이상화理想化하려는 욕구를 사실상 떨칠 수 없게 된다. 그것은 곧 형태주의 심리학에서 말하는 '게슈탈트'와도 비슷한, 일종의 '관념화된 형상形象'이기도 한데, 이것을 달리 말하면 '의상意象' 또는 '의경意境'이라 할 수 있다.[7] 이런 점에서 실경산수와 관념산수는 비록 실재의 산천을 미적 표현의 대상으로 삼고 있느냐 아니냐의 차이는 있지만 그 미적 관심의 본질에

6) 安輝濬, 『韓國繪畫의 傳統』, 文藝出版社, 1993, 21~23쪽 참조.
7) 박소현, 「게슈탈트(GESTALT) 시지각 법칙과 수묵산수화에 나타난 음양사상의 시각적 표현 고찰」, 『동양예술』 8호, 한국동양예술학회, 2004 참조.

(그림1) 〈옥순봉〉, 단원 김홍도(1745~1806년경), 종이에 수묵담채, 1796, 호암미술관 소장

있어서는 공통점을 지닌다고 할 수 있다. (그림1)

의상意象이란 것은 수묵화의 미관을 형성하는 핵심 관념 가운데 하나인데, 이것은 동양 철학에서 논하는 명제들, 이를테면 도道와 기器, 이理와 기氣, 공空과 색色, 무無와 유有, 음陰과 양陽 등의 이가적二價的 상대성相對性 내지는 분별 의식을 통해서 '상象'과 '형形'을 나누어 성찰하는 동시에, 이를 한데 묶어서 인식한 끝에 이끌어낸 통합적, 초월적 형상개념形象槪念이라고 볼 수 있다. 다시 말해, 모든 존재현상은 시·공간의 형식 개념을 통해 파악된 인식현상인 것으로 상象을 가지고 존재한다.[8] 그러나 이렇게 인식된 물상의 세계를 대상으로 취하여 화면에 옮긴다

는 것은 그 어떠한 경우에도 실재적實在的 사건일 수가 없고, 따라서 모든 화면의 형形은 단지 추상抽象일 뿐이게 된다.[9] 그런 까닭에 눈앞의 감각적 현상에만 집착하지 않고 이를 뛰어넘어 대상 세계의 형이상학적形而上學的 본질 및 실상實相을 표현해 내려는 욕구와 희망이 생겨나게 되고, 이것을 쫓아 객관 사실보다는 시적 의경을 중시하는 방향으로 수묵화 특유의 미관이 형성되는 것이다.

한편으로, 예술 창작에는 전통의 계승과 외래문화의 수용이라는 매우 현실적인 문제가 늘 갈등을 일으킨다. 주체성과 전통성, 그리고 현대성 및 국제성의 문제가 뒤따르는 것이다. 20세기 초에 우리나라는 근대미술의 전개에 있어서 소위 '동도서기東道西器'의 기치 아래 전통을 주축으로 하여 서구 문화를 비판적으로 수용하려는 자세를 보이게 되니, 1930년을 전후해서는 '민족성'과 '향토색'의 문제에 관한 열띤 논쟁이 펼쳐지기도 한다. 중국에서는 1930년대에 루쉰(魯迅)이 상해에서 신흥목판화운동을 벌이면서 이론과 창작을 이끌어 가고, 일본에서는 1900년에 오까꾸라 텐신(岡倉天心)이 '신일본화운동'의 이념을 제시한다. 이와 같은 전통 계승의 문제를 놓고, 윤희순(尹喜淳, 1902~ 1946)은 1946년에 "조선미술사연구"라는 단행본을 통해 리얼리즘 예술론의 입장에서 이를 대변하였고, 근원近園 김용준(金瑢俊, 1904~1967)은 순수예술론의 입장에서 서구의 현대미술을 적극 받아들이면서 조선적인 멋을 담아낼 것을 주장하였다.[10]

---

8) 宋恒龍, 「원(圓)과 방(方)에 대하여」, 『寒碧文叢』 제11호, 東方藝術研究會, 2002, 99~105쪽 참조.

9) 釋道濟 撰, 檮杌 金容沃 譯述, 「苦瓜和尙畫語錄」, 『石濤畫論』, 통나무, 1992, 116쪽 참조.

10) 유홍준 평론집, 『다시 현실과 전통의 지평에서』, 창작과비평사, 1996, 26~40쪽 참조.

이 글의 목적은, 위와 같은 몇 가지 관심에 비추어서 한국 실경산수에 있어서의 전통의 해석 및 계승의 문제를 풀어보기 위한 데에 있다. 논의의 순서에 있어서는 먼저 '전통傳統'의 진정한 의미가 무엇인지를 되새기고, 다음으로 우리나라 수묵화 특유의 전통적 미관美觀과 그 실제를 소략히 개괄하고; 이와 짝지어서, 겸재謙齋 정선의 진경산수를 비롯한 우리나라 실경산수화實景山水畫 탄생의 계기와 그 전개과정을 살펴보고, 그 다음으로 실경산수화의 전통과 맥락을 잇는 두드러진 화가들을 소개하면서 그들의 대표작을 골라 감상해 보고, 나아가서 오늘날의 한국 실경산수화의 실정을 살펴보기로 한다.

2. 전통의 의미

조각가 우성又誠 김종영(金鍾瑛, 1915~1982)은 옛 사람들이 말한 "신외무물身外無物"이란 한 마디 말을 빌어서 전통傳統의 의미를 간명하게 비추어 내었다. 즉, 인간의 내부와 외부와의 관계에 있어서 모든 사물은 자기로부터 있는 것이고 자기가 없을 때에 사물은 존재하지 않는다는 뜻이겠는데, 실상 전통이라는 것도 자기의 외부가 아닌 내부의 문제일 뿐 과거에 있었던 역사적 사실이나 풍속, 유물, 기술의 전승 따위에 의존하는 것으로 착각되어서는 안 될 문제라고 본 것이다.[11)]

그러나 전통이란 용어를 사전에서 찾아보면, "지난 시대에 이미 이루어져 그 후로 계통을 이루어 전하여지는 것", 또는 "후세 사람들이 답습하여 존중하는 과거의 풍속, 습관, 도덕, 양식 등"이라고 적혀 있

11) 金鍾瑛, 앞의 책, 56쪽 참조.

다. 이런 설명보다 현대 조각가의 견해가 더 절실하게 다가오는 까닭은 무엇일까. 아마도 '전통'이란 것이 끊임없는 탄생과 새로운 인격의 형성을 예비하고 있는 '현재 진행형'이기 때문일 것이다. 전통이 곧 '자아 성찰'과 동의어가 된다는 말이다. (그림2)

(그림2) 〈방겸재 금강산 만폭동도〉, 우성 김종영(1915~1982)

흔히들 전통을 말할 때 과거의 시점에 얽매인 나머지 유형적인 문화유산을 떠올리곤 하지만, 그러나 전통은 유형적인 것이 아니고 형태 없는 무형의 것, 곧 정신적인 것으로 지칭된다. 예컨대 올해에 불타버린 숭례문은 국보1호로서의 소중한 문화유산임에는 분명하지만 그 건물 자체로는 전통이 아닌 것이고 오히려 그 건축양식이 전통인 것이다. 아니, 그 건축양식에 깃들인 조선의 건축술 및 그 조형 정신이 바로 전통인 것이다. 따라서 국보1호는 사라졌을지언정 조선 건축의 전통은 아직 사라지지 않았다.

광복 60년이 되던 2005년에 울릉도를 출발하여 독도에 들어간 적이 있었다. 선창을 통해 바라보니 바다의 높고도 험한 너울이 그만 몸을 집어삼킬 것만 같았다. 공포와 어지러움이 몰려와서 십 분을 채 견디지 못하고 바닥에 주저앉고 말았다. 그에 반해 어느 때인가 티브이 다큐멘터리에서 보았던 기억이지만, 해저의 청정 심층수가 지구를 한 바퀴 도는 데에는 약 천 년이 걸린다는 것이었다. 해저 불변의 원류源流와 시시때때로 변화 유전하는 풍랑風浪은 이와 같이 다른 것이다. 어쩌면 심층수는 인간 심성의 본류와 같고 풍랑은 그 무상한 변덕과도 같을지 모른다. 전통과 시대의 유행과의 관계도 이와 다르지는 않으리라.

'부전자전父傳子傳'이란 말이 있듯이, 전통은 발현 가능태로서의 유전인자요 정체성이다. 외래의 문물이 쏟아져 들어오는 때에도 이를 선별적으로 수용하는 자세가 필요하다. 이를 맹목적으로 받아들일 때에는 정체성의 혼란을 피하지 못하고 소화 불량에 걸리고 말 것이다. 창조력을 높이려면 새로운 문물을 능동적으로 수용할 줄 아는 지혜가 또한 필요하다. 한국 미술의 역사에서 우리 민족은 비록 외국의 미술 양식을 도입한 경우라 할지라도 끝내는 그 발생지보다도 더 훌륭한 결실을 맺고 마는 문화적 역량을 드러내 보였다. 예를 들면, 중국 명나라 문인화풍의 남종산수화를 도입하여 한 화폭에 남종과 북종을 아우르는 양식으로 발전시켜 중국을 뛰어넘는 조선 독자의 '동국진경東國眞景'을 탄생시킨 것 등이 그것이다. 이것은 또 전통이 외래양식에 힘입어 '진화'하는 예가 되는 것이기도 하다.

앞서의 윤희순은 전통을 정의하여 "역사의 발전과정에서 종족과 시대의 단편적인 특수성이 해소 여과되면서 높은 감성으로 앙양되고 계승 발전하는 독자의 양식"이라고 말했다. 조형예술에 나타나는 특수성은 민족의 예지를 대변하기 때문에 그것이 세계문화사에 비추어 고도의 수준을 가지고 있을 때에는 언제든지 전통으로서의 생생한 혈맥이 통하게 된다고 본 것이다.12) 곧, 예술의 독자적 양식이 전통으로서의 의미를 가지려면 세계문화사에서 그 당대적 우수성이 인정되어야 한다는 것과, 또한 그것이 국가와 민족의 역사 발전에 대한 꿈을 심어줄 수 있어야 할 것의 두 가지 조건을 살핀 것이다. 전통을 한갓 문화유산의 퇴적물쯤으로 인식하는 '정태적 태도'가 아닌, 국가와 시대의 새로운 국면 앞에서 굽이쳐 꿈틀거리는 새 생명을 태동시키는 창조력의 근원으로 인식하는 '능동적 태도'를 말하면서, 전통이란 외래문화의 교류에서 빚어진 독자적인 민족성의 발현임을 알아야 한다는 것이다.

이처럼, 전통의 가치는 살아있는 고전으로서의 가치이다. 고전이 고전일 수 있으려면 그것이 오늘날에도 현실적 효용성과 적합성, 그리고 높은 가치의 생명력을 지녀야만 한다. 다시 말해, 외래 양식에 비한 당대적 우수성이 인정되어야 하고, 아직도 문화적 상상력과 새로운 창의력을 샘솟게 하는 촉매가 될 수 있어야 하는 것이다. 고전을 익혀 새로움 - 결코 새것이 아님 - 을 창조함, 이것을 일러 "법고창신法古創新"이라 하거니와 오늘날의 한국 미술은 그 전통으로부터 이러한 생명력 있는 광맥을 캐내도록 해야 할 것이다.

3. 수묵화의 전통적 미관

1) 시, 서, 화 일률(一律) - 리듬의 발견과 추상성

시, 서, 화 일률이란 예로부터 시, 서, 화의 세 가지 예술 장르가 서

12) 尹喜淳, 『朝鮮美術史硏究』, 東文選, 1994, 207~210쪽.

로 공통하는 율격律格을 지닌다고 보는 관점인 것인데, 한 점의 수묵화水墨畫 속에 이 세 가지 예술 양식을 동시에 아우르는 이상적 경지를 말하는 것이기도 하다. (그림3) 운율韻律은 우주 자연의 이법이다. 해가 뜨고 지며 밀물과 썰물이 있는 이치이다. 천체의 운행과 사계의 변화, 그리고 인간 신체의 호흡과 맥박, 이런 모든 현상에는 리듬과 질서가 깃들어 있다. 예술 행위는 바로 이러한 자연의 이법을 본받아 이루어지고, 우주적 생성과 변화의 법칙을 반영한다. 이것은 또한 눈에 보이지는 않지만 느껴서 알 수 있는 본질적 속성 내지는 근원적 생명력이기도 하거니와, 이를 일러 예술 표현에서는 '추상성抽象性'이라고 한다.

(그림3) 〈행여行旅〉, 남정 박노수(1927~), 한지에 수묵담채, 64X67cm, 1960년대

민속학자 임동권(1926~)이 말하기를 인간은 그 감동을 말로 다할 수 없을 때 리듬을 요구했다고 한다. 인간은 리듬 속에 존재하게 되고 삶의 감동 속에서 리듬을 발견하고 또 어느 의미에서는 리듬을 골라내고 창조하였다는 것이다.[13] 바로 이러한 본원적인 감동을 운율적으로 표

현하려는 욕구가 예술 창조의 원동력이 되는데, 이러한 '추상에의 의지'는 동서양의 미술에서 공통적으로 발견된다. 곧, 동양에서는 선線 자체의 자율적自律的인 운동運動을 회득함으로써 추상적 표현 수단으로 삼는 반면에,[14] 서양에서는 칸딘스키(1866~1944)의 경우처럼 '내적 필연성'에 따라 형形을 색채로 운율화韻律化하는 것이 되기도 한다.[15]

이렇듯, 우주 자연의 숨결에 따라 노닐면서 느끼는 약동적 생명감의 파동을 불러와서, 영원하고도 그침이 없는 반복성反復性, 결코 인위적 형식의 중복重複이 아닌 자연발생적인 리듬을 추구함으로써, 화폭 위에서 무한 자유의 공간을 꿈꾸며 필획의 율격을 부여해 온 것이 수묵화의 세계다. 이러한 뜻은 청대의 화가 석도石濤의 이른 바 "일획론一畫論"에서도 읽을 수 있고,[16] 전국시대 장자莊子의 사상에서도 엿볼 수 있다.

일찍이 장언원張彦遠은 "역대명화기歷代名畫記"에서 "서화동원설書畫同源說"을 주장하여, 고대에는 글씨와 그림이 한 몸이어서 나누어지지 않았다 하면서, 글씨는 그 뜻을 전하기 위해서, 그림은 그 모습을 드러내기 위해서 문자의 형상形象으로부터 각기 분화하는 것으로 파악하였다.[17] 당의 왕 유王維, 북송의 소동파蘇東坡 등은 서예와 시정詩情, 그리고 화의畫意의 공통점을 들어서 시, 서, 화 일률을 주창하였고, 그 이래로

13) 임동권, 『한국의 민속』, 세종대왕기념사업회, 1975, 50쪽 참조.

14) 허버트 리이드, 앞의 책, 52~55쪽.

15) 임영방, 『현대미술의 이해』, 1989, 206~215쪽 참조.

16) 釋道濟 撰, 檮杌 金容沃 譯述, 「苦瓜和尚畫語錄」, 『石濤畫論』, 통나무, 1992, 35~58쪽 참조.

17) 張彦遠 撰, 歷代名畫記敍論, 兪劍華 編著, 『中國畫論類編』, 中華書局, 1973.
是時也, 書畫同體而未分, 象制肇創而猶略. 無以傳其意故有書, 無以見其形故有畫, 天地聖人之意也.

화가들은 이 세 가지 요소의 운율韻律적 격조格調를 한 화면 속에 아우르기를 갈망해 왔다. 모름지기 이것이 동양 회화 제 1의 표현 양식적 전통이 아닌가 한다.

2) 한국적 선질(線質)의 원류(源流)-유창한 기동성(機動性)과 다양(多樣)의 통일

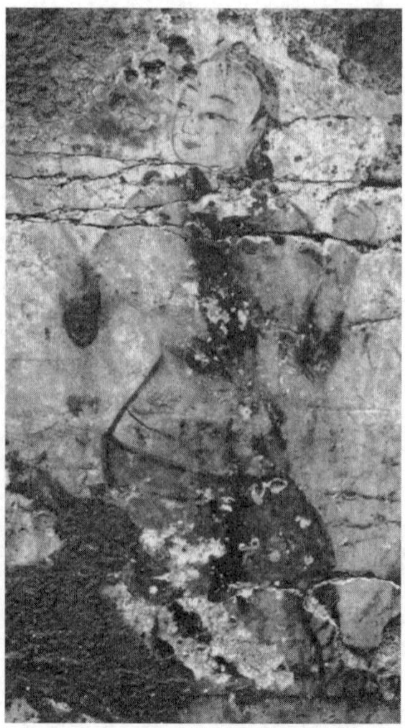

(그림4) 〈인물〉, 송죽리 고구려 고분벽화(4~5세기)

그림이든 글씨든 그 표현 행위의 출발은 '획畫'이다. 신석기 토기에 그은 무늬의 형식도 획이고 갑골문에 그어 새긴 것도 획이며, 울산蔚山 반구대 암각화에 동물을 그려 새긴 것도 획이요, 고구려 고분벽화에 그려진 형상들의 윤곽에 휘갑을 친 것도 획이다. 이것은 모두 절실한 삶의 영위를 위해 탄생한 것들이고 그 만큼 직관적이고 본능적이고 진실한 기록이다. (그림4) 그리고 아득한 세월이 흐른 오늘날, 한국의 어린아이들이 처음 그어대는 것도 획이다. 하물며 수묵화의 전형적인 표현수단인 획에 대하여 말하지 않을 수 있으랴.

획이 도대체 무엇인가? 그 획이라고 하는 것은 '선線'이라는 관념에서 출발하는 것이니, 획은 바로 그 선이라고 하는 형상적 관념을 운동태로 표현한 결과이다. 그러나 선은 이 세상 그 어디에도 없다. 왜냐하면 그것은 추상관념이기 때문이다. 획은 곧 선이라고 하는 추상관념을 시각화한 것이다.

선에는 기능이 있고 역할이 있다. 그 양태나 질적인 측면도 이루 말할 수 없을 정도로 다양하다. 그리고 선은 무엇보다도 정직하다. 심상표현에 있어서 선보다 더 정직한 것은 아마도 없으리라. 마음이 울면 선이 울고 웃으면 함께 따라 웃는다. 더욱이 계획대로 움직여 주지 않는다. 왜냐 하면 화가의 의도와 무의식이 서로 갈등하기 때문이다. 오늘날 미술치료의 방법도 이와 관련이 있고, 그런 만큼 선은 우리의 삶의 곡진한 정서를 그대로 반영하고 있으며, 또한 여기에는 집단무의식적인 관습이나 전통의 자동기록 장치 같은 것이 내장內藏되어 있다고 보아야 옳을지도 모른다. 아, 위대한 선이여!

선에는 서화에서처럼 시각적인 것도 있지만, 비시각적인 것도 있다. 아니, 자연의 그것은 모두가 비시각적이요 추상적이다. 햇살이 달려오는 것도 선이고, 바람이 부는 것도 선이며, 마음이 달려가는 것도 선이다. 도자기의 윤곽도 선이고, 춤사위의 흐름도 선이며, 빗방울 듣는 것도 선이다. 음파와 전파와 자기파와 색의 스펙트럼, 이 모든 것이 다 선 아닌 것이 없다. 이렇게 보면 우주의 삼라만상이 다 선이요, 그래서 시공을 통틀어 그야말로 선으로써 상상해낼 수 없는 형상이 아무 것도 없다는 극단의 기대감을 가져볼 만하게도 된다.

이렇게 해서 얻어낸 화법이 바로 '준법皴法'이라고 하는 것이다. 이것은 물상物象의 형태와 양감과 질감 따위를 한걸음에 대뜸 아우르는 현묘玄妙한 수묵의 필치를 일컫는 용어이다. 무엇이나 단숨에 대강 멋들어지게 잘 해내는 우리네 기질과 그 얼마나 기막히게 딱 들어맞는 필묵의 운용법인가. (그림5)

그러나 이렇게 다기 다능한 선이라 할지라도 그 통일이 없을 수 없

(그림5) 〈주작〉, 고구려 무용총 고분벽화(4세기 후반~5세기 전반)

다. 그렇지 않으면 질서를 요구하는 우리의 미의식에 혼란을 가져와서 감상 불능의 상태로 몰고 가기 때문이다. 다양의 통일, 이것이야말로 표현의 본능적 무절제성을 알맞게 멈추게 하여 서로의 의사소통을 원활하게 해주는 장치이다. 무언가 중심을 잡아주고 전체의 조화와 통일을 꾀하게끔 하여 부분과 전체를 통합시켜 주는 것, 또 부분과 부분끼리의 즐거운 속삭임; 어디 그뿐이랴, 화면은 화면 나름대로 한 판의 소우주인지라 저절로 그것에 깃들여지는 자율적인 호흡과 질서, 바로 이러한 절주節奏 속에서 예술의 생명은 항상 새롭게 태어나는 것이다. 그렇다면 여기에서 화가이기도 했던 미술사학자의 얘기를 또 한번 들어보자.

윤희순은 "다양성의 통일"이라는 미美의 규범規範을 고구려의 벽화에서 찾는다. 일찍이 그는 강서군 군내면 우현리에 있는 고구려 고분벽화를 보고 거기에 표현된 고구려의 기상氣象에 감탄한다. "사수도四獸圖의 선線의 웅혼雄渾한 흐름……이를테면 창룡蒼龍 · 백호白虎의 등과 배로 꿈틀거리며 흘러 내려간 선線의 강경强勁하고도 원활圓滑한 선율旋律, 천인天人과 새의 뇌락유창磊落流暢한 필치筆致, 구름을 표현한 곡선曲線의 윤달경묘潤達輕妙한 솜씨, 연화문양蓮華紋樣의 풍윤豊潤한 율동律動, 산의 상징적인 장쾌한 직선直線 등이 함께 어우러져서 호연한 분위기를 양성하여 가지고 전신全身의 혼魂을 휩싸며 육박해오는 것이다."[18] 아무런 조작이 가해지지 않은 맨 바탕의 석벽 위에 일필휘지一筆揮之한 느낌을 주고, 백록白綠과 석간주와 자황雌黃과 주朱로 아로새기고 묵빛의 둥근 선으로 휘갑을 쳐놓은 간명한 수법인데, 경주 토함산에 있는 석굴암의 불상이 간직한 선이 여성적이라면 이 고구려의 선은 남성적이라고 파악한다.

한편으로, 채색화의 표현 형식 말고도 이 고분벽화의 용필에는 후대에 사용되는 수묵화의 표현 형식이 골고루 나타난다. 곧, 고개지(顧凱之, 동진東晋)의 춘잠토사묘식春蠶吐絲式의 고운 선과, 장승요(張僧繇, 양梁)의 구극이검식鉤戟利劍式의 날카로운 선과, 고고금현高古琴絃의 가는 선과, 난엽묘蘭葉描의 폭이 있는 선, 조의출수식曹衣出水式의 의상묘사衣裳描寫 및 오대당풍식吳帶當風式의 천인묘사天人描寫가[19] 두루 들어있을 정도

18) 尹喜淳, 앞의 책, 15쪽.

19) 郭若虛 撰, 「圖畫見聞志敍論」, 兪劍華 編著, 『中國畫論類編』, 中華書局, 1973, 52쪽. 吳之筆, 其勢圜轉而衣服飄擧. 曹之筆, 其體稠疊而衣服緊窄. 故後輩稱之曰: "吳帶當風, 曹衣出水."
당唐의 오도자(吳道子, 당 현종玄宗 때 활동)의 필세는 둥글게 굴려지니 의복이 나부껴 날아오르는 듯하고, 북제北齊의 조중달曹仲達의 필체는 빽빽이 겹쳐지니 의복이 바싹 달라붙는 듯하다. 그리하여, 후세 사람들이 일컬어 말하기를 "오도자의 띠는

로 외래양식을 얼마든지 포섭하는 금도襟度와 유창流暢한 기동성機動性이 간직되어 있다는 것이다. 전체로 볼 때 결코 번화繁華하지는 않지만 잘 조화調和된 비단과 같이 경위經緯가 째이고 수문繡紋이 현란絢爛하게 펴져 있어서 구성의 미가 돋보이는데, 화려하고 다양함이 간결簡潔한 수법으로 정화淨化되어 있어서 표현된 자태가 참으로 청초淸楚하게 드러난다는 것이다. 이렇듯, 윤희순은 무애자재無礙自在의 유창流暢한 선線을 기조基調로 하여 구성된 청초淸楚한 자태姿態야말로 형식상形式上으로 본 전통傳統의 미美라고 보았다. 즉, 이러한 청초한 유동성流動性은 신라의 탑상塔像과 고려高麗의 청자靑磁에서 일관되게 나타나고, 조선에 와서는 선線이 분화分化하였으나 일취逸趣있게 변화變化하는 유동성으로서의 청초한 정서情緖를 보여준다는 것이다.[20] 안휘준도 회화, 조각, 공예, 건축 등 한국 미술의 두드러진 경향의 하나를 선線으로 보면서 그것에는 경쾌한 율동적 꿈과 이상이 서려 있다고 말한다.[21]

3) 사실과 의경(意境) - 객관적 사실주의와 여기(餘技)적 정신주의

모든 미술의 역사는 "리얼리티의 역사"라는 주장이 있듯이, 미적 표현 방식은 리얼리티의 개념 정의와 그 해석에 따라 바뀌어 왔다. 그런 까닭에서인지 오광수(1938~)도 어느 전시회 서문에서 "회화의 리얼리티란 작가가 회화란 매체를 통해 얼마나 자신의 생각을 정확히 구현하는가에 달려있지 그 내용에 얽매여 있는 것은 아니다."라고 못 박아 말

바람에 날리는 듯하고, 조중달의 옷자락은 물에 젖은 듯하다."고 하였다.

20) 尹喜淳, 앞의 책, 15~27쪽 요약.

21) 安輝濬, 『韓國繪畫의 傳統』, 文藝出版社, 1993, 36~47쪽 참조.

한다.[22] 여기에서 '객관적 사실주의'란 말을 일부러 떠올리게 되어서는 필요 이상으로 '정신주의'와 대비시키려 한다는 혐의를 받을 수도 있다. 굳이 설명하자면 이런 것이다. 객관 대상을 눈에 보이는 대로 빼닮게 그리려는 태도를 흔히 사실주의라고 말하는 것에 비하여, 대상에 대한 정신적, 정서적 감응感應을 함축적으로 표현하여 문기文氣를 드러내려는 제작 태도를 정신주의라 한 것이다. 다름 아닌 북송시대 문동(文同, 1018~1099)의 "유성흉죽有成竹胸"과 소식(蘇軾, 1036~1101)의 "흉유성죽胸有成竹", 그리고 곽희(郭熙, 11세기초~11세기말)의 '흉중구학胸中丘壑'이 뜻하는 바가 이것이다. (그림6)

더 말하자면, 옛적의 '여기餘技'라는 말이 오늘날 말하는 아마추어의 솜씨가 아니라 오히려 '전문적 기량'과 상통한다는 것이다. 물론 함축적인 내용을 간략한 필치로 그려낸다는 점에서 오해를 살 만하기도 하지만, "대교약졸大巧若拙"이랄까 물상의 본질 파악을 중요시하면서도 "무기교無技巧의 기교"에 역점을 둔다는 점에 있어서는, 겉모습을 그려내기 위한 "형사形似적 기교"에 얽매이는 것보다는 분명 한수 위일 밖에 없다. 서양미술사에서 말하는 '아마추어리즘'과는 달리 직업화가가 아닌 교양 있는 문인들이 프로다운 기량으로 그림을 그릴 때는 직업화가와는 전혀 다른 미적 가치를 나타낼 수 있는 것이니, 이것이 곧 문기文氣이고, 문기는 곧 인격의 표현일 수 있는 것이다.[23] 원나라 말기 황공망(黃公望, 1269~1354)은 이를 위해 "독만권서 행만리로讀萬卷書 行萬里路"라는 말을 남겼다.

그러나, 조선의 회화, 그 가운데서도 조선 후기의 회화는 오히려 "사

22) 오광수, "고절高節과 청정淸淨-박노수의 인간과 예술", 남정藍丁 박노수朴魯壽 전展-노저어 홀로 가듯이, 서울시립미술관, 2006.

23) 유홍준, 『화인열전』 2, 역사비평사, 2001, 124쪽 참조.

실정신"으로 빛나게 되는데, 기실 조선 회화의 사실주의는 "여기적餘技的 정신주의"가 전통적 미의식의 원류가 되어 개성적으로 흘러나온 것이다. 이처럼, 한국의 회화에서 사실주의와 정신주의는 오히려 동의어적 성격이 짙다고 하여도 무방할 듯하다. 그런 때문에 굳이 객관적 사실주의란 말을 가지고 와서 정신주의와 대비시켜 보았던 것이다. 기실, 조선의 산수화에서 실경實景이 중요

(그림6) 〈달마도〉 연담 김명국(1600~?), 종이에 수묵, 83×58.2㎝, 국립중앙박물관

시되는 까닭은 그것이 단지 관념에서 벗어나왔기 때문만이 아니고 의경意境으로 승화했기 때문이다. 진경산수에서 말하는 "이형사신以形寫神"의 사실정신도 이런 맥락으로 이해할 수 있다.

4) 수묵화의 재료 및 용구 – 문방사우의 친자연성(親自然性)

흔히 '문방사우文房四友'라 하는 지필묵연紙筆墨硯, 곧 종이와 붓과 먹과 벼루는 아직 연필과 볼펜이 사용되기 전까지만 하여도 일상의 문자

생활과 예술 활동에 있어서 없어서는 아니 되는 필수품이었으며, 화가들에게는 더할 수 없이 좋은 표현 재료와 용구로서의 지극한 사랑을 받았다. 수묵화의 예술 정신과 표현 방법은 이러한 표현 재료의 특성을 떠나서 성립하지 않는다.

① 종이

'지천년紙千年 견오백絹五百'이라 하듯이 통일신라의 석가탑에서 나온 무구정광대다라니경無垢淨光大陀羅尼經은 우리 닥종이의 오랜 수명을 입증하였고, 먹은 아직도 향기가 감돌고 빛깔이 변하지 않을 만큼 그 순수성을 신뢰하게 했다. 한지의 원료인 닥나무 섬유는 우리나라의 것이 제일 질기고 길며 때깔이 곱다. 그 해에 자란 닥나무 가지를 채취하여 삶은 다음 껍질을 벗겨낸다. 그것에서 거친 겉껍질은 긁어내고 속껍질만을 천연의 잿물에 다시 삶은 다음에 두드려서 고해叩解한다. 그것을 맑은 물과 천연의 신비스런 접착력을 지닌 황촉규黃蜀葵 수지樹脂에 풀어 외발 물질로 떠내고 건조시켜서 일광표백을 하면 속살같이 흰 우리 닥종이가 생산된다. 고려시대 이래로 여태껏 그 품질에 있어서 세계 제일의 자리를 지켜 왔는데, 이는 후한 화제 때의 채륜蔡倫이 발명한(105년) 제지법이 4-7세기 사이에 우리나라에 전해진 이래,[24] 우리의 풍토와 성정에 들어맞게 창의적으로 계승된 결과이다. 오늘날 한지韓紙라고 부르는 이 우수한 조선종이를 지금껏 사용할 수 있게 해준 조상들의 지혜가 새삼 고마울 따름이다. 조선종이 최대의 장점은 마치 달걀이 그 껍데기의 숨구멍을 통해 호흡할 수 있는 것처럼, 비단 같이 고운 종이의 섬유조직 사이로 공기가 드나들고 햇빛이 투과한다는 점이다. 그리

24) 이승철, 『종이만들기』, 학고재, 2001, 11~15쪽 참조.

하여 반투명의 밝음과 은은한 빛깔을 자랑하게 되는 것인데, 이런 면에서 숨구멍이 막힌 서양의 종이와 비교해 볼 만하다.

② 붓

붓은 황모黃毛, 곧 족제비 털로 만든 것을 제일로 치지만, 이즈음은 양호羊毫, 곧 양털로 만든 부드럽고 긴 붓을 많이 쓴다. 어느 것이든 탄력이 있어야 하며, 붓대는 그림을 그릴 때 오래 잡고 써도 손에 피로를 주지 않을 만큼 가늘고 길며 맵시 있는 것이 좋다. 글씨를 쓸 때에는 꼭 그럴 필요가 없다. 조선시대에는 주로 질기고 두꺼운 장지壯紙 위에 빳빳한 황모黃毛를 많이 사용하였지만, 부드러운 화선지畵宣紙와 더불어 역시 부드럽고 긴 양호羊毫도 많이 썼다. 붓의 종류에는 그 밖에 죽필竹筆, 목필木筆, 야생마필野生馬筆, 낭호필狼毫筆, 서수필鼠鬚筆 등 여러 가지가 있다. 붓의 생명은 호毫의 탄력성彈力性, 개폐성開閉性, 회전성回轉性에 달려있다.

③ 먹

먹의 기원은 대단히 오래되어 중국 주나라까지 거슬러 올라가는데, 이 때 벌써 묵즙이 만들어져서 날묵捺墨의 형刑이 행하여졌고 귀복龜卜의 묵서墨書에도 사용되었다. 공자가 활약했던 춘추시대 동주東周의 먹은 칠에 묵즙을 합한 칠묵漆墨이었으며, 교묵膠墨이 발명된 시기는 동주 말경으로 추측된다. 그을음과 교를 섞어 먹을 만드는 기술은 한나라 말에 발달된 것으로 보이고, 위와 진을 거쳐 당송대에 비로소 서화용 송연묵松煙墨이 만들어졌다. 송나라 이후에는 동유연桐油煙으로 유연묵油煙墨을 만들었으며, 원나라 때에 칠연묵漆煙墨을 만들기 시작했다. 명나라의 송연묵은 청묵靑墨이라 하여 이름이 높았으며, 청나라 때는 건륭어

묵乾隆御墨으로 대표되는 유연묵이 유명했다. 현재 당묵唐墨이라 하면 명청대의 이름난 먹을 가리킨다.

우리나라의 먹으로는 신라양가상묵新羅楊家上墨과 신라무가상묵新羅武家上墨이 현존하는 가장 오래된 것으로서 일본으로 건너가 쇼소인에 보관되어 있다. 거의 한 자에 가까운 통나무 배 모양의 먹 한가운데에 나무틀로 찍은 글씨가 양각되어 있는데 그 모양으로 해서 주형묵舟形墨이라고도 한다. 고려시대의 먹으로 청주 근처에서 발굴된 단산오옥丹山烏玉이 있고, 조선 먹으로는 이왕가李王家의 미술공작소에서 만든 100년 정도 된 먹이 남아 있다.

일본의 먹은 유연묵이 중심이고, 유명한 나라묵(奈良墨)은 중세부터 알려져 있었다. 나라묵의 명가 고바이엔(古梅園)은 1573년과 1591년 사이에 이가조묵법李家造墨法과 이체방二諦坊 유연묵의 유법遺法을 합하고 개량한 조묵법을 개척하였다.[25]

먹은 그 성분이 화학적으로 말하면 순수한 탄소 알갱이로서 물에 녹지 않는 비수용성非水溶性이다. 서양의 잉크가 수용성인 것과는 사뭇 다르다. 먹의 빛깔은 하늘의 색인 '현玄'이며 태양 빛에 의한 것이 아닌, 태양이 없이도 존재하는 우주의 본색本色을 상징한다. 따라서 그것이 지닌 농담고윤濃淡枯潤은 우주만물을 이루는 수만 가지 색의 풍성함이 그곳으로 수렴收斂되는 색의 근원根源을 의미하며 그 변화 또한 무궁무진이다. 먹은 금金과 더불어 그 불변성과 순수한 자연성을 자랑한다. 일찍이 석도石濤는 "묵수어천墨收於天 필조어인筆操於人"이라 하여 먹이 하늘에서 받은 자연 그대로의 물질인데 비하여 붓은 인간의 조작에 맡겨

25) 정종미, 『우리 그림의 색과 칠』, 학고재, 2001, 135~138쪽 요약.

지는 것으로 보아, 그 속성에 있어서 먹의 소재성과 붓의 조작성을 나누어 강조하기도 하였다.[26] 고래古來로 "석묵여금惜墨如金"이라 할 만큼 먹은 아껴 써야 할 귀중한 재료였으며, 그 순수성을 마치 정신의 알갱이처럼 여겨 온 것 또한 사실이다. 먹의 물질로서의 성질은 액체상태에서 번짐의 생성력을 기본으로 하기 때문에, 현상의 재현보다는 사물의 본질을 표현하기에 더 적합하다. 이것으로써 수묵화의 비법을 삼으니, 그 순결무구한 정신성을 높이 사서 수묵화를 "동양 회화의 꽃"이라 부르기도 한다.

④ 벼루

벼루는 석질이 단단하고 고르며 표면이 매끄럽고도 망각芒角이 촘촘히 잘 돋아있어서 먹이 잘 갈리는 한편으로 먹물이 금방 마르지 않아야 하며, 퇴적암 층에서 캐낸 것이 좋다. 중국에서는 단계연端溪硯과 흡주연歙州硯이 유명하고, 우리나라에서는 평북의 위원석渭原石과 충남 보령의 남포석藍浦石이 좋다. 안동의 마간석馬肝石도 좋지만 더 이상 생산은 안 된다.

위와 같이 표현 재료와 용구의 대강을 알아보았지만, 문방사우는 실로 천연의 재료를 가공하여 얻어내기 때문에 그 만큼 친자연성親自然性이 좋고, 자연을 거스르지 않고 따르던 지혜로운 우리 조상들의 심성과도 일치하는 바가 있다고 하겠다. 이즈음처럼 속도와 능률을 쫓아가는 정보화시대의 현대인일수록 이러한 고전적이고 향기로운 재료와 용구를 가까이하여 본다면 일상의 불안과 갈등을 씻을 수 있는 한 가지 대

26) 釋道濟 撰, 檮杌 金容沃 譯述, 앞의 책, 54~58쪽 참조.

안이 될 수 있을 것이다. 동파東坡 소식蘇軾이 말하기를, "사람이 먹을 가는 것이 아니라, 먹이 사람을 간다."[27] 하지 않았던가.

5) 수묵과 담채(淡彩)

수묵담채화는 넓은 개념으로 수묵화의 범주에 들며, 수묵담채화에 쓰이는 채색은 식물성 안료와 무기물 안료 등 천연의 원료를 가공한 것으로, 먹과 마찬가지로 결정이 무척 곱고 순수하다. 진채眞彩, 곧 채색화에는 안료의 입자가 굵거나 비중이 높은 광물성 석채, 암채가 주로 쓰이는 데 반하여 수묵화에는 입자가 고운 것들이 주로 사용되고, 사용방법 또한 채색화의 중채법重彩法과는 달리 먹을 쓸 때처럼 일회성一回性을 원칙으로 하여, 한지나 화선지 같은 얇은 바탕에 열은 빛깔로 맑고도 곱게 잘 배어들도록 쓰는 것이 특징이다. 따라서 표구할 때에 배접을 통해 그 빛깔이 한층 잘 드러나도록 해야 한다.

먹은 그림에 쓰이는 재료 가운데 그 입자가 가장 고와서, 마치 아침 안개가 햇살에 씻겨서 곱게 퍼지는 것처럼 열게 쓰는 '담채법淡彩法'이나 '선염법渲染法'과 잘 어울리기 마련이다. 이러한 설채법設彩法은 또한 미덕을 안으로 숨기며 살아가는 우리네 심성을 쏙 빼어 닮은 듯 여겨지고, 우리 민족의 쾌활함이나 명랑성과도 잘 들어맞는 성싶다. 얼마쯤 알맞게 취하여서는 춤추고 콧노래를 흥얼거릴 줄 아는 우리 민족 특유의 천진스런 감정이 배어나고, 그러한 가운데 은연중 맑게 드러나는 인간미라든지, 아니면 잘 익은 된장 맛이나 조선간장 같이 그다지 짜지도

27) 非人磨墨 墨磨人

(그림7) 병진년화첩 중 〈섭우도〉, 단원 김홍도(1745~1806년경), 종이에 수묵담채, 31.6X26.7cm, 1796, 개인소장

싱겁지도 않은 그 알맞은 맛 같은, 그러한 색감이 조선 수묵화의 더할 나위 없는 매력이다. (그림7)

한 가지 시각적 감흥을 더 떠올려 보면, 담채의 빛깔은 고온의 가마 속에서 줄지어 앉은 도자기들이 맑디맑은 선홍의 빛 너울에 잠겨 반투명의 희열喜悅에 든 모습과도 같은데, 그러한 때에는 아마 그 누구라도 차마 "아!" 하는 마음속 탄성을 신음하듯 내지르지 않을 수 없을 것이다. 한국 먹그림의 담채의 멋과 맛을 아는 것은 분명 고려청자의 비색翡色이나 조선백자의 유백색乳白色과 함께, 세계 제일의 아름다운 색조를 감상하는 안복을 누리는 일이 될 것이다. 담채의 맑고 후련한 맛은 아무래도 조선에서 가장 가락이 잘 잡힌 화가요 오늘날에도 가장 사랑받는, 저 신선神仙과 같았다던 단원檀園 김홍도金弘道의 그림이 그저 그만이 아닐까 한다.

6) 허실상응(虛實相應)과 여백 - 공간의 충실과 공허

허허실실이란 말이 있다. 비울 곳을 비우고 채울 곳을 채우라는 말이다. 이즈음 주거 공간에 있어서도 일조권이란 게 있어서 하루 4시간

(그림8) 〈나들이〉, 남정 박노수(1927~), 한지에 수묵담채, 68X68cm, 1970년대

이상 햇빛을 받을 수 없게 한다면 일조권 침해라는 견해가 나왔다고 한다. 일상에 있어서도 무심히 지낸다거나 무소식이 희소식이란 말이 있는데, 이런 말들이 의미하는 바는 곧 사람 사이에도 빈 곳, 여백을 두라는 것이리라. 우주 공간에도 빈 곳이 없으면 해와 달이 어찌 운행할 수 있겠는가. 이처럼 그림에서도 여백이 필요하다는 간단한 이치를 말하려는 것이다. 덧붙여 말하자면, 수묵화에서는 이러한 여백을 '공허 공간空虛空間'이라 하여 오히려 그려서 채워 넣은 '충실 공간充實空間'보다도 더 적극적인 감상의 영역이 된다는 것이다. (그림8) 이 양자의 공간이 서로 호응하여 질서와 조화를 불러일으키는 상생의 관계를 맺도록 하는 것이 필요하고, 이리하여 "텅 빈 충만"을 느끼게 할 수도 있게 되어 '미완의 완성'이라는 동양 회화 특유의 완성 개념이 도출되는 것이다.

7) 기운생동(氣韻生動) - 물아일체의 정신적 공명(共鳴)

일찍이 남제南齊 때의 사혁(謝赫, 약 500-535)은 "고화품록古畵品錄"에서 화가6법畵家六法을 말하였다. 그 첫째가 '기운생동氣韻生動'인데, 기운은 배울 수가 없는 것으로 세상에 나면서 저절로 아는 것이라고 보는 견해가 지배적이다. 기운생동은 예술가의 생명력과 창조력을 개괄할 뿐만 아니라 예술 작품의 생명을 개괄하기 때문에, 회화의 예술성에 대한 총괄적인 최고의 준칙이 되는 동시에 동양 회화 미학의 핵심을 이루며, 그리하여 회화를 창작하거나 비평할 때의 가장 중요한 미적 판단의 근거가 되기도 한다.

이에 앞서 동진東晉의 고개지(顧愷之, 약 345~406)는 중국 초상화에 관해서 신기神氣라는 개념을 내놓아 "전신사조傳神寫照", 곧 인물을 그릴 때 대상의 신성神情과 의태意態를 표현하여 전달할 것을 요구하였다. 사혁은 이것을 기운이라고 일컬었는데, 양자의 개념은 그 발흥 시기에 따라 인물화에 적용되느냐 산수화에 적용되느냐 하는 구분이 있을 뿐 그 뜻에 있어서는 별다른 차이가 없다. 즉, 산수를 그리거나 인물을 그리는 데 있어서 그 형사적形似的 외양外樣을 그리는 것이 목적이 아니고 그 속의 정신을 얼마만큼 잘 표현해 내느냐가 목적인 것이다. 요즈음의 개념으로 말하자면 리얼리티에 관한 문제이기도 한데, 그 후 이 이론은 장언원(張彦遠, 815?~875이후), 곽약허(郭若虛, 11세기 후반경 활동), 동기창(董其昌, 1555~1636)의 화론으로 이어진다. 곽약허가 "기운선천설氣韻先天說"을 주장한 데 반하여, 동기창은 "인격수양설人格修養說"을 들고 나오게 된다.

우리나라도 조선 시대의 화론에서는 전신傳神의 문제와 관련해서 '형사形似'와 '신사神似'라는 두 개념을 관심 깊게 논했다. 진경산수화에서는 "이형사신以形寫神"이라 하여 산천의 외부적 형상을 통해 그 내부의 진면목을 표현해 내어야 한다고 보았고, 특히 초상인물화에서는 정신적 면모를 표출하기 위하여 도리어 "터럭 하나라도 같지 않음이 없게 한 연후에야 그 사람을 사寫했다 한다."라고 할 만큼 어김없는 사실성을 강조하여,28) 형사와 신사라는 양자 사이의 상호 긴밀한 호응관계를 중요시하는 관점을 드러내었다. 이것이 조선 초상인물화의 사실성을 세계적인 수준으로 끌어올린 비결이었다. 진경산수화에서는 북방 계열의 산수화법과 남방 계열의 미가준법米家皴法을 아울러 써서 음양상생陰陽相生, 허실상응虛實相應의 대비와 조화 속에서 기운생동氣韻生動의 예술적 의의를 유감없이 실현해 나갔고, 진경시眞景詩와 함께 국토 사생의 진면목을 과시하였다.

다른 한편으로, 직관적直觀的 태도를 수묵화의 전통으로 들 수 있는데, 논리적 사변보다는 직관적 사유와 통찰洞察을 따르는 '미적 관조觀照'가 곧 이것이다. 장자莊子는 '심제心齊'와 '좌망坐忘'을 들어 말하여서, 일절의 지각知覺적 선입견을 버린 텅 빈 마음으로 도道를 체득하고, 집착이 없는 무애자유無碍自由한 경지에서 자연의 섭리에 합일할 것을 주장하였는데;29) 이와 같은 장자의 사상에 힘입어, 수묵화에서는 대상 세계의 본질에 몰입하는 미적 관조, 곧 물아일체의 경지에서 맛보는 정신적 공명을 통해, 대상에 깃든 우주적 호흡과 리듬을 생동감 있게 표현해 낼 것을 요청해 왔다.

"장자莊子" <추수편秋水篇>에는 호수濠水의 다리 위에서 장자가 혜자惠子와 대화를 나누는 대목이 나온다. 이지理智의 지知를 뛰어넘은 주객합일의 경지에서 물속 피라미가 노는 즐거움을 안다고 하는 것인데,30)

---

28) 유홍준, 『조선시대화론연구』, 학고재, 1998, 153쪽.
一毛一髮無不肖似 然後方可謂之寫其人矣

29) 권덕주, 『중국미술사상에 대한 연구』, 숙명여자대학교출판부, 1982, 27~29쪽.
莊子 1, 安炳周 田好根 共譯, 傳統文化硏究會, 2001, 160, 308쪽.

30) 권덕주, 위의 책, 30, 31쪽.

이러한 허정지심虛靜之心의 직관적 통찰洞察이 수묵화의 예술 정신을 일으켜 세운다. 뿐만 아니라, 장자는 인생의 예술화를 꿈꾸면서 정신의 자유해방이라는 인생 궁극의 목표를 일깨웠고, 이러한 인격의 수양에서 싹트는 예술 정신이 위진魏晋 시대 산수화 발생의 배경이 되었음도 잘 알려진 사실이다.

'어락魚樂'에서 보여주는 망아忘我의 허정지심虛靜之心과 '호접몽胡蝶夢'에서 보여주는 물화物化의 태도는, 이처럼 자유적지自喩適志한 미적 관조라는 측면에서 현대의 예술 정신과도 일맥상통하며, 일견 선종禪宗에서 말하는 '돈오頓悟'와도 흡사한 데가 있는 듯하다. 또한 이것은 백남준(白南準, 1932~2006)이 밤하늘에 뜨는 달을 두고 인류가 다함께 시청한 '최초의 텔레비전'이라 한 것이나, 혹은 오늘날의 인터넷 통신망을 '정보전달의 고속도로'라는 개념으로 상상해 낸 것과도 같다고 하겠다. 나아가, 법정法頂 스님이 "아, 달빛에서도 향기가 나네!"라고 한 것과 같은[31] 감수성은 합리적 이성주의를 과신하는 서양인의 가슴으로는 차마 느끼기 어려운 미감이 아니겠는가.

8) 인격주의 - 화인일치(畫人一致)

수묵화의 정신적 측면을 일관하는 전통은 아무래도 인격주의人格主義라 해야 할 것이다. 화격畫格이 곧 인격이라는 관점인데, 이것은 종래 서양의 미술에서는 좀처럼 볼 수 없는 매우 독특한 이해 방식이다. 예술의 생명은 개성이 분출할 때에 더욱 힘찬 것이 되지만, 그 개성의 표출이란 것도 인격의 뒷받침 없이는 단지 경박한 것에 머물게 되고, 또

31) 법정, 『오두막 편지』, 이레, 2000, 75쪽.

구도적求道的 자세를 벗어난 개성은 결코 특출한 것이 될 수도 없다.

동기창을 비롯한 화정삼명사華亭三名士[32]의 "상남폄북론尙南貶北論" 혹은 "남북양종론南北兩宗論"은 비록 후세에 긍정적 수용과 부정적 비평의 상반된 논란을 불러오긴 했지만, 창의성이 상대적으로 높았던 문인 화가의 그림을 본보기로 삼았던 데에 의미가 있다. 공자가 "회사후소繪事後素"를 말했던 것처럼,[33] 그들은 그림 그리기에 앞서 학문을 통해 도를 추구하고 인격을 수양하였기 때문이다. 그러나 오늘날에는 사인화가士人畫家이냐 직업화가職業畫家이냐 하는 신분적 차등에 의해 화격畫格의 우열優劣이 결정될 수 있다는 식의 단순 논리로 받아들여서는 안 되고, 이른바 소우주적 존재로서의 '자아의 확충' 내지는 '인간의 존엄'을 담보로 하는, 인류 문화의 수준 향상이라는 관점에서 이해할 문제라고 본다. 다시 말해, 문화 민족 내지는 민주 시민으로서의 긍지를 높이는 차원에서 바라보아야 할 것이다.

이것을 오늘날 한국의 경제적 현실에서 살펴본다면, 삶의 질을 감성적 본원에서부터 살피지 못하고 자못 경제적 효율과 경쟁력을 앞세우는 나머지, 인간성의 존엄이나 부의 사회적 환원, 혹은 이웃 사랑 같은 문제에 무관심한 '천민자본주의'를 경계하고 우려하는 것과도 맥락이 상통한다 할 것이다. 뿐만 아니라, 자본주의의 상업적 태도에 빠져서 예술의 선진화와 대중화가 자칫 전통의 의미를 왜곡하거나 비하함으로써 성취될 수 있다고 착각하여, 근거 없는 유행을 따르거나 부박한 유혹에 빠져서 예술의 후퇴를 가져오는 일이 있어서도 아니 될 것이다.

---

32) 중국의 양자강 이남 소주蘇州 부근의 도시인 화정華亭 출신인 막시룡(莫是龍 ?~1587), 동기창(董其昌, 1555~1636), 진계유(陳繼儒, 1558~1639) 세 사람을 말한다. 이들은 모두 시문과 서화를 겸비했다.

33) 論語 八佾. 子夏曰, 巧笑倩兮 美目盼兮 素以爲絢兮 何謂也. 子曰, 繪事後素.

작품은 작가의 생활은 물론 자신의 인격과 통찰력에서 나오는 까닭에 한국인, 나아가 세계인이 함께 호흡하는 멋진 예술을 낳으려면, 화가는 어디까지나 생활의 모든 면에서 준엄한 자기성찰을 하는 동시에 세계를 향한 새로운 체험과 인식을 쌓아가야 할 것이다.

인격주의의 구도적이며 자아성찰적인 자세는, 예컨대 조선 후기 '삼재三齋'라 칭해지는 겸재謙齋 정선(鄭敾, 1676~1759)과 관아재觀我齋 조영석(趙榮祏, 1686~1761), 그리고 현재玄齋 심사정(沈師正, 1707~1769)의 그림이 지니는 격조를 보면 알 수 있을 것이고, 조선 최고의 화격畫格을 지닌 능호관凌壺觀 이인상(李麟祥, 1710~1760)의 그림을 보면 더 더욱 이해가 잘 될 것이다. 실제로 능호관은 산수를 감상할 때에 그 즐거움과 함께 품격品格을 본다고 했는데, 그의 좌우명 가운데에는 "궁불위명窮不違命 몽매역청夢寐亦淸", 곧 궁핍하여도 천명을 어기지 않으며 꿈에서도 맑게 지내리라고 하는 다짐이 들어있으니[34] 가히 선비다운 정신세계의 향기를 지녔다 할 것이다.

4. 한국 실경산수의 전통

1) 한국 실경산수의 맥락

우리나라의 산수화는 조선 후기에 겸재 정선에 의해 민족 문화사상 개벽에 다름 아닌 새 경지를 맞이하게 되는데,[35] "진경산수眞景山水"라

34) 유홍준, 『화인열전』 2, 역사비평사, 2001, 111쪽.
35) 유홍준, 『화인열전』 1, 역사비평사, 2001, 192, 193쪽.

(그림9) 〈인왕제색도〉, 겸재 정선(1676~1759), 종이에 수묵, 79.2X138.2cm, 1751, 호암미술관

고 하는 조선 독자의 화풍이 바로 이것이다. (그림9) 이 때는 조선 성리학의 완성과 더불어 조선왕조의 후기 문화가 세계의 문화 속에서 그 고유색을 한껏 발현하던 문화절정기였다. 당시의 사회 전반에 걸친 문화적 자긍심이었던 조선 중화주의에 힘입어,[36] 이제 조선의 진경산수화는 산수의 이상향적 여건을 중국의 화론이나 풍경에서가 아니라 우리의 산천에서 직접 찾게 되었다. 당시의 회화적 수준은 이미 중국의 남종문인화풍인 오파양식吳派樣式을 소화 흡수하여 활력을 높인 터라 조선 독자의 화풍을 이룩할 만한 충분한 토대가 마련되어 있었다. 또한 선비들의 은일와유隱逸臥遊사상이 진경시眞景詩와 기행문을 통해 진경산수의 발달을 자극하게 된다. 현장감을 드러내는 데에는 시문보다 실경을 표현한 그림이 더 설득력이 있었던 까닭이다.[37]

36) 최완수 외 지음, 『진경시대』 2, 돌베개, 1998, 60~63쪽 참조.

정선은 내금강 외금강을 드나들고 영남지방의 승경을 유람하는 등 산수의 형세를 파악하면서, 사용한 붓이 무덤을 이룰 만큼 된 끝에 먹사용의 누습陋習을 벗어던진 새로운 화격을 창출한다. 한국의 자연을 재해석하는 것은 물론, 자연의 절묘한 특색을 추출하는 안목이나 계절과 일기에 따라 변화하는 형상의 인상적인 순간포착 감각도 뛰어나다. 정선의 진경산수화풍은 당시 화단에 유행하기 시작한 피마준披麻皴이나 미점米點 등 남종화법을 바탕으로 하였고, 조선 중기에 유행하던 절파화풍浙派畵風의 잔영으로서의 괴량감 넘치는 대부벽준大斧劈皴 형태의 적묵암준법積墨岩皴法도 엿보인다. 거침없이 힘차게 내려 그은 수직준법垂直皴法과 한손에 붓 두 자루를 쥐고 그리는 양필법兩筆法은 전대미문의 겸재 독자의 화법이다.[38] 그의 화법을 추종하여 '겸재 일파' 또는 '정선 일파'로 불리는 화가로는 담졸淡拙 강희언(姜希彦, 1710~1764), 진재眞宰 김윤겸(金允謙, 1711~?), 손암巽庵 정황(鄭榥, 18세기 전반~19세기 초), 그리고 호생관毫生館 최북(崔北, 1712~1786)과 복헌復軒 김응환(金應煥, 1742~1789) 등이 있다.

그 다음으로 현재玄齋 심사정(沈師正), 능호관凌壺觀 이인상(李麟祥, 1710~1760), 표암豹菴 강세황(姜世晃, 1713~1791), 학산鶴山 윤제홍(尹濟弘, 1764~?) 등 선비화가들이 앞 다투어 금강산과 송도, 단양 등 국토의 명소를 기행하며 사생하게 된다. 정선에 의해 일깨워진 우리의 승경勝景을 그리는 일에 대한 새로운 인식이 보다 폭넓게 파급된 것이니, 이로써 한국의 산수화는 관념적 형식과 실경적 요소를 무리 없이 아우르게 되어 그 특색을 더욱 잘 갖추게 된다. 문인화가들의 이러한 사경화

37) 이태호, 『조선 후기 회화의 사실정신』, 학고재, 1996, 111쪽.
38) 이태호, 위의 책, 44, 45쪽.

풍은 정선 일파의 양식적인 화법을 배제하고 문기文氣를 강조한 여기적餘技的이고 감흥적인 필치를 주조로 하여 진경 해석의 또 다른 형식미를 보여주는 것이다.39)

그 다음에는 단원檀園 김홍도(金弘道, 1745~1805), 고송유수관도인古松流水館道人 이인문(李寅文, 1745~1821)과 같은 화원화가가 뒤를 이어 특출한 기량을 드러냄으로써 우리의 산천을 폭넓게 아끼고 사랑하는 마음을 일깨우게 되고, 조선의 산수화는 이제 명승지뿐만 아니라 생활 주변의 평범하고 일상적인 모습까지도 화폭에 담아내기에 이른다. 특히, 단원은 그의 스승 표암 강세황의 화평畵評을 통해 새로운 미감과 방향을 따라가게 되니, 정선한테 부족했던 현장감의 사진寫眞 개념과 심사정한테 부족했던 폭넓고 고랑高浪한 시각을 보완해서 자기 양식을 완성한다. 다시 말해, 영조 때 정선 진경산수화의 큰 울림이 담긴 야성미野性美를 순화시켜서 현장감 넘치는 사실성을 바탕으로 한층 세련된 실경 작품을 탄생시킨다. 이것은 곧 영조 때보다 정조 시대의 미감과 문화감각이 성숙되었음을 말해준다.40)

근대에 와서는 소정小亭 변관식(卞寬植, 1899~1976)과 청전靑田 이상범(李象範, 1897~1972), 심산心汕 노수현(盧壽鉉, 1899~1978) 등이 한국 실경산수화의 독자성과 우수성을 이어받아 오늘날에 되살려놓고 있다.

2) 작가 소개 및 작품 감상

① 겸재 정선

겸재 정선은 동국진경東國眞景, 곧 진경산수의 창시자이자 그 대성자

39) 이태호, 위의 책, 110~112쪽.
40) 이태호, 위의 책, 46쪽.

이다. 주역周易의 음양 상생의 이치에 따라 토산은 남종 산수화법인 미가준법米家皴法을 쓰고 바위산은 북종 산수화법을 써서 한 화면에 남북 양종의 화법을 동시에 아우르는 새로운 화법으로 산수화의 개벽開闢에 다름 아닌 독창적인 화경畫境을 일구어냈다. 특히 금강산의 삼엄한 산봉우리를 표현하는 데에 있어서는 서릿발준이라 불리는 상악준霜鍔皴을 사정없이 구사하였다. 송강松江 정철(鄭澈, 1536~1593)의 "관동별곡關東別曲"이나 사천槎川 이병연(李秉淵, 1671~1751)의 금강산 진경시眞景詩의 의경을 화폭 속에 마음 내키는 대로 담을 수 있었으니, 그 장쾌한 맛이란 천하의 일품이다.41) 겸재는 36세 때와 37세 때에 금강산을 사생하여 각기 "신묘년풍악도첩辛卯年楓嶽圖帖"과 "해악전신첩海嶽傳神帖"을 내놓는다. 72세 때에 다시 금강산을 찾아가 감격과 박진감이 넘치는 완숙한 기량으로 사생한 초본을 가져오

(그림10) 〈금강대〉, 겸재 정선, 지본담채, 22.0×28.8cm, 간송미술관 소장

41) 崔完秀, 『謙齋 鄭敾 眞景山水畫』, 汎友社, 1993 참조.

는데, 여기에서 그의 화법은 대상의 본질을 완벽하게 터득하여 그 정수만을 추출해내고, 그것을 종합하여 일필휘지一筆揮之하는 입신入神의 경지를 드러내 보인다. 필법이 웅혼장쾌雄渾壯快하고 묵법이 활달쇄락豁達灑落하며 구도가 간결해지니, 이러한 구극究極의 경지가 바로 동양화에서 말하는 추상화抽象畫의 세계이다.[42] (그림10) 한편으로, 그의 화법 가운데 소나무들의 집체集體를 묘사할 때에 짧은 선을 연속하여 빠르게 구사하는 소위 '송간묘선松幹描線'은 우리나라 가사문학歌辭文學의 음보音步와 음수율音數律과 관계가 있는 것으로 파악되기도 한다.[43] 작품으로는 금강산을 그린 것, 동해승경을 그린 것, 배타고 다니면서 한강 주변을 그린 것, 한양성도를 그린 것, 영남일대를 그린 것 등 국토의 전역을 돌며 이루 헤아릴 수 없을 만큼의 많은 명작을 남겼다. <인왕제색도仁王霽色圖>, <박연폭도朴淵瀑圖>, <금강전도金剛全圖>, <금강대도金剛臺圖>, <만폭동도萬瀑洞圖>, <청풍계도淸風溪圖>, <도산서원도陶山書院圖>, <쌍계입암도雙溪立嵒圖> 등은 누구나가 다 아는 대표적 걸작이요 명작이다.

② 현재 심사정

현재 심사정은 정선의 제자로 알려져 있으나 실제로는 정선과 다른 화풍을 남겼고 후대 화가들에게도 정선 못지않은 영향을 끼쳤다. 그는 중국 오파吳派나 정통 남종화에 몰두하는 한편, 조선 전기의 북종화 계열의 화법도 함께 소화하였다. 그래서 그의 산수화는 좀더 전통적이고 중국적인 냄새를 지녔다고 평가되기도 한다.[44] 심주(沈周, 1426~1509)

42) 崔完秀, 위의 책 참조.

43) 兪俊英, 「謙齋 鄭敾의 藝術과 思想」, 『謙齋 鄭敾』, 國立中央博物館, 1992.

44) 이태호, 앞의 책, 113, 114쪽.

(그림11) 〈명경대〉, 현재 심사정(1707~1769), 종이에 수묵담채, 27.7×18.8㎝, 간송미술관

에서부터 오파를 이해하기 시작한 그는 "고씨화보"에 게재되어 있는 진순(陳淳), 문백인(文伯仁), 육치(陸治), 문가(文嘉, 1492~?), 사시신(謝時臣), 동기창 등 오파 주류들의 작품과 "개자원화보" 및 진적의 방작倣作을 통해 오파의 전체적 화풍을 폭넓게 이해하고자 하는 노력을 보인다. 여기에 그치지 않고 그는 조선전기 화풍 성립에 지대한 영향을 미친 남송원체화풍南宋院體畵風마저 탐구하여 전통화풍의 맥을 잡으려고 노력한 듯하다. 한편 변질되기는 하였지만 연담蓮潭 김명국(金命國, 1600~1662) 이후 겸재로 이어진 전통화풍의 일맥 또한 간과할 수 없는 것으로 파악하여 중년 이후에는 겸재의 말기 작품들과 연관을 갖는 대부벽준大斧劈皴을 사용한다.[45] 그의 개성적인 필치가 유감없이 발휘된 명작으로는 <만폭동도萬瀑洞圖>, <명경대도明鏡臺圖>,

45) 김기홍, "현재 심사정과 조선 남종화풍", 최완수 외 지음, 위의 책 참조

<고성 삼일포도固城三一浦圖> 등이 있다. (그림11) 지난 해 2007년에는 서울 간송미술관澗松美術館46)에서 그의 탄생 삼백주년을 기념하는 “현재화파전玄齋畵派展”이 개최되었으며, 이 때에 그의 절필이자 그의 모든 화법이 총망라된 일생일대의 역작, 818cm 길이의 <촉잔도권蜀棧圖卷>이 전시되었다.

③ 능호관 이인상

능호관의 인품과 글씨, 그 예술의 격조에 대해서는 허주虛舟 김재로金在魯가 “능호필첩”에서 말한 것처럼 “오직 아는 사람만이 안다.”고 할 만큼 웬만한 수사로는 말하기가 어렵다.47) 최순우(崔淳雨, 1916~1984)는 그의 탁 트인 작품을 대하게 되면 마치 이마에 일진청풍一陣淸風이 스치고 지나는 듯싶은 청량감을 느낀다 하면서, “조선시대 사인화가 중에서 개성이 분명하고 또 작가적 기골이 잡힌 분을 꼽자면 우선 능호관 이인상을 빼놓을 수 없다.”고 하였고,48) 안휘준은 그의 화풍에 대해 “조선 후기 선비화가 중에서 가장 깔끔한 남종화풍을 이룩한 작가”라고 지목했다.49)

---

46) 1938년 여름 경기도 고양군 숭인면 성북리(현재, 서울 성북동)에 있는 간송澗松 전형필(全鎣弼, 1906~1962)의 사저 북단장北壇莊에서 한국 최초의 사립박물관 보화각寶華閣이 문을 연다. 이 이름을 붙인 사람은 당대 최고의 문화재 감식안鑑識眼인 위창葦滄 오세창(吳世昌, 1864~1953)이었다. 간송이 세상을 떠난 뒤 1966년 그의 아호를 따 간송미술관으로 이름을 바꾼다. 간송은 조상에게서 물려받은 십만 석 재산을 우리 문화재가 해외로 빠져나가지 않게 지키는 데 쏟아 부었다. 그 결과 서화와 도자기를 중심으로 수천 점의 문화재를 모았다. 그 가운데는 훈민정음, 청자상감운학문매병, 금동삼존불, 혜원전신첩蕙園傳神帖 등 국보 12 점과 보물 10 점도 있다. 특히 겸재 정선, 단원 김홍도, 추사 김정희, 오원 장승업 등 조선 후기 대가들 작품을 100점 이상씩 소장하고 있는 것으로 유명하다.

47) 유홍준, 『화인열전』 2, 역사비평사, 2001, 125, 126쪽.

48) 崔淳雨 編, 『韓國美術』 2, 陶山文化社, 1982, 134쪽.

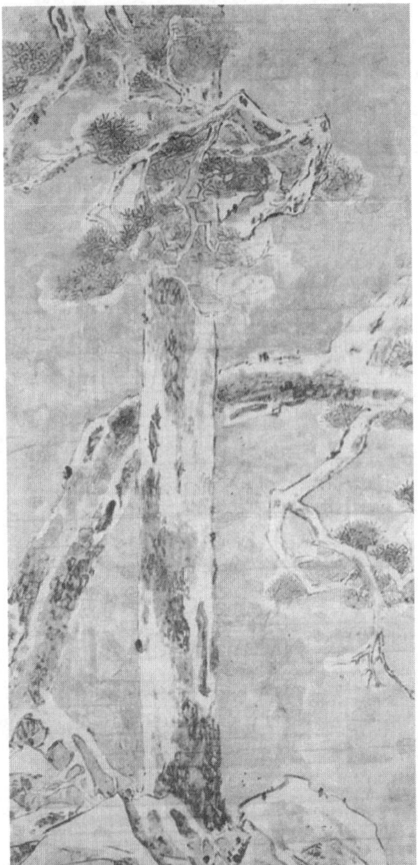

(그림12) 〈설송도〉, 능호관 이인상(1710~1760), 종이에 수묵담채, 117.2×52.9㎝, 개인소장

그는 글씨와 그림과 전각이 모두 뛰어난데, 추사秋史 김정희(金正喜, 1786~1857) 역시 자신의 스승 담계覃溪 옹방강(翁方綱, 1733~1818)에게 능호관의 그림을 선물할 정도로 그의 예술을 상찬하면서 예서법隸書法과 화법畫法에 문자기文字氣가 있다고 하였다. 심재(沈梓, 1722~1784)의 "송천필담松泉筆譚"에서는 "능호관의 전서체는 옥띠에 금장식 같아서 진나라·한나라로 거슬러 올라가도 크게 양보할 것이 없다."고 극찬하기도 했다. 또한 "능호집"에 나오는 교류인사가 무려 1백 명을 헤아릴 만큼 이인상은 많은 벗들을 사귀었는데, 음죽현감으로 부임한 이듬해(1751년)가 되어 은거할 곳을 물색하던 중 그의 단금斷金의 벗이었던 단릉丹陵 이윤영(李胤永, 1714~1759)을 김종수金鍾秀와 함께 그의 은거지인 단양으로 찾아가기도 한다. 그 때 사인암舍人巖에 방문 기념 각자를 한 것이 지금도 남아있어

49) 유홍준, 앞의 책, 60쪽.

서 능호관 서체의 준경한 맛을 보이고 있다. 나아가, 이윤영은 능호관의 시에 대하여 "봄 숲의 외로운 꽃이요, 가을 밭의 선명한 백로다."라고 말했으니, 이것이 능호관의 예술 세계이다. 이처럼 그의 예술의 묘처妙處는 기름진[濃] 데 있지 않고 해맑은[淡] 데 있으며, 익은[熟] 맛에 있지 않고 신선한[生] 맛에 있다.[50] (그림12)

그의 작품은 결코 많지는 않지만 한결같이 명작일 따름이다. 단 한 점도 예외가 없다. <구룡폭도九龍瀑圖>, <송하독좌도松下獨坐圖>, <송하관폭도松下觀瀑圖>, <검선도劍僊圖>, <설송도雪松圖>, <고사한담도高士閑談圖>, <장백산도長白山圖> 등이 있다.

④ 표암 강세황

표암 강세황은 시, 서, 화의 삼절三絶이자 당대 예원藝園의 총수總帥로서 서화 제작은 물론 회화 이론과 감식 및 비평을 선도했다. 일명 "송도기행화첩松都紀行畫帖"을 비롯해 조선풍의 진경산수의 모범을 보이는 한편으로, 학화學畫의 방법으로 노경老境에 이르도록 역대 명가들의 서화를 임모하는 지극한 성실성을 보이기도 하였다. 단원 김홍도가 아직 유년일 때에 스승으로서 그를 직접 지도하였으며, 단원이 도화서 화원으로 지낼 때에도 그에게 깊은 영향을 주었다. 표암은 무엇보다도 당시의 서양화풍을 수용하는 과감한 실험 정신으로 새로운 화풍을 진작시켰다. 산수화에 음영법陰影法을 쓰기도 하고, 사생풍의 푸른 빛 대나무 그림을 남기기도 하였다. 그는 처음부터 생을 마칠 때까지 시종일관 "속기俗氣 없는 문인화"의 경지를 추구하였고, 그가 이룩한 문인화의 경지는 '와유臥遊'와 '사의寫意'라는 남종화의 본질적 정신을 견지하면서

50) 유홍준, 「능호관 이인상」, 『화인열전』 2, 역사비평사, 2001, 57~126쪽 참조.

(그림13) 〈백석담〉, 표암 강세황(1712~1791), 종이에 수묵담채, 53.4×32.8cm, 국립중앙박물관

새로운 시대성과 독자적 개성을 드러내었다. 말하자면 "한국적 남종문인화" 내지 "남종문인화의 토착화"가 그것이었다. (그림13) 이렇게 개척한 한국적 문인화의 새로운 지평은 일차적으로 공간 구성, 필묵, 채색의 성질 등 그가 구사한 개성적 양식에서, 다음으로는 그의 조용하고 담담하며 고상한 미감에 있어서 중국의 문인화와는 차별성을 가진다.[51] 대표작으로 <영통동구도靈通洞口圖>, <백석담도白石潭圖>, <자화상>, <벽오청서도碧梧淸暑圖>, <남산여삼각산도南山與三角山圖> 등이 있다.

51) 변영섭, 「문인화가 표암(豹菴) 강세황(姜世晃)」, 이동국 외 편, 『豹菴 姜世晃』, 예술의 전당, 2003 참조.

⑤ 학산 윤제홍

(그림14) 〈옥순봉〉, 윤제홍(1764~?), 종이에 수묵담채, 67X45.4cm, 호암미술관

윤제홍은 자字를 경도景道, 호를 학산鶴山이라 하며, 정조 16년(1792)에 생원시生員試에 합격하여 대사간 벼슬까지 하였다. 글씨와 그림에 모두 뛰어났으며 특히 산수화에 독특한 경지를 이루었다. 지두화指頭畫로 이름이 높고, 그의 8폭 화첩에는 <옥순봉도玉筍峯圖>, <은사보월도隱士步月圖> 등이 들어있다. 담묵을 붓으로 번지게 하고 지두로 윤곽과 액센트를 줌으로써 문자향文字香을 표현하려는 노력이 엿보인다.[52] 특히, 단양의 실경에 바탕을 둔 <옥순봉도>는 담묵의 지두화指頭畫로서 간결하면서도 맑고 차분한 분위기가 빼어나며, "내가 옥순봉 아래에 노닐 때마다 암벽 밑에 모정茅亭이 없어 매우 아쉬워했는데, 근일 이인상의 화첩을 얻어서 방작倣作으로 이 그림을 그리니 부쩍 아쉬움이 가신다."는[53] 화제가 매우 인상적으로 다가온다. (그림14)

52) 최순우 외 편, 『東洋의 名畫』 2, 三省出版社, 1985, 158쪽.

53) 余每游玉筍峯下 切恨壁底无茅亭 近日得倣李凌壺帖卽此本 倘然余洗恨乎

⑥ 단원 김홍도

불세출의 대화가 단원 김홍도, 조선적 가락이 가장 멋들어지게 잡힌 이 화가는 요즈음 말로 하면 한국인 모두에게 사랑받는 "국민화가"이다. 그의 풍모는 구름을 뚫고 나오는 달과도 같았으며, 그의 음악 소리는 귀신도 흐느끼게 하였다 한다. 그 역시 시, 서, 화 삼절인데, 비록 그 자신은 화원화가였지만 문인화가인 스승 강세황의 지도와 지극한 아낌으로 일생에 걸친 감화를 받고 자신의 삶에 있어서 끊임없는 예술적 승화를 꿈꾸었다. 풍속화가로 널리 알려져 있어서 단원 하면 으레 풍속화첩 속의 <서당도>나 <씨름도> 등을 떠올리게 되고, 그런 만큼 그의 그림 세계는 폭과 기량에 있어서 무소불위, 미치지 못하는 과목이

(그림15) 병진년화첩丙辰年畫帖 중 〈소림명월도〉, 단원 김홍도(1745~1806년경), 종이에 수묵담채, 31.6X26.7cm, 1796, 개인소장

없었다. 말하자면 부녀자와 어린아이까지도 입이 딱 벌어지게 했다는 것이다.[54]

그렇지만, 그의 풍속화는 주로 그의 삼십대의 그림인 데 비하여, 진경산수화는 중년 이후의 그림이니만치 그 예술성에 있어서 풍속화보다 한층 더 심원함을 지니고 있음은 새삼 말할 필요가 없다. (그림15) 이러한 김홍도의 진경산수는 사십대에 금강산도 제작을 위한 여행에서 시작되어, 오십대에 무르익은 개성미로 발전되며, 육십대에 이르러서는 풍속화적 소재와 어울린 사경산수寫景山水로 정착된다.[55]

그의 산수화풍의 독자적인 개성은 부벽준이나 하엽준법荷葉皴法을 변형시킨 듯하면서도 먹과 붓이 흩어지고 뭉치는 농담과 강약조절, 상큼한 담묵기법과 매끄러운 필치의 수파묘법, 바위와 산의 주름, 토파土坡 묘사 등에 있다. 또한 공기감의 표현과 약간 비스듬한 묵선의 흐름과 그에 따른 경물의 포치로 운동감을 주는 삼각형이나 대각선 구도도 그의 특징으로 지목된다. 이러한 그의 화풍은 심사정, 강세황, 이인상의 영향을 받은 것으로 보인다.[56] 무엇보다 물 흐르는 듯한 율동적 필치와 해맑고 운치 있는 담채의 맛은 세계 제일이라 하여도 지나치지 않을 것이다. 김홍도의 그림은 명작이 워낙 많아 무엇부터 열거하여야 할지 망설임을 가지게 한다. "을묘년화첩乙卯年畫帖"에는 <총석정도叢石亭圖>, <송록도松鹿圖> 등이 들어있고, "병진년화첩丙辰年畫帖"에는 <옥순봉도玉筍峰圖>, <도담삼봉도島潭三峰圖>, <사인암도舍人巖圖>, <기우도강도騎牛渡江圖> 등이 있으며, 대작으로는 <선인송하취생도仙人松下吹笙圖>, <마상청앵도馬上聽鶯圖>, <만폭동도萬瀑洞圖>, <명경대도明鏡臺

54) 유홍준, 『화인열전』 2, 역사비평사, 2001, 196쪽.
55) 이태호, 앞의 책, 86쪽.
56) 이태호, 위의 책, 85쪽.

圖> 등이 있다.

⑦ 고송류수관도인 이인문

이인문은 김홍도와 교분이 두터웠던 동갑내기 화원화가로서, 남·북종 전통화법 각체를 모두 소화하고 능숙하게 구사하였다. 그래서 개성이 뚜렷하게 부각되지는 못하지만 장권長卷의 <강산무진도江山無盡圖>, <송계한담도松溪閑談圖>, <대부벽산수도大斧劈山水圖> 등 많은 작품을 남겼다. (그림16) 그의 산수화풍의 특징은 부벽준, 피마준, 미점법 등 경물에 따라 그에 적절한 준법을 구사할 줄 아는 데에 있다. 심사정 등 선배 화가의 영향이 다분하며 친구인 김홍도의 영향도 엿보인다.

(그림16) 〈하경산수도〉, 이인문(1745~1821), 종이에 수묵담채, 98X54cm, 1816, 간송미술관

금강산을 그린 그의 진경 작품으로는 특히 <단발령망금강전도斷髮嶺望金剛全圖>가 있는데, 전·후경의 원근감, 농담의 수묵과 수채화풍의 담채 등에서 이인문의 개성과 뛰어난 역량을 엿보게 한다. 마치 화강암으로 피어난 한 송이 극락세계의 꽃이 핀 양, 전체적으로 멀리 보이는 인상을 연출한 금강산경의 표현은 아주 새로운 감동을 주며, 시원한 수묵담채의 처리와 함께 현대적인 감

각마저 감돈다.57) 최근에 <한양도성도漢陽都城圖>가 공개되어 그의 놀라운 기량을 다시 한번 확인케 하기도 하였다.

⑧ 청전 이상범

청전 이상범은 평범한 농가 마을, 또는 산과 들을 따라 길게 흐르는 냇가를 따라 펼쳐지는 산골의 소박한 경치를 리듬감 있는 단속적斷續的 필치를 통해 서민적이고 향토색 짙은 서정성의 한 전형典型을 구현해 냄으로써 한국 근대의 실경산수를 독자적으로 개척하였다. (그림17) 청전은 그의 성품대로 온화하고 차분한 분위기로 일관했으며, 쓸쓸한 산촌에서 욕심 없이 살다 가는 초부樵夫의 모습에서 한국 산수의 아름다움을 찾아냈다. 구도에 있어서는 산등성을 바라보며 길게 뻗어가는 수평선을 강조함으로써 무한한 평원감平遠感을 연출한다.58) 그는 다음과 같은 말을 남겼다. "예술이란 문화의 영역이고 가치의 세계이다. 때문에 선진 · 후진이 있을 수 없는 법이다. 어떤 양식, 어떤 진실이 있을 뿐이다. 우리의 그림에는 우리의 분위기가, 우리의 공기와, 우리의 뼛골이 배어져야 한다. (중략) 내가 그린 산수나 초가집들은 우리나라가 아니면 찾아볼 수가 없는 세계이다."59) 대표작으로는 <하경夏景>, <설촌

(그림17) 〈하경산수〉, 청전 이상범(1897~1972), 종이에 수묵담채, 150X117cm

57) 이태호, 위의 책, 96, 97쪽.

雪村>, <모추暮秋> 등이 있다.

(그림18) 〈삼선암〉, 소정 변관식(1899~1976), 종이에 수묵담채, 150X117cm, 1959.

⑨ 소정 변관식

소정 변관식은 사생을 바탕으로 독자적인 산수를 완성한 점에서 청전 이상범과 자주 비교된다. 청전이 관조의 세계를 지향했다면, 소정은 감동의 세계를 추구했다. 청전은 단조로운 구도를 선택하여 화면을 치밀하게 처리했지만 소정은 분방한 필치와 먹을 겹쳐 바른 적묵법을 그 특징으로 한다.[60] 그렇지만, 금강산을 비롯한 전국 명소를 사생하여 독자적인 세계를 완성한 겸재의 행적에 가장 잘 어울리는 작가는 소정이다. 그는 8년 동안이나 금강산에 머물며 사생에 몰두하였는데, 그 때의 사생과 기억을 바탕으로 진경산수의 새로운 결실을 맺게 되니, 그런 점에서 본다면 진경산수의 탄생을 위해 겸재가 걸었던 실천과정을 소정이 그대로 밟았다고 할 수 있다. 곧, 이

58) 유홍준 평론집, 앞의 책, 41, 42쪽.
59) 전시회 도록, 『靑田 이상범』, 갤러리 현대, 2002 참조.
60) 유홍준 평론집, 앞의 책, 41, 42쪽.

들이 살다 간 시대의 격차는 있으나 정신의 귀착점은 유사했으며 이들의 예술이 당대에 차지하는 비중 또한 상통하는 점이 있다. 다시 말해 이들은 관념적인 중국산수中國山水의 영향에서 벗어나 자신의 독자적인 양식을 완성했을 뿐만 아니라 한국의 산천을 예술적으로 양식화해 내었다는 것이 그들의 진면목이다. 한국의 산천을 사생하면서 그것을 하나의 양식으로 끌어올림으로써 보편화할 수 있었다는 데에서 한국화韓國畵의 가능성可能性을 만나게 된다.[61] 무엇보다 일제강점기의 어두운 터널을 뚫고나와 잃어버린 민족 예술의 자존심과 정기를 바로 세우기 위해 펼친 소정의 저항 정신과 기개는 그의 필치를 한층 더 굳건한 것으로 이끌었다. (그림18) 대표작으로는 <단발령斷髮令>, <삼선암三仙巖>, <내금강진주담內金剛眞珠潭>, <일편추의一片秋意>, <송림松林> 등의 걸작이 있다.

5. 실경산수의 오늘

1) 수묵화와 실경산수의 명맥

오늘날 수묵화의 표현 재료와 용구인 먹과 붓, 그리고 종이는 일상생활에서 쓰임이 차츰 줄어들고 있다. 옛적 문자 생활과 예술 표현 활동에서 차지하던 비중에 비하면 이제 거의 무용한 데까지 온 느낌마저 든다. 컴퓨터 시대의 일인지라 문자 생활에서는 그렇다 치더라도, 화가

---

61) 吳光洙 編, 「墨의 精神性과 韓國畵의 可能性」, 『小亭 卞寬植』, 藝耕産業社, 1989 참조.

들조차 스스로 수묵의 장점을 포기하거나 소홀히 하는 나머지 외래의 미술 사조를 오히려 더 우수한 것으로 여기는, 말하자면 줏대 없이 본말을 거스르는 풍조를 보게 되어서는 서글픈 마음이 아니 들 수 없다. 학교 교육에서도 전통 회화를 가르칠 인력이 부족하고 미술 교과에서도 그 비중은 약하다.

그러나 아직도 수묵화의 전통을 신앙처럼 사랑하여 마치 이순신 장군의 열두 척 전함처럼 소중한 소임을 다하는 작가들이 있다. 노년일수록 세계를 무대로 더욱 왕성한 활동을 펼치는 산정山丁 서세옥(徐世鈺, 1928~), 독창적 산수화를 통해 고절高節한 모습을 보여 온 남정藍丁 박노수(朴魯壽, 1927~), 그리고 노석 신영상(1935~), 일랑 이종상(1938~), 백계 정탁영(1938~) 등이 수묵화의 전통을 계승하여 그 양식을 현대화한 화가들이다. (그림19)

특히, 창운 이열모(1933~), 지목 이영찬(1935~), 우현 송영방(1936~), 이석 임송희(1938~), 야송 이원좌(1939~), 소산 박대성(1945~), 유석 오용길(1946~) 같은 이들은 실경산수의 맥을 오늘에 살려놓은 작가들이다. 그 다음 세대의 수묵화가 가운데에도 뛰어난 이들이 다수 있지만 이제 막 도약기를 맞이하고 있는 연령층은 다만 거명을 생략하기로 한다. 중요한 것은 '전통의 힘'이지 작가의 수가 많고 적음이 아닐 터이다.

2) 표현 재료의 다양성과 대중성

산수화의 전통은 수묵으로써만 전승되는 것이 아니다. 이즈음은 산수화 제작에 오일 칼라도 쓰이고 아크릴 칼라도 쓰이고 목탄도 쓰인다. 그렇지만 분명 서양풍의 풍경화하고도 다르고 전통의 "청록산수靑綠山水" 혹은 "착색산수화着色山水畫"하고도 다른, 말하자면 "칼라 산수화"라

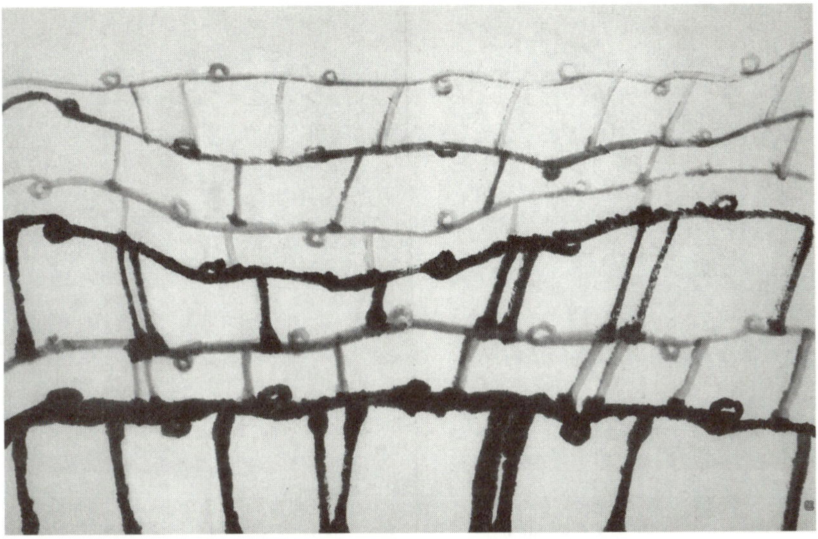

(그림19) 〈군무〉, 산정 서세옥(1929~), 종이에 수묵, 162X260cm, 1989.

해야 할 그림들이 외래 물감으로 그려지고 있음을 살필 수 있다. 술은 쌀로도 담그고 호밀로도 담근다는 발상과도 닮았다 할까, 비록 표현 재료는 달리 선택하였지만 실경산수화의 정신을 새롭게 드러낸 것으로 여길 만하다. (그림20, 21) 이런 양식은 전통적 미감을 새로운 재료로 표현하는 예술 행위로서, 이미 대중적 이해를 얻고 있는 터라면 일종의 '신풍新風'이라고 할 수도 있을 것이다.

또한 수묵화는 종이나 비단 위에서만 그려지지 않고 광목이나 캔버스, 나무판 위에서도 그려진다. 이러한 시도는 꽤 오래된 것으로서 수묵화 양식의 다양화 내지는 발전을 꾀한 결과이다. 그럼에도 불구하고 한국의 실경산수는 수묵의 전통을 그대로 이어가는 것이 가장 특색 있는 길이 될 것이다. 왜냐하면 수묵화는 동아시아 및 동남아시아 독자의 양식일뿐더러, 그 중에서도 한국의 실경산수는 18세기 이래 이미 그 독

(그림20) 〈만폭동〉, 겸재 정선(1676~1759), 비단에 수묵담채, 33×22cm, 서울대학교 박물관

(그림21) 〈만폭동〉, 강요배(1952~), 162X130cm, 캔버스에 아크릴릭, 1999.

창성과 함께 세계적 우수성을 드러내 왔기 때문이다. 그러나 새로운 재료를 사용하여서도 수준 높은 실경산수화를 탄생시킬 가능성 또한 마찬가지로 열려 있다. 그 어느 편이든 문화의 수준, 곧 독창성과 정체성, 그리고 당대적 효용성 등의 문제가 걸려 있을 뿐이다.

3) 전통의 현대적 계승

전통의 계승이 어디 소재 대상이나 표현 재료를 통해서만 이루어지는가. 주로 예술 양식과 정신을 통해서 이루어진다고 보겠는데, 한국의 전통 회화는 물론이고 소위 '현대미술' 속에서도 이것은 쉽게 확인이 된다. 혹여 "서양화가"라고 불리는 이들을 예로 들더라도 이중섭, 김환기, 박수근, 장욱진 같은, 한국인이면 누구나 다 아는 이런 화가들의 그림 속에서도 전통의 미감과 정서가 매우 깊게 녹아있음을 살필 수 있다. 힘차고 질기고 유창한 선의 흐름, 맑고 그윽하고 환상적인 색조, 순박하고 끈끈하고 껄끄러운 질감, 그 익살스럽고 후련한 맛, 그리고 아득히 먼 공간감과 텅 빈 여백 등등, 그것이 가령 수묵화이든 유화이든 혹은 조각이든지 간에 거기에는 이러한 우리 미술의 전통적 미감이 친숙하게 깃들어 있음을 보게 된다. (그림22)

(그림22) 〈달밤〉, 이중섭(1916~1956), 종이에 잉크와 수채, 17.5X13.5cm

박수근(朴壽根, 1914~1965)의 경우는 그가 살고 있는 농촌과 도시의 현실 속에서 직접 소재를 택하였고, 대상을 묘사함에 있어서 화가의 주관적 감정을 극대화하는 것이 아니라, 오히려 그의 심성 그대로 대상에 대한 존경과 겸손의 자세에서 바라보는 따뜻한 애정의 시각을 유지했다. 그리하여, 그가 그린 서민상은 마치 유럽 중세의 이콘[성화聖畫]처럼, 또는 바위에 새겨진 암각화처럼 부동의 기념비적 성격을 지니게끔 되었다. 또한 근원 김용준과 절친한 사이였던 수화樹話 김환기(金煥基, 1913~1974)의 경우는 한국적 정서 중에서 고담하고 한아한 선비 분위기를 지고의 미덕으로 삼아 근대적 분위기의 선결한 색채감각으로 앵포르멜 필치를 연상케 하는 운필을 하였는데, 어떤 날에는 마산에서 온 편지에서 이른 아침부터 뻐꾸기가 울어댄다는 구절을 읽고서는 고향의 뻐꾸기 노래를 생각하며 뉴욕의 하늘 아래에서 하루 종일 푸른 점을 찍기도 했다는 것이다.62)

이와 같이, '새것'이면 곧바로 아름다운 것이 되는 줄 여기는 설익은 호기심 대신에, 전통의 힘을 한껏 살려서 소재 대상과 표현 재료의 상이相異마저 뛰어넘는, 또 다른 모습의 "전통의 현대적 계승"의 예를 한국의 거장들이 보여주고 있다. 특히, 오랜 역사성을 지니고 있는 수묵화의 전통 속에는 그 만큼 우리 민족의 삶 속에 녹아내린 고유한 미감이 풍부히 깃들어 있다. 이러한 전통의 힘이 이제껏 한국 미술 전반에 걸쳐 어떠한 긍정적 결과를 가져왔는지를 재인식할 필요가 있다. 전통이 곧 생명력이다. 이를 오늘에 되살려 정체성 있는 한국 미술의 '새로운 예술 양식'을 꿈꾸어 가기를 희구한다.

6. 結語

예술에 있어서 전통의 의미는 그 무엇보다도 '자아의 발현'에 있다. 자아의 확충을 통해서 현실의 문제를 주체적으로 인식하고, 나아가 삶의 본원을 투철히 들여다보는 태도를 가지는 일이다. 알지 못하면 실천하지 못한다. 회화 예술이 말이나 글로써 다할 수 없는 삶의 뜻을 상징적으로 표현하는 기능을 수행한다는 것은 이미 잘 알려져 있다. 그래서 통찰洞察이 필요하다. 시대의 정신을 읽되 그 혼탁을 좇지 않으며, 고

62) 유홍준 평론집, 앞의 책, 43~46쪽 참조.

(그림23) 〈분황사〉, 소산 박대성(1945~), 한지에 수묵, 29.5X38cm, 1996.

법을 본받되 그 형식에 얽매이지 않아야 한다. 옛사람의 수염과 눈썹이 내 얼굴과 눈에 날 수가 없다 하지 않았던가. 특히 과학과 기술이 발달한 오늘날에는 그 어느 때보다도 훨씬 더 뛰어난 상상력이 요구된다. 투철한 자기 성찰을 통해서 시대를 뛰어넘는 안목을 기르고, 열정적 창조력과 자긍심을 발휘하는 일이 곧 전통의 올바른 계승 방법일 것이다. (그림23)

다음으로는 새로운 예술 창작을 위해, 전통의 내용이 무엇이냐 하는 것에 관심을 가져야 한다. 앞서 본문에서 수묵화의 전통적 미관을 몇 가지 들추어 보았지만, 그것들은 주로 화법畵法이 아닌 화도畵道의 관점에서 요약해 본 것이다. 수묵화의 기본적인 표현 수단은 획畫이고, 표현 방법은 상象을 통해서 형形을 세우는 일이다. 물론 필묵법에는 "육법六法"

도 있고 "육요六要"도 있으며, 여타 이루 말할 수 없을 만큼의 많은 화법이 있다. 중요한 것은 창작의 실천이 있은 연후에 화법이 나온 것이지 화법이 있고 나서 그림이 나온 것이 아니라는 사실이다. 화법이라는 것에 얽매여서 화도를 잊어서는 아니 될 일이다. 화도는 곧 창작 정신이고, 자아의 발현이며, 자기 자신을 우주 삼라만상의 본체本體에 합일시키는 일이다. 이것은 가깝게는 자신과 더불어 이웃한 현실에 관심하는 일이고 멀게는 시공마저 초월한 형이상적形而上的, 비가시적 세계에까지 관심하는 일이다. 동서고금을 두루 다 알거나 기억할 수는 없고 또 그럴 필요도 없겠지만 그 본질本質만큼은 통찰할 수 있어야 한다. 더욱이, 사람은 그 누구나 예외 없이 "유아독존唯我獨尊"이라 하지 않았던가.

한국의 수묵화에는 한국인의 심성心性과 기질氣質이 본능적으로 발동하여 드러난 가장 한국적인 특징이 깃들어 있다. 세계 어느 나라의 미술에도 없는 이런 전통적인 특징들은 저 멀리 고구려에서부터 시원하여 현대에까지 줄기차게 흘러오고 있다. 그것들은 조선시대에 와서 그 시대적 이념과 맞물려 더욱 절제되고 세련된 모습을 보였는데, 그것은 자족적 문화 역량을 갖춘 토대에서 외래를 포용하는 금도襟度와, 자기 혁신을 꾀하는 능동적 태도가 어우러진 결과이기도 하다. 그러나 이렇듯 넉넉하고도 멋들어진 한국의 수묵화임에도 불구하고 그 정신적 면모로서의 전통을 제대로 이어가지 못한 시기가 또한 있었다. 일제 강점기를 맞아서 크나큰 피폐와 위기를 경험했고, 오늘날은 세계화의 물결 속에서 또 시련을 겪고 있다. 그러나 자신감을 잃지 말아야 한다. 어려움을 겪고 나면 오히려 이런 한국적인 특징이 더욱 분명해질 것이다. 아니, 한국 수묵화의 전통은 더욱 새롭게 진화해 나갈 것이다.

사실, 한국 실경산수의 예술적 성과는 새삼 거론할 필요가 없다. 적

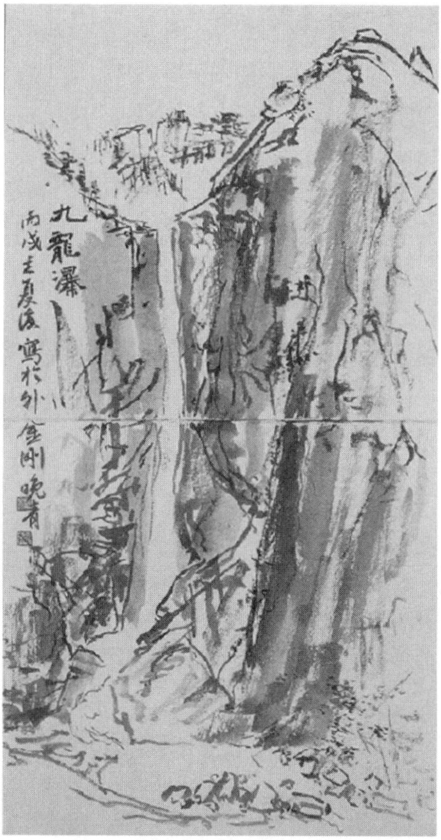

(그림24) 〈구룡폭〉, 만청 권기윤(1954~), 현지 사생, 64.5X34.5cm, 2006.

어도 그것이 겸재의 진경산수에 관한 것이라면 이미 이동주(1917~1997), 최완수, 이태호, 유홍준, 유준영 등이 충분하리만치 뚜렷이 밝혀 놓았다. 그 밖의 문인화가들에 대한 단행본 연구서도 꽤 여러 권 나와 있고, 화원화가인 단원 김홍도에 대해서도 이동주, 오주석(1956~2005) 등이 두루 밝혀 놓았다. 그러므로 여기에서는 그 전통을 어떻게 이어갈 수 있는지를 관심해 보는 것으로 결론을 짓고자 한다.

그것을 위해서는 우선 수묵의 실경산수로부터 새로운 시대정신과, 상상력과, 영감靈感을 얻어내는 일이 필요하다. 국토와 산천에 대한 참다운 사랑이 있어야 하고, 이것이 현대인의 삶에 있어서 진실로 심신의 위안과 휴식을 제공한다는 믿음이 있어야 한다. 다음으로는 옛 화가들이 그랬던 것처럼 학문 탐구와 인격 수양을 통하여 '예술 정신'을 가다듬는 일이 병행되어야 한다. 그 다음의 길은 임모臨摹와 사생寫生으로 요약된다. 임모를 통해서 화법의 습득과 함께 그 예술 정신을 터득하고, 사생을 통해서는 우리나라 산천의 실제적 모습에 통달하는 일이다. (그림 24) 각고의 노력이 뒤따라야 하는데, 유감스럽게도 오늘날 여러 제약 때문에 학교 교육에서는 그 실행이 어지간히도 어렵다. 이에, 겸재가 진경산수의 대성자가 되기까지 어떠한 계기와 노력이 있었는지를 다시 한번 새겨볼 필요가 있다.

겸재에게는 첫째, 훌륭한 스승이 있었다. 이 때는 병자호란 뒤 숙종 연간으로 이제 더 이상 이웃한 청나라를 의식하지 않아도 될 만큼 자신의 현실을 새롭게 발견한 조선의 민족적 자부심이 일어나고 있었다. 이런 시대사조를 반영하여 진경시의 세계가 먼저 열리게 되니, 여섯 차례나 금강산을 찾아 진경시를 개척해 나간 삼연三淵 김창흡(金昌翕, 1629~1689)이 바로 겸재의 스승이다. 스승은 당시 최고의 시인으로 추앙되었고, 스승이 추구한 시의 예술 정신에 감화되어 제자는 진경산수의 정신을 발동시킨다. 다음으로, 평생지기인 사천槎川 이병연(李秉淵, 1671~1751)을 만나게 되는데, 그는 훗날 시에서 대가가 되어 "시에서 이병연, 그림에서 정선"으로 병칭된다. 사천은 그의 한 유명한 발문에서 말하기를, 겸재가 작품에 얼마나 공력을 다했나를 보면 다 쓴 붓을 땅에 묻으면 무덤이 될 정도라고 하였는데, 이로써 보면 화가의 수련 및 창작 실천의 과정이 얼마나 어려운가를 실감할 수 있다. 셋째, 겸재는 36세 때인 1711년에 1차 금강산 유람을 하고, 그 이듬해인 1712년에 2차 금강산 유람을 하여 각기 "신묘년풍악도첩辛卯年楓嶽圖帖"과 "해악전신첩海嶽傳神帖"을 내놓는다.[63] 그로부터 36년 뒤인 1747년에 다시 금강산을 찾아가 감격과 박진감이 넘치는 완숙한 기량으로 사생한 초본을 가져와서는, 드디어 겸재 화법의 마무리를 보여주는 간송미술관澗松美術館

63) 유홍준, 「겸재 정선」, 『화인열전』 1, 역사비평사, 2001 참조.

소장의 정본正本 "해악전신첩"을 내놓는다. 겸재가 진경산수를 위해 일생 동안 바친, 이와 같은 '이형사신以形寫神'의 실천 과정은 오늘날 그의 진정한 후배들에게 참으로 좋은 거울이 될 것이다.

시대는 바뀌었다. 따라서 수묵화의 전통과 실경산수의 아름다움은, 다시금 도道를 벗하여 새 그릇[기器]에 담기게 될 것이다.

참고문헌

「論語」
「中庸」
「周易」, 李民樹 譯, 乙酉出版社, 1975.
「老子道德經」, 南晩星 譯, 乙酉文化史, 1975.
「莊子」, 金東成 譯, 乙酉文化史, 1974.
「莊子 1」, 安炳周 田好根 共譯, 傳統文化硏究會, 2001.
김용옥 지음, 「노자와 21세기 上」, 통나무, 1999.
李可染 著, 王琢 輯, 「李可染 畫論」, 丹靑圖書有限公司.
郭若虛 撰, "圖畫見聞志敍論", 兪劍華 編著, 「中國畫論類編」, 中華書局, 1973.
郭熙 撰, "林泉高致集", 「畫論叢刊 上」, 中華書局, 1977.
張彦遠 撰, "歷代名畫記敍論", 兪劍華 編著, 「中國畫論類編」, 中華書局, 1973.
宗炳 撰, "畫山水序", 兪劍華 編著, 「中國畫論類編」, 中華書局, 1973.
釋道濟 撰, 檮杌 金容沃 譯述, "苦瓜和尙畫語錄", 「石濤畫論」, 통나무, 1992.
高裕燮 著, 「朝鮮美術史 上」, 悅話堂, 2007.
高裕燮 著 , 「韓國美術史 及 美學論考」, 通文館, 1979.
權德周 著, 「中國美術思想에 對한 硏究」, 숙명여자대학교출판부, 1982.
김기홍, "현재 심사정과 조선 남종화풍", 최완수 외 지음, 「진경시대 2」, 1998.
金永起, 「韓國人의 造形意識」, 창지사, 1991.

김용준, 「근원수필」, 범우사, 1994.
金元龍 著, 「韓國美術小史」, 三省文化財團, 1973.
金鍾暎 著, 「초월과 창조를 향하여」, 열화당, 1993.
박영대 지음, 「우리 그림 백가지」, 현암사, 2002.
박희진 지음, 이호신 그림, 「문화재, 아아 우리문화재!」, 효형출판, 1997.
법정, 「오두막 편지」, 이레, 2000.
邊英燮 著, 「豹菴 姜世晃 繪畫硏究」, 一志社, 1988.
安輝濬 著, 「韓國繪畫史」, 一志社, 1980.
安輝濬 著, 「韓國繪畫의 傳統」, 文藝出版社, 1988.
오주석, 「단원 김홍도」, 열화당, 1998.
원동석 미술평론집, 「민족미술의 논리와 전망」, 풀빛, 1985.
유홍준 평론집, 「다시 현실과 전통의 지평에서」, 창작과비평사, 1996.
유홍준 著, 「조선시대화론연구」, 학고재, 1998.
유홍준 著, 「화인열전 1」, 역사비평사, 2001.
유홍준 著, 「화인열전 2」, 역사비평사, 2001.
尹喜淳 著, 「朝鮮美術史硏究」, 東文選, 1994.
李箕永 著, 「元曉思想」, 弘法院, 2003.
이동주 著, 「우리나라의 옛 그림」, 학고재, 1995.
이승철 지음, 「종이만들기」, 학고재, 2001.
이열모 미술에세이, 「그림과 마음」, 서동, 2004.
임동권 지음, 「한국의 민속」, 세종대왕기념사업회, 1975.
林英芳, 「現代美術의 理解」, 서울大學校出版部, 1989.
정종미 著, 「우리 그림의 색과 칠」, 학고재, 2001.
최순우 지음, 「나는 내 것이 아름답다」, 학고재, 2003.
최순우 지음, 「무량수전 배흘림기둥에 기대서서」, 학고재, 2002.
탁석산 지음, 「한국의 정체성」, 책세상, 2000.
崔完秀 著, 「謙齋 鄭敾 眞景山水畫」, 汎友社, 1993.
최완수 외 지음, 「진경시대 1」, 돌베개, 1998.
최완수 외 지음, 「진경시대 2」, 돌베개, 1998.
吳光洙 編, "墨의 精神性과 韓國畵의 可能性", 「小亭 卞寬植」, 藝耕産業社,

1989.
崔炳植 編, 「東洋美術事典」, 甲乙出版社, 1989.
崔淳雨 編, 「韓國美術 2」, 陶山文化社, 1982.
최순우 외 편, 「東洋의 名畫 2」, 三省出版社, 1985.
崔完秀 외 編, 「澗松文華(회화 38)」, 韓國民族美術硏究所, 2002.
崔完秀 외 編, 「澗松文華(회화 42)」, 韓國民族美術硏究所, 2004.
한국정신문화연구원 편, 「虛舟 李宗岳의 山水遺帖」, 이회, 2003.
葛 路著 , 姜寬植 譯, 「中國繪畫理論史」, 미진사, 1989.
김영두 옮김, 「퇴계와 고봉, 편지를 쓰다」, 소나무, 2003.
동기창 지음, 변영섭외 옮김, 「畫眼」, 시공사, 2003.
마이클 설리반 지음, 김기주 옮김, 「中國의 山水畫」, 文藝出版社, 1992.
안동림 역주, 「벽암록」, 현암사, 2000.
완칭리 지음, 문정희 옮김, 「리커란 李可染」, 시공사, 2002.
제임스 캐힐 著, 조선미 譯, 「중국회화사」, 열화당, 1978.
치바이스 지음, 김남희 옮김, 「쇠똥화로에서 향내 나다」, 학고재, 2003.
허버트 리이드 著, 白琪洙 徐羅史 共譯, 「藝術論」, 黑潮社, 1970.
H. W. 잰슨 著, 金潤洙 外 譯, 「美術의 歷史」, 三省出版社, 1978.

김우창, “생태적 숭고미-산수화의 이념”, 「寒碧文叢 제14호」, 東方藝術硏究會, 2005.
박소현, “게슈탈트(GESTALT) 시지각 법칙과 수묵산수화에 나타난 음양사상의 시각적 표현 고찰”, 「동양예술 8호」, 한국동양예술학회, 2004.
宋恒龍, “원(圓)과 방(方)에 대하여”, 「寒碧文叢」 제11호, 東方藝術硏究會, 2002.

변영섭, “문인화가 표암(豹菴) 강세황(姜世晃)”, 이동국 외 편, 「豹菴 姜世晃」, 예술의 전당, 2003.
오광수, “고절高節과 청정淸淨-박노수의 인간과 예술”, 「남정藍丁 박노수朴魯壽 전展-노저어 홀로 가듯이」, 서울시립미술관, 2006.
兪俊英, “謙齋 鄭敾의 藝術과 思想”, 「謙齋 鄭敾」, 國立中央博物館, 1992.

李鍾祥, “고대벽화가 현대회화에 주는 의미”, 「集安 고구려 고분벽화」, 조선일보사, 1993.
전시회 도록, 「又誠 金鍾瑛 10週期 追慕展」, 又誠 金鍾瑛 記念事業會, 1992.
전시회 도록, 「夢遊金剛」, 일민미술관, 1999.
전시회 도록, 靑田 이상범」, 갤러리 현대, 2002.

의례문화의 지배장치와 근대

김 미 영*

1. 강제성을 동원한 일상의 지배

국가를 비롯하여 크고 작은 공동체들의 법과 제도를 살펴보면 구성원들의 일상을 간섭하는 내용이 적지 않다. 이는 개인의 일상이 축적되어 사회관습을 형성하고, 이들 사회관습에 의해 공동체의 질서가 수립된다는 보편적 관념에 기인하기 때문이다. 따라서 이러한 관념에 입각했을 때 상속과 계승은 누구에게 하고, 또 친족의 범주는 어디까지로 설정하고, 몇 살 때부터 혼인이 가능한지 등의 문제는 주요 쟁점이 되게 마련이다. 그런데 이들이 간섭하고 있는 구성원들의 일상 대부분은 사회적 분쟁이 일어날 소지가 큰 영역이라는 점에 주목할 필요가 있다. 즉, 앞서 거론한 상속과 계승, 친족의 범주, 혼인 등은 개인의 문제이면서 공동체의 질서와도 직결되어 있는 것이다.

이처럼 공동체의 혼란을 초래할 수 있다고 간주한 구성원들의 일상

* 한국국학진흥원 연구원

에 대해서는 법과 제도 등을 통해 적지 않은 간섭을 해왔는데, 특히 상속과 계승 · 혼인 · 친족제도 · 양자관행 등은 사회구조를 이루는 기본 요소가 되는 까닭에 강력한 지배를 받아왔다. 그러나 한편, 공동체의 질서와 직접적으로 관련되지 않는 일상이라고 해서 이들 간섭으로부터 자유로운 것은 아니다. 1960~70년대에는 쌀 부족 현상이 심각해진 탓에 보리가 섞인 혼식을 적극 장려했는가 하면, 매주 토요일 점심은 분식을 하도록 정해져 있었다. 특히 식당 등과 같이 정부의 감시체제로부터 노출되어 있는 장소에서는 토요일 중식 메뉴에서 밥이 포함된 음식은 아예 제외되기도 했다. 또한 "남의 제사상에 감 놓아라 배 놓아라 한다"라는 말이 있듯이, 가정의례준칙을 통해 각 가정의 제사상까지도 간섭하였다. 이렇듯 필요시에는 구성원들의 밥상이나 제사상까지 통제할 수 있는 것이 공동체의 법이고 정책이었다. 다만 이들 규정을 위반했을 경우에는 권고조치나 벌금 등의 처벌을 가할 뿐 강력한 법적 구속력을 발휘하지도 않고 지배상황 역시 영구적으로 지속되지 않는다. 즉 지배의 필요성이 있을 때에만 한시적으로 작동하는 셈인데, 이때의 필요성이란 당대의 사회상황을 말한다. 이런 점에서 공동체 구성원들의 일상에 대한 지배양상은 당대의 사회상황을 이해하는 주요 수단이 된다고 할 수 있다.

우리 역사상 국민의 의례생활이 국가로부터 지배를 받아온 경우는 쉽게 찾아볼 수 있다. 유교를 국가이념으로 채택한 조선 초기에는 불교의례를 비롯하여 여타 민간의례가 엄격히 금지되었으며, 조선 말기에는 천주교식 의례가 감시대상이 되었다. 일례로 1791년 전라도의 선비 윤지충이 모친상을 당했을 때 신주(神主)를 불사르고 천주교식으로 제사를 지낸 것이 화근이 되어 사형을 당하는 이른바 신해박해(辛亥迫害)가 일어나기도 했다. 물론 이는 의례 이면에 자리한 종교문제와 관련되어 있지만, 아무튼 이를 계기로 국민의 의례생활이 크게 간섭받은 것만은 사실이다. 이와 관련하여 유교식 의례에서는 의례형식자체가 지배대상이 된 적도 있었다. 유교적 이념이 주류를 이루었던 조선시대 의례생활에서 『주자가례』는 곧 법이었는데, 관혼상제의 절차를 보면 신분에 따른 엄격한 차등원칙이 나타난다. 물론 주희는 『의례』나 『예기』 등의 고례에 비해 의례의 탈신분화를 추구했으나 신분적 차등은 여전히 존재하고 있었다. 가령 제물의 종류와 숫자, 습렴의(襲斂衣)의 숫자, 봉분의 넓이와 높이, 관(棺)의 재질과 크기 등이 신분 및 관직에 따라 정해져 있었던 것이다. 다만 이를 위반한 경우에는 질타 및 교유 단절 등의 사회적 처벌을 받는 것이 보편적 경향이었으나, 사안에 따라서는 상소(上疏)를 통한 왕실의 개입(법적 처벌)도 간혹 있었다.

이처럼 목적은 각각 다르지만 이런저런 이유로 국민의 의례생활은 끊임없이 지배 대상이 되어왔는데, 이러한 경향은 근대사회로 접어든 이후에도 계속되었다. 그 시발점은 1934년 조선총독부에 의해 발포된 '의례준칙'이다. 당시 조선총독부는 낙후된 농산어촌의 자력갱생사업을 추진한다는 목적 아래 의례생활의 개선을 강조하면서 '의례준칙'을 공포하였다. 그리고 나서 1969년 우리 정부 역시 제2경제 실천운동의 일환으로 몇 가지 정책 지표를 제시하기에 이른다. 그 가운데 국민생활에 막대한 영향을 끼친다고 여긴 가정의례가 큰 주목을 받았는데, 즉 허례허식에 치우친 의례문화로 인한 문제점이 적지 않다고 간주하여 전면 개선을 촉구하고 나선 것이다. 이때 정부가 지적한 문제점이란 조국근대화에 부정적 영향을 끼치는 과다소비의 풍조였다. 그리하여 허례허식을 없애고 낭비를 억제함으로써 건전한 사회기풍을 조성한다는 목적에서 가정의례준칙을 제정하게 된 것이다.

따라서 이 글에서는 근대기 의례생활의 지배장치로 군림했던 조선총독부의 '의례준칙'과 우리 정부의 '가정의례준칙'에서 문제 삼았던 의례절차와 내용은 어떤 것이었고, 또 그것이 근대화의 추진에 방해된다고 여겨진 이유는 무엇이었는지를 살펴보고자 한다. 아울러 이들 준칙에 명시된 의례내용은 전통적 방식과 어떤 차이를 보이고 있으며, 이로 인해 의례로서의 의미와 기능은 어떻게 변화되었는지 파악하기로 한다.

2. 의례문화의 근대화를 위한 지배의 역사

1) 의례문화의 외재적 지배, 의례준칙

흔히 가정의례준칙이라고 하면 1969년 우리 정부에 의해 제정된 것을 떠올린다. 그런데 사실, 이것의 단초는 1934년 조선총독부가 공포한 '의례준칙'이다. 이로 볼 때 우리의 의례문화는 안팎으로 통제를 받아온 셈인데, 주목되는 점은 이들 모두 '근대화'라는 이름 아래 행해졌다는 사실이다. 당시 조선총독부 학무국장이었던 와타나베 도요니치코(渡辺豊日子)가 쓴 의례준칙의 발문을 보기로 하자.[1)]

> 풍속관습은 일국문화의 消長을 가늠하는 '계량기'이다. 예로부터 조선은 禮의 나라로 장유의 질서와 남녀의 유별이 엄격하게 자리 잡고 있으며, 조상을 존경하는 까닭에 관혼상제를 중히 여겨 동방군자국이라는 이름에 걸맞는 문화를 전해 내려오고 있다. 그러나 최근 들어 의례 형식에 속박된 나

1) 조선총독부, 『조선총독부제정의 의례준칙과 그 해설』, 1937, 3~4쪽.

머지 거기에 담긴 정신을 망각하는 풍조가 심각해지고 있다. 그리하여 이에 따른 폐해도 속출하고 민중들은 의례의 번잡함에 난감해할 뿐이다. 또한 이를 행하기 위해 감당하기 힘든 비용과 시간을 허비하고 혼례와 장례를 치르기 위해 가산을 탕진하는 경우도 적지 않다. 일반민중은 이러한 병폐를 알고 있으면서도 수 백년 동안 내려온 전통과 관습에 속박되어 오늘날까지 벗어나지 못하고 있다. 이런 상태가 계속된다면 조선 민중의 번영과 사회 진보는 도저히 불가능할 것이다. 최근 농산어촌의 진흥사업이 한창이고 또 자력갱생이 강조되고 있는 상황에서 이러한 병폐가 사회 근저에 뿌리내리고 있는 한 효과를 거두기 힘들다. 즉 조선의 생활개선문제도, 자력갱생운동도, 기본적으로 의례생활의 개선이 이루어지지 않는 한 불가능한 것이다. -이하 생략-

의례준칙의 주된 목적은 농산어촌의 진흥사업과 자력갱생사업에 방해가 되는 의례의 낭비적 요소를 줄이는 것이었다. 물론 그 이면에는 식민지배의식에 바탕 한 피식민국의 동화정책이라는 거대담론이 자리하고 있지만, 표면적으로는 근대화를 위한 의례형식의 합리적 변화를 강조하였다.

의례준칙에서 가장 주목되는 것은 관례를 제외했다는 사실인데, 이는 일제가 강행한 단발령에 위배되었기 때문이다. 즉, 상투를 틀어 올리기 위한 땋아 내린 머리는 단발령의 취지에 크게 어긋났으며, 이런 연유로 관례를 폐지했을 것으로 추측된다. 혼례의 경우에는 조혼(早婚) 습속을 규제하기 위해 혼인이 가능한 연령을 남자 20세 여자 17세로 명시하면서 "조혼은 인간의 죄악이 아닌가. 아무쪼록 피해야 한다"[2]는

2) 조선총독부, 위의 책, 11쪽.

설명을 덧붙였다. 혼례 장소로는 신부 집－신사(神社)－사원(寺院) 또는 교회당의 순서이고, 회관이나 요정 등에서의 예식은 금지하였다. 사실 1930년대 무렵에는 대도시지역을 중심으로 공공장소에서 혼례를 행하는 경우가 적지 않았는데, 이때 가장 우선되는 장소로 신사를 거론했다는 것은 의례준칙의 제정목적이 근대화를 명분으로 내세운 피식민국에 대한 동화정책이었음을 잘 드러내준다. 또한 이러한 사실은 혼인예복으로 바지저고리(도포 포함) 및 치마저고리 외에 기모노[和服]를 권장한 것에서도 엿볼 수 있다.

〈표 1〉 조선총독부 '의례준칙'의 喪期

종래의 喪期間	改 正 其 間		
	喪 期	服 期	
		제1期	제2期
三年	14일	1년	종래의 기간에서 1期의 일수를 제외한 기간
期년	10일	백일	同
九月	7일	50일	同
七月	7일	50일	同
五月	5일	30일	同
三月	5일	30일	同

상례에서는 의례기간의 축소가 두드러진다. 장일(葬日)은 3~5일 이내로 제한했으며 특별한 경우에만 최대 14일로 정해두었다. 이런 연유로 세 차례의 우제(虞祭)를 1회로 축소했으며 졸곡은 생략되었다. 소상과 대상까지의 기간은 <표 1>과 같은데, 만 2년이 지난 후 탈상을 하도록 되어 있다. 흥미로운 점은 상여소리를 금지했다는 사실이다. 구체

적으로는 "구식(舊式)의 상여를 운반할 경우에는 호창(呼唱)을 폐하고 정숙(靜肅)을 지킨다"[3]라고 명시해두었다. 그러다 보니 전통상례에서 수시로 곡(哭)을 하는 습속 역시 이들에게는 거슬리는 부분이었다. 이에 대해 "참으로 애통한 경우에만 哭을 한다. 그러나 아무쪼록 이를 억제하는 것이야말로 한층 더 침통한 태도라고 할 것이다"[4]라고 설명하고 있다.

그런데 유교식 상례에서 哭은 각 절차가 마무리될 때마다 반드시 수행하도록 설정된 필수 요소이다. 이때의 哭은 일상의 울음과 구별되는 것으로서, 이른바 의례적 행위라고 할 수 있다. 읍(泣)이 눈물을 동반한 생물학적 울음이라면, 哭은 눈물이 아닌 소리에 큰 의미를 두고 있으며 일상에서는 허용되지 않는 의례적 울음이다. 특히 哭은 용(踊)이라는 몸짓도 포함하고 있는데, 『주자가례』의 모태가 되고 있는 『예기』의 경우에는 哭보다는 踊이라는 용어가 빈번하게 나타나고 있다.[5] 이처럼 우리의 전통상례에서는 소리와 몸짓을 동반한 행위야말로 망자에 대한 극진한 슬픔의 표현이었고, 禮에 합당한 의례적 행위였던 것이다. 반면 일본의 장례에서는 哭은 물론이고 눈물도 보이지 않는 것이 일반적이며, 슬픔을 최대한 억제하는 것을 바람직하게 여긴다.[6] 따라서 의례준칙에 명시된 哭의 금지와 슬픔의 억제 규정은 이러한 습속 차이에 기인하는 것으로 생각된다.

일제강점기에 보급된 것으로 알려져 있는 화장(火葬)은 의례준칙에

---

3) 조선총독부, 위의 책, 35쪽.
4) 조선총독부, 위의 책, 48쪽.
5) 『禮記』, 「喪大記」.
6) 최길성, 「일본장례의 비교민속학적 고찰」, 『비교민속학』 5집, 비교민속학회, 1989, 63~64쪽.

는 명시되어 있지 않다. 화장법은 1912년 6월 공포된 '묘지, 화장장, 매장 및 화장 체제규칙'(조선총독부령 제123호)에서 최초로 선을 보였으며, 이후 몇 차례 내용수정을 거친 다음 전면 확대되었다.

제례의 두드러진 특징은 4대봉사를 폐지하고 조부모까지의 양대봉사로 제한했다는 점이다. 그 이유를 "조부모 이상은 실제 동거상견(同居相見)하는 사례가 거의 없으므로 증조부 이상을 제사지내는 것은 형식에 불과하다"[7]고 설명하고 있다. 아울러 기제와 묘제를 제외한 나머지 조상의례는 모두 생략했으며, 음복은 제례에 참여한 이들에게만 허용하고 이튿날 친족이나 이웃에게 돌리는 준(餕)의 습속을 금지하였다.

조선총독부에 의해 발포된 의례준칙은 행정력에 의한 의례형식의 보급이라는 점에서 중요한 의미를 가진다. 특히 이는 강제성을 동원한 지속적인 홍보활동에 힘입어 실제 관행은 물론이고 의식까지도 변화시켰다. 그런데 식민통치국의 지배는 식민 상황이 종료됨으로써 일단락되고, 이후 탈식민화를 추구하는 사회분위기에 의해 원래의 자리로 되돌아오는 것이 보편적 경향이다. 그럼에도 불구하고 1934년 공포된 조선총독부의 의례준칙은 식민 상황이 종료된 이후에도 지속되었는데, 1969년 우리정부에 의해 제정된 가정의례준칙을 통해서이다.

2) 의례문화의 내재적 지배, 가정의례준칙

1945년, 식민지배가 종료됨으로써 조선총독부의 의례준칙은 사실상 효력을 상실하였다. 그러다가 1969년 우리 정부는 '가정의례준칙에 관한 법률'(1969년 1월 16일 법률 제2079호)을 제정했으며 3월 5일에는

7) 조선총독부, 앞의 책, 51쪽.

'가정의례준칙(1969년 3월 5일 대통령 고시 제15호)'을 공포하였다. 주목되는 점은 기본 골자의 대부분이 조선총독부의 의례준칙에 근거하고 있다는 사실이다. 목적을 살펴보면, 첫째 복잡하고 허례허식으로 치우친 가정의례를 국민 모두가 알기 쉽도록 하여 간편하게 실천할 수 있게 하기 위함이고, 둘째 지역과 씨족마다 각각의 방식으로 실행되는 가정의례를 통일된 절차로 일치시키는 것 등이다.8) 지나치게 번잡한 의례절차를 최소화함으로써 간편하게 실천할 수 있도록 한다는 취지인데, 그 이면에는 불필요한 낭비를 줄이겠다는 의도가 자리하고 있다. 이러한 내용은 조선총독부 의례준칙의 목적과 상통하는 부분이라 할 수 있다.

한편 당시의 가정의례준칙은 강제규정을 두지 않은 권고와 훈시의 성격을 갖는 것이었으므로 위반시 처벌을 가할 수는 없었다. 이 때문에 전국 실행율 5%라는 저조한 실적을 거두기도 했다.9) 조사 자료에 따르면 가정의례준칙의 위반규제에 관한 설문조사에서 전체 57.9%에 이르는 사람들이 "위반자를 단속해야 한다"는 데에 찬성하는 등 의식적 측면에서는 허례허식의 타파를 원하고 있으나, 실천적 측면에서는 이에 훨씬 못 미치는 것으로 보고된 바 있다.10) 이런 배경에서 정부는 1973년 '가정의례에 관한 법률(1973년 3월 13일 대통령령 제 2604호)' 및 '가정의례에 관한 법률시행령(1973년 3월 13일 대통령령 제6552호)'에 의거한 '가정의례에 관한 법률시행규칙(1973년 5월 17일 보건사회부령 제411호)을 마련하여 보다 강력한 규제를 하기에 이른다. 1973년의 가

8) 보건사회부, 『가정의례해설』, 1969, 20~21쪽.

9) 보건사회부, 『가정의례해설』, 1973, 65쪽.

10) 이영미, 『우리나라 현행 가정의례준칙에 관한 연구』, 성신여대 석사학위논문, 1981, 96쪽.

정의례준칙에서는 당시 사회적 지탄을 받고 있던 낭비와 허례허식의 관행 6가지를 금지사항으로 명문화했는데, ① 청첩장과 부고장 등 인쇄물에 의한 개별고지 ② 기관·기업체·단체 또는 직장명의의 신문부고 ③ 화환 및 화분 기타 이와 유사한 장식물의 진열과 사용 또는 명의를 표시한 증여 ④ 답례품의 증여 ⑤ 굴건제복의 착용 ⑥ 만장(挽章)의 사용 등이다. 그리고 위반시의 처벌규정을 명시함으로써 비로소 강제규정의 성격을 띠게 되었다.

이후 1975년 5월 30일(대통령령 제7637호), 1985년 3월 30일(대통령령 제11671호), 1988년 12월 19일(대통령령 제12555호) 각각 3차례에 걸쳐 세부내용수정과 개정작업이 이루어졌다. 그러다가 1999년 2월 8일에는 '건전가정의례의 정착 및 지원에 관한 법률(법률 제5837호)'이 신설되었으며, 같은 해 8월 9일에는 '건전가정의례의 정착 및 지원에 관한 법률시행령(대통령령 제16533호)'이 제정되었고 8월 31일에는 '건전가정의례준칙(대통령령 제16543호)'이 공포되었다. 이처럼 의례문화의 근대화를 표방하면서 제정된 가정의례준칙은 1969년 당초에는 계몽적 차원에서 실행되었으나, 1973년부터 1988년에 이르면서 금지규정과 처벌규정을 명문화함으로써 점차 강제성을 띠게 되었고, 1999년에는 법률위반행위에 대한 행정처분규정 등을 마련하는가 하면 의례실행경비를 보조하고 공공장소를 무료 제공함으로써 강제성과 자율성을 겸하게 되었다.

3. 폐지에서 부활, 관례와 회갑연

1934년 조선총독부가 공포한 의례준칙에는 관례가 생략되어 있는데,

이는 일제가 강행한 단발령과 밀접한 관련성을 갖고 있지만 유교이념의 쇠퇴에 의해 관례가 더 이상 큰 의미를 갖지 못하면서 전승이 단절되었던 당대의 시속(時俗)을 반영한 것이기도 하다. 사실 혼상제례에 비해 관례(성년례)는 필요성이 크게 두드러지지 않는 의례라고 할 수 있다. 대부분의 사회에서 부부관계의 질서를 유지하기 위해서는 사회적 공인절차인 혼례가 거행되고, 사람이 숨을 거두면 시신을 처리하기 위해 장례가 행해지고, 인간본연의 종교적 심성에 기초하여 비록 형태는 제각각이지만 나름의 조상숭배의례를 거행하고 있다. 반면 관례의 경우에는 이를 반드시 거치지 않아도 어른으로 성장하고, 또 인정받을 수 있다. 이런 연유로 조선중기 이후 신분에 상관없이 유교의 관혼상제를 보급·확대하는 과정에서 일부 상류계층을 제외하고 크게 실효를 거두지 못한 것 역시 관례였는데, 이는 결과적으로 고유습속을 지속시키는 요인으로 작용하기도 했다. 실제로 오늘날의 혼상제례습속은 유교가 도입되기 이전의 모습을 거의 찾아보기 힘들 정도로 '유교화'되어 있다. 반면 관례는 유교식 의례뿐만 아니라 들돌들기(전국) · 진새(전라도지역) · 판례(강릉지역) · 공배(아산지역) 등과 같은 고유습속도 함께 전승되고 있는 것이다.[11] 이는 그만큼 유교식 관례가 전국적 보급을 이루지 못했음을 말해주는 대목이라 할 수 있다.

이 때문인지 1969년의 가정의례준칙에서도 관례는 제외되었으며, 이후 1973년 그리고 몇 차례에 걸친 개정준칙에서도 마찬가지였다. 그러다가 1999년 건전가정의례준칙에서 '성년례'의 명칭으로 새로이 추가되었다. 이에 앞서 1973년 3월 30일 대통령령에 의해 '각종 기념일 등

11) 김미영, 「한국사회에서 '어른되기'」, 『비교민속학』 18집, 비교민속학회, 2000, 301~302쪽.

▲ 의성김씨 청계종택 16대 종손의 장남 관례(안동 임하면 천전리 소재. 2005년 3월)

에 관한 규정'을 공포하면서 4월 20일을 '성년의 날'로 제정한 바 있으며, 1975년에는 5월 6일로 변경되었다가 1984년부터 매년 5월 셋째 일요일로 바뀐 후 지금까지 계속되고 있다. 따라서 1999년의 건전 가정의례준칙에서 '성년례'를 추가한 것은 당시 정부기관 등을 중심으로 성년식 행사가 활발하게 이루어졌던 사회상황을 감안했기 때문이라 할 수 있다. 규정에 따르면 성년례는 만 19세 이상부터 행할 수 있도록 되어 있는데, 이는 법률에 근거한 성년연령이기도 하다.[12] 행사(개별 성년례의 경우)는 개식－성년자 배례－축사－성년선서 및 서명－성년 선언 및 서명－초례 및 주례의 훈화－성년자 배례－폐식의 순서로 행해진다. 흥미로운 점은 행사절차에 관자(冠者)에게 술을 내리는 초례가 포함되어 있다는 사실이다. 전통관례에서 중심을 이루는 절차는 삼가례(三加禮)・초례(醮禮)・자관자례(字冠者禮)인데, 이들 절차의 가시적 상징물은 갓[冠]・술・자(字)이다.[13] 그러나 현대사회에서 갓과 字는

12) 민법에서는 만20세로 규정되어 있었으나 2004년 만19세로 개정되었고, 그 외 선거법 등에서는 만19세 이상을 성년으로 간주하고 있다.

13) 김미영, 「관계적 질서를 추구하는 유교의 일생의례」, 『종교와 일생의례』, 민속원, 2006a, 58～62쪽.

필요성이 사라짐에 따라 상징적 의미 역시 퇴색되었고, 유일하게 술이 성인되었음을 알리는 상징물로 남게 된 것이다.

회갑연의 경우 1934년의 조선총독부 의례준칙에서는 제외되었으며, 이후 1969년의 가정의례준칙에서도 마찬가지였다. 그러다가 1973년에 새로이 추가되었고, 이어 1999년의 건전가정의례준칙에서는 수연례(壽宴禮)로 개정되었다. 말 그대로 회갑연은 61세 때 맞이하는 생일을 일컫고, 수연례는 60세 이후의 육순 · 회갑 · 진갑 · 칠순 · 희수(喜壽, 77세) · 팔순 · 미수(米壽, 88세) · 구순 · 백수(白壽, 99세) 등 특별히 기념할만한 생일을 가리킨다. 유교의 경우 관혼상제와 달리 회갑연에는 큰 비중을 두지 않는 경향이 있는데, 이런 까닭에 『가례』를 비롯한 여타 예서에도 명시되어 있지 않다. 아마도 이는 유교의례의 근본목적에 기인하는 것으로 추측된다. 유교의례의 주된 목적은 군자로서의 삶을 영위하고, 군자로서의 마땅한 죽음[正終]을 맞이하는 데에 있다. 아울러 군자로서의 삶은 유교이념을 숭상하고 실천하는 것에서 비롯되는데, 실천적 삶을 영위하기 위해서는 유교적 가족이념인 종법에 입각하여 정통성을 가지는 후계자를[嫡子] 확보하는 일이 무엇보다 중요하다. 그리고 후계자의 확보는 혼인을 통해 이루어지며, 혼인은 성년이 된 후에라야 비로소 가능하다. 이처럼 유교의 관례는 혼인과 연결됨에 따라 보다 큰 의미를 지니는 것이다. 그리하여 관례를 통해 성년이 된 이는 혼인을 함으로써 후계자를 확보하고, 죽음을 맞이하면서 상례를 거치게 된다. 이후 상례의 마지막 절차인 길제(吉祭)를 계기로 조상신으로 승격된 후 직계후손들로부터 제례를 받는 것으로 마무리된다.[14]

이로 볼 때 유교에서 규정한 군자로서의 실천적 삶(종법의 실천)에서

14) 김미영, 앞의 논문, 2006a, 76~80쪽.

보다 중요한 것은 관–혼–상–제로 이어지는 의례구조라고 할 수 있는데, 이런 배경에서 회갑연은 필수적 의례가 아닌 부수적 의례로 자리매김 되었던 것으로 생각된다. 따라서 조선총독부의 의례준칙과 1969년의 가정의례준칙에서 회갑연이 제외된 것은 이러한 맥락에서 이해할 수 있다. 이후 1973년, 회갑연의 활성화라는 당시의 사회상황을 수용하여 새로이 추가되었으며 1999년에는 수명의 연장으로 회갑연 이후의 의례들이 성행하게 되면서 보다 포괄적 의미를 담고 있는 수연례로 개정한 것이다.

4. 축소화에 따른 의미와 기능의 변화

1) 혼례, 사회적 혼인에서 법적 혼인으로

관혼상제의 허례허식적 측면을 없애기 위한 가정의례준칙의 주된 대상은 혼례였다. 실제로 여타 의례에 비해 혼례에는 낭비적 요소가 비교적 많은 편이다. 그 중에서도 예단을 둘러싼 각종 병폐는 오늘날까지 사회문제로 대두되고 있을 정도이다. 전통적 방식을 꾸준히 유지하고 있는 상제례에 비해 혼례의 경우에는 일찍이 서구식으로 바뀌었는데, 이로 인해 예식의 규모 역시 다층화 되는 현상이 초래되었다. 이처럼 전통혼례와 달리 예식장소와 규모 등이 일정하지 않는 상황에서 혼례를 치르게 되면서 과다소비의 분위기가 형성되었으며, 또 이를 통해 집안의 격을 가늠하는 풍조가 생겨나자 예식거행을 위한 과소비현상은 나날이 심각해져만 갔다.

혼례가 안고 있는 주된 낭비적 요소는 하객의 숫자와 예단 규모이다. 1934년 조선총독부 의례준칙의 경우 혼례에 참석하는 하객에 대해서는 구체적인 언급을 하지 않고, 이후에 행해지는 혼례잔치[祝宴]의 참석 범위를 다음과 같이 제한하고 있다.15)

> 의식종료 후 신랑의 가정에서 혼례에 參列한 근친자만을 초대하야 간단한 축연을 개최함→祝宴에는 극히 소집단에 限할 것이다. 근친자라함은 친족은 물론이고 친족에 준할만한 소수의 師長 朋友를 포함한다. 그리고 隣人知友는 비록 절친한 사이라도 혼인이란 가정의 私禮임으로 특별한 초대가 없으면 출석을 하지 아니한다.

내용을 보듯이 혼례와 잔치에는 극히 한정된 근친자만이 참석하도록 규정되어 있는데, 여기에는 친인척을 비롯하여 평소 혼주(婚主)와 각별한 관계를 유지하고 있는 이들도 포함되어 있다. 이와 마찬가지로 1969년의 가정의례준칙에서도 "혼례식에는 친척과 가까운 친지에 한하여 초청하고 청첩장은 내지 않는 것을 원칙으로 한다"라고 규제했으며, 1999년 건전가정의례준칙에는 "하객 초청은 친인척을 중심으로 간소하게 한다"라고 되어 있다. 다만 조선총독부의 의례준칙과 달리 우리 정부의 가정의례준칙에서 주목되는 점은 청첩장에 대한 별도의 규정을 제시하고 있다는 사실이다. 청첩장 금지에 대해서는 1969년에는 권장적 차원에서 이루어졌으나 1973년에는 허례허식의 금지조항으로 명시함에 따라 강제성을 띠게 되었다. 이에 대한 설명은 다음과 같다.16)

15) 조선총독부, 앞의 책, 24~25쪽.
16) 보건사회부, 앞의 책, 1969, 40쪽.

> 근래 성행하고 있는 청첩장의 폐단은 한마디로 말해 '납세고지서'처럼 여기게 된 것은 잘 알려진 사실이다. 특히 이러한 폐단은 일반 사회에도 많지만, 공무원이나 또는 특수한 직장에 있는 사람이 그 직무에 관련되는 연고자를 찾아서 (청첩장을) 내는 일이 많아서 축의금품을 간접적으로 강요하는 결과를 가져 왔으므로 관기(官紀)의 문란을 가져오는데 큰 원인이 되었던 것도 사실이다.

당시 정부가 청첩장과 하객의 범위를 규제했던 배경에는 불필요한 낭비적 요소를 없애자는 취지도 있었으나, 청첩장 남발로 인한 사회병폐가 매우 심각했기 때문이다. 그런데 혼인에는 사회적 혼인과 법적 혼인이라는 것이 있다. 사회적 혼인이란 사회구성원들로부터 부부가 되었음을 인정받는 절차로서, 대개 혼례식을 통해 이루어진다. 혼례식에 참석한 이들 앞에서 부부가 되었음을 서약·선언함으로써 사회적 혼인이 성립되는 것이다. 법적 혼인이란 말 그대로 법적 절차에 따라 부부가 되었음을 신고하는 이른바 서류상의 혼인이다. 굳이 선후를 따지자면 사회적 혼인이 앞서고, 국가체제가 자리를 잡으면서 법적 혼인이 보다 큰 의미를 갖게 되었다. 오늘날 대부분의 나라에서도 법적 혼인은 필수 절차이면서 실제 효력을 발휘하고 있으며, 사회적 혼인은 개개인의 선택사항이다. 즉 혼례식을 거행하지 않은 채 혼인신고만으로도 부부로 인정받을 수 있는 것이다. 그런데 법의 틀을 벗어난 현실에서는 실제적 효력을 지닌 법적 혼인보다 사회적 혼인을 더 중요시하는 경향이 인정된다. 대표적 사례로 대부분 혼례식을 먼저 치른 다음에 혼인신고를 한다든지, 불가피한 상황으로 혼례식은 생략했으나 혼인신고를 통해 엄연한 부부가 된 이들조차도 뒤늦게 혼례식을 올리는 것 등을 들 수 있다.

이런 점에서 하객의 범위를 가까운 친인척으로 축소하는 것은 사회적 혼인으로서의 속성을 약화시키고 법적 혼인으로서의 속성을 강조하는 결과를 초래한다고 볼 수 있는데, 실제로 1969년부터 1999년까지의 가정의례준칙에서는 필요한 사항을 미리 기재해둔 혼인신고서에 신랑과 신부가 서명(또는 날인)을 하도록 규정해두기도 했다. 이는 사회적 혼인보다 법적 혼인의 중요성을 인식시키는 것이라 할 수 있다. 아울러 하객 범위의 축소규정은 혈연관계보다는 사회적 관계를 중시하는 경향이 강해질수록 수용하기 어렵게 되는데, 이런 연유로 여타 규제에 비해 이 금지조항은 강제성이 발휘되던 시기에만 잠시 실효를 거두었을 뿐, 이후에는 유명무실해져버렸다. 심지어 최근에는 인터넷 보급에 힘입어 '이메일 청첩장'까지 등장했는가 하면, 혼례식 참석이 여의치 않은 하객을 위해 청첩장 말미에 축의금용 은행계좌번호를 명시해두는 신풍속도 속출하고 있다.

예단문제와 관련하여 '함잽이 습속'에 대한 규제도 주목되는 대목이다. 이에 대해 조선총독부의 의례준칙에서는 다음과 같이 명시하고 있다.17)

> 납폐의 使者에 대하야는 俗의 吏僕의 古風을 倣하기 위하야 多人數를 雇하여 白晝紗燈籠을 들고 假裝行列을 지어 婦家에 致하야 金錢酒食을 요구하는 풍습이 있으니 이는 전혀 필요가 없는 것이다.

내용으로 미루어 볼 때 당시에도 함잽이 습속에 따른 폐단이 적지 않았음을 엿볼 수 있는데, 이러한 경향은 1973년 가정의례준칙의 "혼

17) 조선총독부, 앞의 책, 16쪽.

인에 있어서 함잽이를 보내는 행사는 아니한다"라는 조항으로 그대로 이어지고 있다. 흥미로운 점은 1999년 건전가정의례준칙에서는 규제조항이 제외되었다는 사실이다. 함잽이 규제는 예단 문제의 심각성에 따른 것이라고 간주할 수도 있으나, 사실 예단이나 혼수는 굳이 함잽이를 보내지 않더라도 충분히 주고받을 수 있다. 이러한 사실은 함잽이 습속이 대부분 사라진 오늘날에도 예단과 혼수를 둘러싼 갈등과 폐해가 나타나는 것에서도 입증된다. 따라서 함잽이 금지조항은 함을 전달하는 과정에서 신부집으로부터 과도한 대가를 요구하면서 소란스런 분위기를 자아내는 당시의 관행에 기인한다고 볼 수 있다. 이후 전통문화의 쇠퇴현상이 진행되면서 함잽이 습속 역시 자연스럽게 자취를 감추었는데, 이처럼 현실적으로 규제의 필요성이 사라짐에 따라 1999년부터는 제외되었던 것으로 생각된다.

2) 상례, 시신처리의 장례로

1934년의 조선총독부 의례준칙을 기점으로 이후 세 차례에 걸쳐 제정된 가정의례준칙에 의해 가장 큰 변화를 겪은 것은 상례이다. 주목되는 점은 조선총독부 의례준칙과 1969년 우리 정부의 가정의례준칙에 나타나는 상반된 경향이다. 의례준칙의 경우, 임종－상주－호상(護喪)－부고－습염－영좌－명정－상복 및 상장(喪章)－장일－영결－발인－천광 및 회격－하관 및 성분－<u>위안제(慰安祭)</u>－<u>우제</u>－<u>상식</u>－<u>삭망전배(朔望展拜)</u>－<u>소상제 및 대상제</u>－<u>조위(弔慰)</u> 등과 같이 매장 이후의 절차가 전통적 방식에 근거하여 비교적 상세하게 명시되어 있음에 반해 가정의례준칙에서는 임종－수시(收屍)－발상(發喪)－상제(喪制)－복인(服人)－호상－부고－입관－영좌－명정－성복(成服)－상복－조문－장일-장사(葬事)-장지-천광-횡대 및 지석-영결식-운구-하관 및 성분-위령제-첫 성묘-탈상 등처럼 3항목에 그치고 있다. 그런가 하면 임종에서 매장까지의 절차에서는 의례준칙이 13항목임에 비해 가정의례준칙은 21항목에 이르는 등 대조적 경향을 보이기도 한다. 그런데 우리 역시 1973년과 1999년의 가정의례준칙에 이르면 발인제-위령제-장일-상기(喪期 = 탈상과 동일한 내용임)-상복-상제-부고-관 나르기 등 8항목으로 대폭 축소되는데, 상례문화의 급격한 변화를 말해주는 대목이라 할 수 있다.

물론 당시의 가정의례준칙에서 제외되었다고 해서 관행에서도 생략되었음을 의미하는 것은 아니다. 가정의례준칙에 규정된 조항은 상례의 실제 절차가 아니라 권장 및 금지의 필요성이 있는 것들이다. 이처럼 절차의 속성상 굳이 규제할 필요가 없다고 간주된 것은 별도의 조항을 명시하지 않았을 가능성이 높은데, 그 배경은 다음과 같다. 첫째 전통문화의 쇠퇴로 상례의 내용이 자연스럽게 축소 · 생략된 경우, 둘째 70년대를 전후하여 장의사나 병원장례식장이 등장하면서 상례의 전국표준화현상이 초래되었는데 이로 인해 과도한 낭비습속이 해소된 경우, 셋째 의례 및 조항자체의 의미가 퇴색해버린 경우 등이다.

첫 번째 경우에는 복인 · 명정 · 횡대와 지석 · 첫 성묘 등이 해당한다. 당초 1969년에는 복인의 범위를 전통적 상복제도에 근거하여 고인의 8촌 이내로 명시해두었으나 이후에는 복인에 대한 조항 자체가 제외되었다. 사실 70년대 이후로 진행된 도시화 현상에 의해 혈연 및 공동체의식이 극도로 약화되었는데, 이런 배경에서 8촌에 해당하는 이들이 상복을 착용하는 경우도 매우 드물어졌다. 이처럼 당시의 사회상황으로 미루어 볼 때 8촌 이내로 규정한 복인의 범위는 오히려 시대착오적일 수도 있었기 때문에 제외된 것으로 추측된다. 그리고 명정과 횡

▲ 의성김씨 학봉종택 14대 종손의 상례(안동 서후면 금계리 소재. 2008년 2월)

대, 지석은 일상(의례문화)의 근대화를 이루면서 저절로 자취를 감추었기 때문에 굳이 규제할 필요가 없었다. 마지막으로 장례를 지낸 사흘 만에 성묘를 하는 '첫 성묘'는 삼우제(三虞祭)를 의미한다. 시신을 매장하고 집으로 돌아오는 반혼제(返魂祭)를 지내고 나서 곧 바로 초우제를 거행하고, 2일째에는 재우제, 3일째에는 삼우제를 지내고 묘소로 향하는 전통습속에 근거한 조항인 것이다. 그러나 3일장의 보편화로 인해 매장과 동시에 탈상을 하고 삼우제를 생략하는 관행이 보편화되었는데, 이러한 사회상황을 감안하여 1973년 이후부터는 제외시켰던 것으로 추측된다.

두 번째 경우에는 수시(收屍)·호상(護喪)·입관·영좌·성복·천광·하관 및 성분 등이 속하는데, 이들 절차의 방법과 내용은 전문장의사에 의해 대부분 결정된다. 즉, 상주들은 장의사의 지시에 따라 수동적으로 임하기 때문에 절차의 형식을 자율적으로 판단할 여지가 거의 없는 것이다. 이런 배경에서 굳이 상주들을 계몽할 필요성이 사라졌으며 이후부터는 제외된 것으로 보인다.

세 번째 경우에는 임종·발상·조문·장사·장지 등이 포함되는데, 우선 1969년 가정의례준칙에 명시된 임종의 내용은 다음과 같다.

병자가 위독상태에 빠지면 가족들은 침착한 태도로 다음 일을 진행한다.

1. 병자에게 꼭 물어 둘 일이 있으면 내용을 간추려 병자가 대답하기 쉽게 묻고 대답을 기록한다.
2. 가족은 속히 직계 존 · 비속 및 특별한 친지에게 기별하고 병실에 모여 병자의 마지막 운명을 지킨다. 다만, 어린이의 병실출입은 삼가게 한다.

임종(臨終)이란 '죽음에 이르다' 곧 운명(殞命)을 뜻한다. 그런데 『가례』에는 임종이라는 용어가 나타나지 않고, '기절(氣絶 혹은 絶)'로 명시되어 있다. 이와 유사한 표현으로 상례의 가장 첫 번째 절차로 설정된 '초종(初終)'이라는 것이 있는데, 다만 이는 '천거정침(遷居正寢)－絶(운명)－고복(皐復)－상제[立喪主]－치관(治棺)－부고'까지의 과정(염습의 직전)을 일컫고 있으므로[18] 보다 포괄적 의미라고 할 수 있다. 따라서 '환자가 죽음에 이르는 순간'을 임종으로 간주할 경우, 예서에 근거한 가장 첫 번째 순서는 '천거정침' 곧 환자를 정침으로 옮겨 그곳에서 죽음을 맞이하도록 하는 것이다. 앞서 언급한 1934년의 조선총독부 의례준칙 및 이를 근거로 삼은 1969년의 가정의례준칙은 비교적 전통상례방식에 입각하여 절차와 내용을 구성했는데, 이런 연유로 상례의 첫 절차로 임종의 조항을 마련해둔 것으로 생각된다. 그럼에도 『가례』의 임종[氣絶]에서 가장 중시한 '천거정침'이 아니라 환자로부터 유언을 듣고 운명의 순간을 지켜보는 내용으로 구성되어 있다. 『가례』에서 상례의 첫 절차로 임종을 설정해둔 까닭은 운명의 순간을 지켜본다는 의미와 더불어 정침에서 죽음을 맞이하는 이른바 '정종(正終)의 禮'를 수

18) 『가례』, 「상례」, '초종'.

행하기 위함이다. 사실 환자가 죽음에 다다르면 가족이나 가까운 친족들에게 연락하고 또 환자를 지켜보면서 유언이나 당부의 말을 듣는 것은 굳이 지침으로 명시해두지 않더라도 자율적으로 실행되는 행위들이다. 이처럼 의례준칙 및 가정의례준칙의 경우 정침에서 맞이하는 임종의 禮를 명시해두었던 『가례』에 근거하여 '임종'이라는 조항을 설정해 두었으나 실제 내용에서는 형식적 측면들이 적지 않아 유명무실한 절차가 되어 버렸는데, 이런 연유로 이후부터는 제외된 것으로 보인다.

발상(發喪)이란 수시(收屍) 이후에 머리를 풀고 哭을 하는 절차인데, 병원장례식장에서 장례를 치를 경우 현실적으로 이를 수행하기 힘들다. 아울러 1969년 가정의례준칙에서 "수시가 끝나면 가족은 검소한 옷으로 갈아입고 근신하면서 애도하되 맨발이나 머리 푸는 것은 아니하고 호곡(號哭)은 삼간다"라고 규정하고 있는 탓에 발상의 본래적 의미가 퇴색되어 버리기도 했다. 발상의 주된 기능은 애절한 哭소리를 통해 초상이 났음을 주변에 알리면서 비로소 상례에 돌입하는 것인데, 哭을 금지함으로써 의례가 담고 있는 의미와 기능을 상실한 것이다. 이처럼 본래적 의미와 기능을 상실한 문화는 뚜렷한 전승이유를 확보하지 못하는 까닭에 단절되는 것이 일반적 경향이다.

다음으로 조문인데, 규제 내용은 "① 상제는 성복이 끝나면 조문을 받는다 ② 조객에 대한 음식 접대는 하지 아니한다 ③ 조객은 조화를 보내지 아니한다 등이다. 사실 ①의 내용은 굳이 명시하지 않더라도 자발적으로 실행하는 것이고, 문제는 음식 접대와 조화이다. 이는 과도한 음식 마련과 과시용 조화로 인해 낭비의 폐해가 심각하다고 간주한 것에 기인하는데, 큰 실효를 거두지 못했다. 사실 현대화된 병원장례식장에서 장례를 치른다 하더라도 세부 내용에서는 유교적 방식을 따르는 경우가 적지 않다. 이런 배경에서 "내 집을 찾은 손님을 빈 입으로 보내지 않는다"라는 접빈객의 전통 역시 그대로 이어지고 있기도 하다. 특히 음식 접대를 부추기는 병원측의 상술과 맞물려 조문객들에게 음식을 대접하는 관행은 여전히 개선되지 않았던 것이다. 조화 역시 우리의 상례문화와 관련되어 있는데, 곧 상여에 수많은 꽃을 장식하는 전통에 근거하여 저승길로 가는 망자를 위해 조화를 진열하는 것이다. 물론 영안실 복도를 가득 메운 조화는 상주들의 인적 네트워크를 과시하기 위함이라는 불합리한 측면도 없지는 않으나, '상여 꽃장식'이라는 전통습속에 대한 인식이 강한 까닭에 큰 실효를 거두지 못했다. 한편 "장사는 매장 또는 화장으로 한다"라는 장사(葬事)의 조항은 1960년대부터 진행된 '화장법 장려정책'의 일환으로 명시된 것인데, 이후 화장법이 보급됨에 따라 규정의 필요성이 사라졌다. 아울러 "장지는 공공묘지 또는 공공납골당으로 함을 원칙으로 한다"라는 장지의 규제 역시 화장법과 관련된 것으로서, 공공묘지관행의 확대 등에 의해 조항의 필요성을 상실했다고 볼 수 있다.

그 외 상제(喪制) · 부고 · 상복 · 장일 · 영결식(발인식) · 운구 · 위령제 · 탈상의 조항과 같이 권장과 금지의 필요성이 여전히 남아있던 절차는 1999년의 가정의례준칙까지 그대로 적용되었다. 다만 조항별로 약간의 내용수정이 이루어졌는데, 상제의 경우 1969년과 1973년에는 "주상(主喪)은 장자가 되고, 장자가 없는 경우에는 장손이 된다"라고 되어있었으나 1999년에는 "주상은 배우자나 장자가 된다"로 수정되었다. 이는 1998년 친족상속법 개정에 따른 자녀균등상속으로 장자의 역할이 축소된 것과 맥락을 같이 한다. 한편 "단체 명의에 관련된 부고는 하지 않는다"라는 부고의 조항, 그리고 한복 · 양복 · 평상복의 상복을 착용하되 장일까지로 제한한다는 상복의 규제에는 별다른 내용변화가 없었다. 초상을 치르는 기간인 장일은 1969년에는 5일 이내였던 것이

▲ 병원장례식장에 진열된 조화 행렬(안동 성소병원. 2007년 2월)

1973년부터는 부득이한 경우를 제외하고는 3일장으로 바뀌었다.

출관일에 행하는 영결식(발인식)의 경우 1969년에는 "영결식장은 상가 또는 기타 편리한 장소에 마련한다"라고 했으나, 1973년부터는 "영구가 상가 또는 장례식장을 떠나기 직전에 그 상가 또는 장례식장에서 행한다"로 수정되었다. 당초에는 상가(喪家) 및 기타 편리한 장소에서 영결식을 거행하도록 했으나 이후 공공장소에서의 영결식 거행이 사회문제로 대두됨에 따라 장소를 제한하게 된 것이다. 운구에서는 1969년과 1973년의 가정의례준칙에서는 "운구는 영구차 또는 영구수레로 한다. 다만, 부득이한 경우에는 상여로 운구한다"라고 상여 이용을 간접적으로 규제했으나, 1999년에는 "운구의 행렬순서는 명정·영정·영구·상제 및 조객의 순으로 하되, 상여로 할 경우 과다한 장식을 하지 아니한다"로 바뀌었다. 즉 운구방식에 대한 지침조항이 사라진 것이다. 이는 전통문화의 쇠퇴 및 농촌인구의 감소 등으로 인해 상여를 이용한 운구관행이 급격히 쇠퇴한 것을 감안한 결과라고 볼 수 있다. 위령제의 경우 1969년에는 반우제(返虞祭)를 행하지 않는다는 내용을 별도로 마련해두었으나 이후부터는 제외되었다. 이것 역시 상례절차가 간소화된 당시의 사회상황을 감안한 것이라고 할 수 있다. 그런데 주목되는 점은 1973년부터 위령제의 방식과 절차를 매장 및 화장으로 각각 분류하여 명시해두었다는 사실이다. 이는 1970년대 이후부터 보급되기 시작한 화장습속에 기인하는 것으로 생각된다. 마지막으로 "부모 · 조부모와 배우자의 상기(喪期)는 운명한 날로부터 100일까지로 하되, 기타의 경우에는 장일까지로 한다"라는 탈상의 조항은 별다른 내용수정을 거치지 않고 그대로 적용되었다.

이렇듯 1934년의 조선총독부 의례준칙과 1969년 가정의례준칙이 제정되었던 시기만하더라도 전통적 상례문화가 전승되고 있었던 까닭에 비교적 상세한 조항을 명시해두었으나, 1973년 이후로 8항목으로 대폭 축소되었다. 주목되는 점은 절차의 간소화에 의해 상례의 본래적 의미가 퇴색되었다는 사실이다. 사실 전통적 방식에 근거했을 때, 상례라는 것은 임종에서 길제까지의 모든 절차를 일컬으며 그 가운데 시신처리에 관련된 것은 '장례'로 분류된다. 그런데 1934년 일제강점기만 하더라도 매장 이후에 치러지는 우제 · 상식 · 삭망전 등이 명시되어 있었고, 또 1969년의 가정의례준칙에서는 비록 간략화되기는 했지만 상례로서의 의례적 성격은 여전히 남아있었다. 반면 1973년 이후의 가정의례준칙에서는 시신을 처리하는 내용을 중심으로 편성되어 있을 뿐, 전후로 거행되는 절차는 대부분 제외되어 있다. 이런 영향 때문인지 오늘날의 상례 역시 시신처리의 기능을 수행하는 장례로서의 성격만을 지니게 되었다.

3) 제례, 친족집단의 재편성

1969년 가정의례준칙에 명시된 기제, 추석의 절사(節祀), 새해 아침에 거행하는 연시제(年始祭) 등의 제례종류는 이후에도 동일하게 적용되었다.[19] 1969년에서 1999년까지의 가정의례준칙에 나타난 제례의 가장 큰 변화는 향사자(享祀者)의 축소 곧 4대봉사를 금지하고 조부모까지의 양대봉사로 규정했다는 사실이다. 그런데 이는 1934년 조선총독부의 의례준칙에 이미 명시된 것으로서, 그 이유로 "조부모 이상은 실제 동거상견(同居相見)하는 사례가 거의 없으므로 증조부 이상을 제사 지내는 것은 형식에 불과하다"[20]라는 점을 들고 있다.

종법에 따르면 별자(別子)[21]의 중자(衆子)들은 자신이 시조가 되어 소종을 형성하는데, 오세즉천(五世卽遷)의 원칙에 의해 고조-증조-조-부로 이어지는 4代까지의 조상만을 포함한다. 즉, 이들 소종이 포함할 수 있는 최대 범위는 4대조상에 해당하는 고조부모까지였던 것이다. 그리하여 이들 조상들에 대한 제사를 거행함으로써 비로소 4대봉사가 이루어지게 된다. 이후 4대봉사를 주관하던 제주(祭主, 家長)가 사망하면 그의 4대조, 곧 새로운 제주의 5대조에 해당하는 조상은 4대봉사의 범주를 벗어나기 때문에 조매(祧埋)를 하게 된다. 이는 곧 새로운 친족의 재결성을 의미하기도 한다. 즉 고조부모의 제사에 참여하는 혈통의 범위는 8촌 이내의 친족들인데, 이들은 제주의 세대교체에 의해 유동적으로 재결성되는 속성을 지니고 있는 것이다.[22]

이처럼 4대봉사원칙에 입각하여 고조부모의 제사를 함께 거행하는 친족을 소종 혹은 당내(堂內)라고 한다. 중요한 것은 당내는 조상제사의 의무뿐만 아니라 일상에서도 친밀한 교류관계를 유지하는 등 여타

19) 다만 1999년의 건전가정의례준칙에서는 연시제라는 명칭을 없애고 '차례(茶禮)' 조항을 신설하여 설날 및 추석에 지내도록 명시하고 있다.
20) 조선총독부, 앞의 책, 51쪽.
21) 제후의 중자(衆子).
22) 김미영, 앞의 논문, 2006a, 73~74쪽.

친족과 차별화된 조직으로 기능한다는 사실이다. 따라서 "면식(面識)의 가능성이 극히 희박한 증조부나 고조부의 제사를 지내는 것은 형식에 불과하다"라는 조선총독부 의례준칙의 지적은 소종(당내)의 다양한 기능을 오직 조상제사에만 국한시킨 데서 비롯된 오류라고 할 수 있다. 우리사회의 경우 친족법을 비롯하여 일상의 여러 국면에서 8촌까지의 혈통을 친족으로 간주해왔던 주요 이유는 4대봉사원칙에 입각한 '동고조팔촌(同高祖八寸)'이라는 친족인식 때문이었다. 그러나 제사의 대상을 조부모까지로 제한함으로써 동일한 증조부와 고조부의 후손인 6촌과 8촌에 해당하는 이들은 친족범주인식에서 점차 벗어나게 될 것이고, 이는 결국 오랜 기간 지속되어왔던 8촌 중심의 친족범주를 4촌 중심으로 재편성하는 결과로 이어질 것이다.

기제사의 시간 역시 두드러진 변화라고 할 수 있는데, 1934년의 조선총독부 의례준칙에는 "가례에는 질명 곧 이른 새벽에 取한다고 했으나, 근래에는 이른 아침 혹은 전날 늦은 밤에 집행하니, 이는 慣例에 따라 어느 것을 취하든 무방할 것이며 또 숨을 거둔 시각에 지내는 것도 무방하다"라고,[23] 비교적 유연한 입장을 취하고 있다. 반면 우리 정부에 의한 1969년의 가정의례준칙에는 "기제는 별세한 날 일몰 후 적당한 시간에 지낸다"라고 명시되어 있으며, 이후에도 그대로 적용되었다.

『가례』를 보면 "궐명 무렵에 일찍 일어나다(厥明夙興)"라는 대목이 등장한다. 여기서 '夙'은 '일찍'이라는 사전적 의미를 갖고 있으나 어원적으로는 '夕(혹은 月)+丮'이 합쳐진 것으로서 자정을 넘긴 어두운 밤을 일컫는다.[24] 아울러 질명은 궐명이 지난 시간대로서 먼동이 틀 무

23) 조선총독부, 앞의 책, 51쪽.

24) 편집국 편, 『한한대자전』, 민중서림, 2006, 493쪽.

렵이다. 음(陰)의 세계인 저승에 속한 조상들은 음도(陰道)를 선호한다는 것이 보편적 견해인데, 즉 어두운 밤이라야 영혼들이 비교적 쉽게 다닐 수 있다는 것이다.[25] 이런 까닭에 제사는 어두운 밤에 지내고 날이 밝기 전에 마쳐야하는데, 그렇지 않으면 조상들이 원래의 장소로 되돌아갈 수 없다고도 한다. 이를 민간에서는 "계명(鷄鳴) 전까지는 제사를 다 지내야한다"[26]라고 한다. 물론 계절마다 동이 트는 시간은 다르지만 대략 새벽 3, 4시 무렵이면 첫닭이 울기 시작한다.

이러한 문화적 전통에 입각하여 실제 관행에서는 자시(子時, 밤 11~1시)에 지내는 것을 원칙으로 삼고 있다. 그런데 궐명・질명・자시・첫닭이 울기 전이라는 시간은 비록 표현방식은 다르지만, 이들 모두 어두운 시간대라는 공통점을 갖는다. 다만 여타 시간과 달리 자시는 명확한 시간대를 가리킨다는 점이 다르다. 즉, 자시는 기일 전날[入齋日]에서 기일[罷齋日]로 이어지는 시간으로서, 기일의 첫시간(자정)이 포함되어 있는 것이다. 이처럼 자시야말로 기일을 가장 경건하게 맞이한다는 인식에 보다 합당한 시간일 뿐만 아니라 동이 트기 전에 제사를 마칠 수 있는 시간이기도 하다.[27] 그런데 가정의례준칙의 영향 때문인지 최근 들어 제사시간을 기일의 초저녁으로 바꾸는 경향이 증가하고 있다. 일례로 안동지역의 44종가 가운데 절반 이상인 24종가가 기일 저녁 8~9시 사이에 제사를 지내는 것으로 보고된 바 있는데,[28] 전통적 방식을 비교적 잘 준수하는 종가의 사정이 이러하니, 아마도 일반 가정에서는

25) 로저 자넬리・임돈희(김성철 역), 『조상의례와 한국사회』, 일조각, 2000, 99쪽.
26) 류중기(남, 68세), 안동 임동면 박곡리.
27) 김미영, 「조상제례의 변화와 정체성 지속에 관한 연구」, 『역사민속학』 제25호, 한국역사민속학회, 2007, 277쪽.
28) 김미영, 위의 논문, 278~280쪽.

초저녁 제사가 더욱 보편화되었을 것으로 추측된다.

제사상에 신주(혹은 지방)를 모시는 방식의 경우, 1934년의 조선총독부 의례준칙에는 명시되어 있지 않으나 1969년의 가정의례준칙 이후에는 합설(合設)로 통일되어 있다. 신주를 제사상에 모시는 것을 설위(設位)라고 하는데, 여기에는 기일을 맞이한 조상만을 모시는 단설(單設), 기일에 상관없이 내외분을 함께 모시는 합설이 있다. 아울러 합설 중에는 내외의 제사상을 별도로 차리는 각설(各設)이라는 것도 있다. 『가례』 등의 예서에는 단설을 명시하고 있는데, 실제 관행에서는 다양한 형태가 나타난다. 이와 관련한 안동지역의 조사에 따르면 전체 50종가 가운데 단설 12종가, 합설 38종가(이 중 각설 5종가)로 나타났다.[29] 물론 합설의 사례 중에는 후대에 이르러 바뀐 경우도 있지만, 아무튼 여타 규범에 비해 설위방식에서는 편차를 크게 보이는 편이다. 이와 관련하여 이언적(李彦迪, 1491~1553, 호는 晦齋)은 "한위만을 모시고 단설로 지내는 것은 禮之正(올바른 예)이고, 양위를 합설하여 지내는 것은 禮之本於情(정에 바탕 한 예)이다"[30]라고 한 바 있는데, 이는 예서에 입각한 규범적 예는 단설이지만 정의(情宜)에 의한 합설 역시 禮로 인정한다는 것으로 이해된다.

마지막으로 술을 올리는 헌작(獻爵)의 경우 조선총독부의 의례준칙에는 초헌 · 아헌 · 종헌과 같이 삼헌을 명시하고 있음에 비해 1969년의 가정의례준칙부터는 기제사와 차례 모두 단헌으로 규제했다는 점이 주목된다. 항간에는 무축단헌(無祝單獻)이라고 하여 설날과 추석의 차례에서는 술을 한 잔만 올리고 축문도 읽지 않는 관행이 있으나, 『가례』

29) 김미영, 「조상제사를 둘러싼 이론과 실제-안동지역 불천위제사의 제물과 진설을 중심으로-」, 『지방사와 지방문화』 제9권 1호, 역사문화학회, 2006b, 351쪽.

30) 이언적, 『奉先雜儀』(晦齋別集) 卷下.

에는 나타나지 않는 규범이다. 『가례』에 따르면 모든 제사에는 삼헌이 원칙인데, 다만 상례의 경우에는 예외가 있다. 즉 시신을 매장하고 나서 지내는 우제(虞祭)부터는 삼헌의 禮를 따르고, 매장하기 전의 발인제와 제주제(題主祭) 그리고 여러 형태의 전(奠)에서는 단헌을 하는 것이다. 이들 의례는 망자의 시신을 매장하기 이전, 곧 망자가 완전한 조상신으로 승격되기 전에 행하는 것이기 때문에 조상제례로서가 아니라 망자의 영혼을 위로하기 위해 수행하는 의례라고 할 수 있는데, 이런 연유로 직계후손이 아닌 축관이 제례를 주관한다. 이런 점에서 단헌의 제사는 망자를 위한 것이고, 삼헌의 제사는 조상신을 위한 의례라고 할 수 있다. 그런데 가정의례준칙과 상관없이 최근 일반 가정의 경우 제관의 숫자가 부족한 탓에 불가피하게 단헌으로만 제사를 마무리하는 경우가 적지 않다. 다만 앞서 언급했듯이 단헌과 삼헌에 각각 함축된 상징적 의미를 고려할 때, 이들 관행으로 인해 조상제례에 담긴 의례적 성격이 변질된다는 사실은 인식해둘 필요가 있을 듯하다.

5. 의례문화의 근대화, 그 이후

역사적으로 볼 때 국가 발전을 위해 국민의 일상이 담보 잡힌 경우는 어렵지 않게 찾을 수 있다. 앞서 언급했듯이 쌀이 부족했던 시절에는 가정형편과 상관없이 쌀밥 대신 혼식을 해야 했는데 이로 인해 학생들의 도시락을 일일이 검사하는 진풍경이 벌어지곤 했다. 또 주말의 점심식사는 분식으로 해결했던 적도 있었고, 비슷한 시기에 국산품 애용이라는 슬로건 아래 외제물건의 사용을 감시당하기도 했다.

의례문화의 지배장치로 군림했던 가정의례준칙 역시 이와 유사한 목적에서 실시되었는데, 그 단초는 조선총독부 의례준칙에서 찾을 수 있다. 1934년 조선총독부가 공포한 의례준칙은 농산어촌의 진흥사업과 자력갱생사업에 방해가 되는 의례의 낭비적 요소를 줄이고자 마련되었으며, 이후 1969년 우리 정부 역시 조국근대화에 걸림돌이 되는 의례의 낭비적 요소를 줄이기 위해 가정의례준칙을 제정하였다. 당시 정부는 의례의 번잡한 절차와 내용은 시대착오적인 것이며, 또 이로 인해 적지 않은 병폐가 초래되어 근대화의 추진에 부정적 요소로 작용한다고 간주했던 것이다. 그리하여 1969년을 시점으로 약간의 내용수정을 거치면서 1973년 및 1999년에 각각 개정되었다.

이렇듯 1934년 조선총독부의 의례준칙을 비롯한 이후의 가정의례준칙으로 인해 국민들의 의례생활은 적지 않게 통제받아왔는데, 이 과정에서 전통적 의례문화의 형식과 내용도 크게 달라졌다. 그런데 흥미로운 점은 가정의례준칙의 영향력이 상실된 오늘날에도 의례의 간소화가 꾸준히 진행되고 있다는 사실이다. 이는 문화변화요인으로서 '제도에 따른 강제성'과 '상황에 따른 자발성'에 대한 고민을 필요로 하는 대목이기도 하다. 일반적으로 문화변화라는 것은 외적 강요 및 내적 동인에 의해 촉발되는 것으로 알려져 있지만, 적어도 오늘날의 의례문화를 살펴볼 때 외적 강요보다는 내적 동인에 의한 자발적 변화의 경향이 크게 인정된다. 이를테면 당시 가정의례준칙을 통해 매장과 개인묘지를 규제하고 화장(火葬)과 납골당 이용을 권장했으나, 오늘날에는 납골당의 부족으로 수목장(樹木葬)이라는 것이 새로이 등장하였다. 그리고 가정의례준칙에서는 기제사와 차례(설날과 추석)를 지내도록 되어 있지만, 기제사 자체를 생략하는 것이 최근의 추세이다. 한편 기제사에서 양위를 모실 것[合設]을 권장한 가정의례준칙의 규정보다 한 발 더 나아가 오늘날에는 부인의 제사를 생략하고 남편의 제사에 함께 모시는 합사(合祀)가 보편화되었다.[31] 이들 모두 가정의례준칙에 명시된 의례의 간소화를 훨씬 앞지르는 관행으로서, 국민 스스로가 선택한 자발적 변화라고 할 수 있다. 물론 이 과정에서 가정의례준칙이 직간접적인 동인으로 작용했을 가능성도 인정되지만, 변화의 전후 맥락을 살펴볼 때 간소화의 필요성에 의해 자의적으로 선택한 측면이 강하게 나타난다.

이와 관련하여 가정의례준칙에서 엄격히 규제했던 청첩장 금지조항의 경우, 오늘날에는 오프라인(인쇄물)만으로도 부족하여 온라인 청첩장이 이메일을 통해 국내는 물론 해외에까지 전달되고 있을 정도로 유명무실해져 버렸고, 친인척으로 제한시킨 하객의 범주를 뛰어넘어 사회적 네트워크에 의해 참석한 일반하객들이 주를 이루는 상황이 되었다. 그리고 "신행은 당일에 행한다"라는 조항 역시 혼례를 치르자마자 신혼여행을 떠나는 탓에 지킬 수 없게 되었고, 심지어 신혼여행에서 곧바로 신접살림이 차려진 새로운 거주지로 향하는 부부도 적지 않다. 가정의례준칙의 상례에서는 조문객의 음식접대를 규제했으나 오늘날에는 음식뿐만 아니라 식권까지 건네주는 관행이 자리를 잡았으며, 금지조항이었던 조화의 경우에는 영안실 복도를 가득 메울 정도로 이중 삼중으로 진열하는 것이 보편화되었다. 이처럼 당시의 금지규정이 오히려 무색할 정도로 새로운 습속들이 속속 등장하고 있는데, 이것 역시 가정의례준칙과 상관없이 현실적 필요성이 대두하면 위배는 물론이거니와 그 이상의 관행까지도 만들어낼 수 있다는 대표적 사례라고 할 수 있다.

그렇다면 이번에는, 당시 가정의례준칙에서 금지되었던 조항들이 실제 관행에서도 단절된 경우를 살펴보기로 하자. 혼례의 경우 "함잽이

31) 김미영, 앞의 논문, 2007, 284~286쪽.

를 하지 아니한다"라는 당시의 규정처럼 오늘날 함잽이 습속은 거의 자취를 감추었다. 그러나 굳이 가정의례준칙이 아니더라도 전통문화의 쇠퇴 및 아파트 거주의 보편화 등에 의해 현실적으로 이를 실행할 수 없는 상황이 되어버렸다. 또한 영구차에 의한 운구를 적극 장려하는 반면 상여의 이용은 간접적으로 규제했으나, 농촌인구의 감소현상으로 인해 상여꾼을 물색하는 것 자체가 더 힘들게 되었다. 그리고 운명한 날 해가 저문 후에 지내도록 규정되었던 제사 시간은 일상의 시간 운용이 비교적 느슨한 농업 중심의 전통적 생업구조가 붕괴하고 출퇴근 시간이 일정한 근로생활자들이 증가함에 따라 자연스럽게 바뀌었다. 이들 사례는 얼핏 가정의례준칙에 의한 변화인 듯하지만, 여러 정황으로 미루어 보아 이를 실행할 수 없는 외적 현실로 인해 초래된 전승 단절로 간주하는 편이 더 타당할 듯하다.

이상의 사례들을 살펴볼 때 물리적 힘을 동원한 문화지배로 인해 비록 일시적 변화는 초래될 수 있지만, 이를 지속적으로 유지시키기는 힘들다는 것을 새삼 확인할 수 있다. 한때 정부는 전근대적이라는 이유로 음력에 기초한 구정설을 폐지하고(공휴일에서 제외) 양력 중심의 신정설을 쇨 것을 적극 권장했지만, 좀처럼 실효를 거두지 못하자 뒤늦게 복원시킨 적이 있다. 이렇듯 문화전승 및 단절은 강제적 지배가 아니라 현실에 바탕 한 필요성에 의해 이루어지는 속성을 지니고 있는 것이다.

주실마을의 근대 여성교육용 교재 『少女必知』

한경희*

1. 들어가는 말

근대적인 변화를 앞서서 이끈 주실마을의 주인공은 석농 조병희(1855~1917)이다. 그는 위정척사의 명분아래 의병활동에 가담하였으며, 조상의 신원이 해결되고 벼슬까지 하사받으면서 대한제국의 문명개화의 사상을 적극 수용한다. 극명한 예로 석농은 가장 먼저 단발(1899)을 선택했고, 집안 청년 조인석 등을 서울에서 진행되는 개화운동에 참여하도록 물심양면으로 도왔다. 조병희는 당시 장지연, 신채호 등과 교유하였고 양계초의 『음빙실문집』을 읽고 문명에 대한 새로운 인식을 했던 것이다.[1] 단발을 했던 조병희는 보수적인 고향에 살지 못하고 대구에서 개화운동을 추진하면서 고향을 외부세계와 연결시키는

* 안동대학교 강사

1) 안동대학교 안동문화연구소, 「새롭게 개척한 근대의 길」, 『영양 주실마을』, 예문서원, 2001, 136~142쪽. 주실마을은 1910년에 종부의 개가를 허용하고, 1911년에 노비를 해방하였다.

노력을 지속하였다. 본격적으로 주실마을에서 근대적인 변화를 주도한 인물은 서울에서 문명개화운동에 참여했던 조인석이다.

조인석은 조지훈 시인의 조부로 마을의 월록서당에 영진의숙을 설치하고 근대식 학교인 영흥학교를 열어 교육운동을 일으켰다. 조인석의 근대교육에 대한 관심은 마을의 부녀자들에게로 확대되기에 이른다. 이 글은 당시 마을에서 여성교육을 위해 편집한 교재의 내용을 알아보는 데 중심을 두고자 한다. 조인석은 영양 주실마을의 교육을 위해 직접 교재를 만들었는데 남학생용 『初讀徑篇』(『초독경편』), 여학생용 『少女必知』(이하 『소녀필지』)의 두 책을 써서 묶었다.[2] 본고는 여성용 교육교재 『소녀필지』를 통해 문명개화라는 큰 틀 안에 포함되었던 여성의식을 살펴보고 그 문제점과 한계를 고찰하기로 한다. 더구나 허구성을 가미한 이야기체는 개화기 당시 풍미하던 토론체 양식의 글쓰기를 보여주는 사례이므로 개화기 문학양식의 특징을 고스란히 살펴볼 수 있다.

일제가 단행한 근대식 법 개정 이전에 고종은 신분과 계급질서를 넘어선 인간평등 이념에 맞는 근대식 법을 제안했었다. 이런 정치현실의 변화를 주실마을 출신들은 앞서서 읽어내고 대한제국의 풍전등화의 운명을 마을 단위에서 극복하고자 시도하였을 것이고 여성문제 역시 중요한 개혁의 대상으로 이해했던 것이다. 개화기 무렵에는 여성의 본질적인 가치와 본능을 남성과 마찬가지로 인정해야 한다는 박지원의 인식이나 정약용의 유교적인 정절관을 비판하면서 하나의 완성된 인간으로서 여성에 대한 인식이 생겨나기 시작, 여러 가지제도 관습에 대한

2) 조인석 지음, 정양완 역주, 『20세기 전반 격동기의 여성교육』, 태학사, 2000. 조인석의 『소녀필지』가 정양완의 역주작업을 통해 출판되었다.

비판이 가능해졌다.[3] 이렇게 변화된 시대는 전통적인 여성관을 극복할 새로운 성찰과 반성을 요청하고 있었던 것이다.

영양지역은 근대문학사에서 아주 특별한 지역이다. 구한말 근대로의 교체기를 맞이한 많은 지역이 변화의 뒷자리를 따라가기에 급급했다면 영양의 주실마을은 변화를 주체적으로 수용하였다. 이런 새로운 근대 세계로의 변화의지는 감천, 두들, 주실 등의 마을 출신들이 지역에 매이지 않는 왕성한 문학활동으로 이어졌다. 근대문학이 본격적으로 태동되는 단계에서 이들의 역할은 매우 중요한 의미를 갖고 있다. 대부분 유학적 세계관을 소유한 이들은 변화된 시대를 읽어내고 적극적으로 수용하는 자세를 취하였다. 근대문학이 전통세계와 절대 단절된 것이 아니라는 하나의 모델로서의 그 무게뿐만 아니라, 올바른 지역문학의 나아갈 방향성을 제시하는 특별한 사례라고 할 수 있다.

2. 외모, 자태, 맵시의 훈육

여성의 몸은 자연으로 태어나는 것이지만 문화영역에서 언제나 가부장제 시선으로 해석되는 점은 매우 문제적이다. 여성 몸에 대한 훈육과 통제는 근대적인 제도 안에서 더욱 구체화된 측면이 강하다. 더구나 교육 자체가 여성에게 금단의 영역이었던 당시에 여성교육의 상식화, 생활화의 시도 자체는 놀라운 근대적인 발상이라고 할 수 있다. 그러나 조인석의 여성용 교육교재 『소녀필지』는 보수적인 가부장제 이데올로기를 극복한 내용이라고 결론짓기에는 무리가 따른다. 남성 중심의 계

3) 이배용, 「개화기 · 일제시기 결혼관의 변화와 여성지위」, 『한국근현대사연구』 10집, 한국근현대사학회, 1999, 215쪽.

몽적인 시선이 여성 몸에 투영되어 이상적인 여성관을 제시하는 것에서 근본적으로 변한 것은 없기 때문이다. 시대적인 제약, 관습적인 한계는 이 교재의 내용 전체가 남성, 여성의 평등한 삶, 혹은 인류 보편적인 지식보급이기 보다는 여성들의 몸에 편향된 규제와 훈육으로 구성되어 있다.

교재의 구성은 장을 별도로 달고 제목을 붙인 것이 18장까지 있고, 장 제목이 없는 제목이 한 꼭지로 이루어져 있다. 그러다보니 장 제목에는 접두사처럼 '여자'가 붙어 있고, 없다고 하더라도 여성의 성역할이 드러나는 「아기 낳아 기르기」, 「시어머니의 길」처럼 여성의 삶, 여성의 생활에 국한된 것이다. 『소녀필지』 차례는 제1장 여자용모, 제2장 여자의 언어, 제3장, 여자가 웃는 맵시, 제4장 여자의 걸음걸이, 제5장 여자행신, 제6장 여자처사, 제7장 여자교제, 제8장 여자 살림 불리기, 제9장 여자 시댁에서의 몸가짐, 제10장 부부가 정답게, 제11장 여자 위생, 제12장 여자 청결, 제13장 아이 낳아 기르기, 제14장 시어머니의 길은, 제15장 여행일록, 제16장 꿈에 염라국에서 놀던 이야기, 제17장 꿈에 돈 귀신 보던 이야기, 제18장 농촌을 구경한 이야기, 장을 달지 않고 '꿈에 죽은 아내 이하연을 만나다'로 구성되어 있다.

전통적으로 여성교육은 특별할 것이 없었고 다만, 가사 형식을 빌려 손 위의 여성들이 손 아래 딸들에게 결혼, 가정잡사, 부인의 덕행 등을 담은 내용을 적어주는 정도였다. 그러다보니 여성들의 한글가사는 규방가사로 정착되었을 정도로 조선시대 여성들에게는 보편적인 교육텍스트 역할을 했던 것이다. 『소녀필지』는 『20세기 전반 격동기의 여성교육』이라는 제목으로 태학사에서 간행되었고, 그 책에 조인석의 수필 5편을 참고하였다. 『소녀필지』의 구성은 여자들이 기본적으로 갖추어야 할 교양을 14장에 걸쳐 구체적으로 설명하였고, 15장부터 18장은 수

필형식으로 쓰고 있다.

여성의 겉모습, 특히 외모를 중심에 둔 글이 1~4장까지 용모, 언어, 웃는 맵시, 걸음걸이로 나뉘어져 설명된다. 편안하고 반듯한 외모를 주문하는 내용인데 특별히 눈동자의 위치 설명을 보면 놀라울 정도로 수동적인 자세를 요구한다. 서구에서도 19세기 지식과 교양을 쌓았던 중산층 여성들이 '숙녀'라는 연약하고 몽롱하고 수동적인 여성의 이상에 매몰되었던 역사와 크게 다르지 않은 점이다.[4] 이렇게 통제되고 훈육된 여성의 몸은 요조숙녀, 현모양처의 도구적인 기능으로 부각되었던 것이다. "눈은 앞만 봐서 남을 볼 때에 위로 그 사람의 낯(얼굴)을 보들 말고, 아래로 그 사람의 발을 보지 말고 반드시 그 사람의 허리에 나의 눈이 있게 하며"라는 내용에서 알 수 있듯이 대화를 할 때 상대방의 눈을 바라보아야 한다는 상식은 당시 세계에서는 매우 불손한 태도로 여겨졌음을 알 수 있다.

1장의 「여자용모」에서는 "어찌하면 용모를 잘 가집니까? 첫째는 머리를 흔들지 말며, 낯을 젖히지 말며, 이마를 까닭 없이 찡그리지 말며, 눈은 앞만 봐서 남을 볼 때에 위로 그 사람의 낯(얼굴)을 보들 말고, 아래로 그 사람의 발을 보지 말고 반드시 그 사람의 허리에 나의 눈이 있게 하며, 코는 가만히 두어서 숨도 소리 없게 쉬며, 입은 항상 다물되, 두 입술이 기울고 들림이 없게 하며, 양쪽 볼은 살찐 사람은 항상 안으로 오글게 하여, 파리한 사람은 항상 겉으로 부르게 하며 목은 바로 가져 쇠말뚝 파고 맞추어 놓은 것과 흡사하게 해야 합니다. 이러하면 사람이 모두 공경하고 사랑하여 한번 다시 보기를 원합니다."[5]

---

4) 조현순, 「여성의 몸: 수잔 보르드와 주디스 버틀러」, 『비평과이론』 7권 2호, 한국비평이론학회, 2002, 39쪽.

5) 앞의 책, 17~18쪽.

제2장에서 「여자의 언어」의 중요성을 언급하면서 말수가 많아서는 안 되고 상대와 말을 할 때는 온화한 얼굴표정과 몸 전체를 얌전하게 취해야 한다는 것을 주문한다. 말의 중요성이나 말을 통해 사람을 알아보는 것의 사자성어 가운데 신언서판(身言書判)이란 것이 있다. 이 사자성어 그대로 외모와 함께 말씨의 중요성을 언급한 것이다. 조인석은 여성교육에서 여성에 치중한 면이 강하나 부분적으로 인간적인 면이 전혀 없는 것은 아니다. 그 가운데 충청도 여자의 말씨는 굳이 경상도 말로 바꿀 필요가 없다는 생각이 그러하다. 이 내용은 자못 놀라운 면을 보이나, 뒤집어보면 여성이기 때문에 부드러운 말씨를 써야한다는데 의미가 놓여 있음을 알 수 있다.

"언어를 둘째 인사"라고 하면서 "말을 잘못하면 장마 수박"이라고 언급하면서 "첫째는 사람의 눈치를 잘 보고 비위를 잘 맞춰 주어야 합니다. 둘째는 말할 때에 낯빛이 얌전하며 신체를 잘 가져야 됩니다. 셋째는 말하는 음성이 듣기 좋고 그곳 방언을 잘 본받아야 됩니다. (그러나 가령 충청도 여자가 경상도에 출가하여 어음이 좋다고 그곳 사람이 환영하고 모범하거든 기어이 고칠 것은 없습니다.) 넷째는 말이 많으면 낭패올시다. 말이란 것이 하는 사람은 간단하게 하는 것이 제일이요 듣는 사람은 조금 부족한 것이 좋습니다."

말에 대한 주의는 남·녀 불문하고 똑같이 강조해도 지나치지 않다. 그런데 재미있는 것은 충청도의 말이 경상도에 와서도 좋다고 받아들여지면 고치지 않아도 된다는 입장이다. 이때 자신의 지역언어를 지키자는 의도가 아니라 단지 충청도 억양이 경상도 보다 훨씬 부드럽기 때문에 낯설더라도 동화될 필요가 없다는 입장이다. 혹은 경상도 말의 투박성을 인정하고, 또 여자들이 곱게 말하는데 적당하지 않다고 생각했을 수도 있다.

제3장에서 「여자가 웃는 맵시」에는 아주 직접적인 남성중심의 입장이 드러난다. 허허한 웃음은 건방지게 보일 수 있으므로 웃음도 예쁘고 가볍게 웃어야 한다는 것을 주문한다. 결국 마음대로 자유롭게 웃지 말고 입모양이 다듬어져 나올 훈련된 웃음이 필요하다는 것이다. 생활 속에서 웃음조차 여성성으로 훈육되어야 했던 시대의 한 모습을 헤아릴 수 있다. "허허한 웃음은 풍정(모양)을 돕고 씩 웃는 웃음은 사랑을 청합니다. 여자도 풍정이 없으란 것은 아니나 잘못되면 건방지단 말도 염려인 즉, 될 수 있는 대로 씩 웃는데 화기가 애연한 것이 더욱 미더웁니다. 선웃음 웃는 사람은 마음이 몹쓰고, 억지로 웃는 사람은 마음이 음흉합니다."

제4장 「여자의 걸음걸이」 역시 웃음과 그 생각이 별로 다르지 않다. 몸에 관한 예의범절에서 내용보다는 형식에 치중한 것이다. 여성의 몸, 말, 웃음, 걸음걸이 등을 어떻게 꾸미느냐의 문제로 모아지는 글이라고 할 정도로 내용에는 특별한 관점이 전혀 보이지 않는다. "대게 걸음 걸을 때에 아무쪼록 머리를 바로 가지고 눈은 앞만 보고, 허리를 굽히지 말고 손을 너무 내젓지 말고 궁둥이를 흔들지 말고 허리 위는 꼼짝 말고 다만 두 다리만 놀리되 내젓지 말고 발을 무겁게 옮겨 놓되 항상 걸음 법이 조용하고 단정하면 그만 아리따웁니다."

항상 여자가 상대하는 대상은 손윗사람으로 무의식 중에도 설정되어 있다는 것이고, 또 이것이 바로 예의가 바른 것으로 통했다는 사실이다. 여성은 나이나 지위의 많고 적음이 남성만큼 크게 작용하지 않았다는 것을 알 수 있는 내용이다. 이것은 사회생활의 완전 부재상황에서나 가능했을 일이다. 여자의 웃음은 '허허'할 수 없고 언제나 다림질된 옷과 같이 세련되게 적당하게 다듬어져 있어야 한다는 것이다. 상황에 따른 자연스러운 웃음이 아니라 미소의 수준에서 웃음이 전부가 되어야 한다. 예를 들면 박장대소의 형국이 벌어지는 웃음은 교양있는 여성에게는 있을 수 없는 것이다.

근대의식의 소유자라고 해도 좋을 문명개화한 남성 지식인이 지닌 여성의식의 한계는 개인의 한계이자 시대의 한계라고 할 수 있다. 사실상, 근대로의 변화 시기를 맞이했고 사회체제, 생활의 관습이 새롭게 변화되고 있었으나 사람의 의식과 관습이 개혁된다는 것은 짧은 시간에 가능한 일이 아니다. 그래서 법이 새롭게 개정되고 시행되더라도 생활습관에서 그 법이 적용되기까지 매우 오랜 시간이 필요하다. 여성 외모에 대한 조인석의 인식에는 놀라운 개방성이 돋보이는 부분이 없는 것은 아니다. 좀더 부드러운 말씨, 혹은 출가한 여성이 자신의 고향말씨를 그대로 가지자는 생각은 놀라운 발상이기도 하다. 현재에도 표준어와 방언 사이에서 언어의 종속적인 의식이 있음에도 불구하고 중앙·지역의 언어차이를 자유롭게 열어두는 점은 아주 소중한 생각이다. 조선시대의 가부장제 질서 안에서 만들어진 여성의식을 계몽주의 관점에서 문명과 개화의 의식으로 바꾸고자 시도했으나 오랜 관습, 생활세계의 질서가 부른 한계를 거의 벗어나지 못했다. 그럼에도 불구하고 『소녀필지』는 여성을 교육이란 근대제도 안으로 호출하고 있다는 중요한 의의를 갖는다.

3. 아내, 며느리, 어머니의 덕목

전통사회의 여성관을 적확하게 드러내는 텍스트는 열녀전이라고 해도 지나치지 않다. 여성을 대상으로한 텍스트가 거의 전무한 현실에서 비롯된 결과라고 본다. 유교경전의 태도를 고스란히 받아들이고 있는 여성 규범서들 역시 부덕(婦德)을 강조하면서 부인의 도덕적 의무를 강조한다.[6] 남성의 재혼은 종사를 지키고 제사를 지켜야 한다는 이유로 당연한 것으로 강조하고 있다. 상대적으로 여성의 순절과 수절은 당연한 미덕이 되었다. 얼마나 여성이 남성에게 종속적인가를 드러내는 구체적 사례가 된다. 남성중심의 역사에서 여성의 순결과 정숙의 이데올로기는 강고한 가부장제를 지키는 중심축이었다. 『소녀필지』의 내용을 간단하게 살펴보자면 5장부터 14장까지는 여성이 지녀야 할 외모의 아름다움에서 한 단계 더 나아가 내면의 성숙한 모습이 필요함을 역설하고 있다. 실제 5장부터는 결혼한 여성이 가정에서 아내, 부모, 며느리 등의 역할을 어떻게 할 것인가를 교육하는 내용이다.

물론 『여성필지』에서 열녀담론을 언급하는 것은 아니지만 유교적 부부윤리라는 큰 틀에서 벗어난 것이 전혀 없고 결국 여성의 성 역할이 남성에 매개된 현실을 드러내고 있는 것이다. 그러나 여성의 역량을 키우거나 발휘하는 현실적인 한계는 다발적인 형태로 나타난다. 가장 극단적으로 나타나는 대목은 역시 가부장제가 돋보이는 부부관계에서 그러하다. 여성은 재산, 교육, 건강, 행동에서 남자보다 부족하기 때문에 항상 남자에 의지해서 살아야 하고 독신으로 살 수 없다고 간주된다. 여성 스스로의 마음은 낮추고, 순순하게 참아가며 지극정성으로 남편을 보필하라고 주문하고 있다. 여성차별 의식의 근본적인 변화없는 훈육 위주의 교육서가 지닌 한계가 전면적으로 드러나는 대목이다.

그 외, 가부장의 시선을 완전히 극복하지 못한 예를 들면 「여자행실」에서 지혜보다 우선적인 것이 얌전한 태도라고 하는 점이다. 결국,

---

6) 김경미, 「열녀전을 통해본 전통부부 윤리의 문제」, 『동양한문학연구』 16집, 동양한문학회, 2002, 7~8쪽.

이 교재는 덕성이라는 내면문제 보다 우선적으로 외면적인 태도의 문제를 중요하게 취급하였다.「여자처사」에서도 언제나 모르는 것을 주위 사람들에게 물어볼 것을 권하고 있다.「시댁에서 몸가짐」 역시 무조건 시부모에게 잘 해야 한다는 것을 강조한다. 위생, 청결, 아이 낳아 기르기, 시부모의 길 등은 대체로 생활에 필요한 여성의 역할을 기록한 것이다. 결혼한 여성에게 주위 청결의 문제, 가족건강 보살피기, 아이 양육과 교육, 시부모와의 관계 등을 가르치고 있다.

보수적인 남성의 시선이 주류를 차지하는 여성교육 텍스트임에도 불구하고「여자교제」와「여자살림 불리기」 같은 글은 여성의 주체성을 확고하게 부각시키는 점이 있다. 전근대 사회에서 여성을 대상으로 교제를 언급할 수 있는 계층은 기생이 대표적이다. 기생에게나 가능했을 자유로운 여성상징, 이 언어가 근대사회에서는 중요한 여성 덕목의 하나로 제안된 것이다. 특히 신여성들에게 교제는 일반적인 현상이었고 효과적인 인간관계가 주목되었기 때문이다. 이렇게 변화된 시대를 조인석은 분명 헤아린 인물이기는 하나 가부장제 사회에서 훈육된 세계관이 쉽게 극복될 수 없었음은 당연한 일이다. 여성의 자각과 근대의식은 경제적인 자립도와 매우 긴밀하게 연관되어 있다. 여성의 경제적 주권을 언급하기보다는 살림살이 경제, 생활경제의 측면에서 주문한 것이지만 여성에게 경제적인 인식의 중요성을 가르치고자 시도한 점이 놀라운 점이라고 할 수 있다.

좀더 구체적인 내용을 살펴보자. 제5장의「여자행신」에 이르면 겉모양에서 벗어난 인간교육내용이 나타난다. "얌전키만 하면 혼잔(어리석고 미련함)이 뒤에 따르고, 무던키만 하면 숙맥이 뒤에 따르니 부득불 매운 중주와 굳은 특성은 있어야 평생에 몸을 가질 뿐 아니라 소생한 자식도 강즉합니다. 어떤 사람은 평생에 그 중심을 남이 모르므로, 크게 지혜 있는 사람은 어리석은 것과 같고, 크게 간사한 사람은 충성한 것과 같고, 크게 욕심 있는 사람은 청렴한 것과 같습니다." 분명히 무조건 여자라고 얌전하라, 무던해라는 주문은 아니다. 조화를 찾고, 중심을 찾으라는 말로 보인다. 그러나 결국 이 지혜 있으라는 요지에는 얌전하고, 무던하되 지혜가 필요함을 담은 것으로 보인다.

제6장의 「女子處事」는 여자로서 일을 할 때 주체적으로 판단하라는 내용이라기보다는 경험 풍부하고 지혜로운 사람에게 잘 문의를 해서 시키는 것을 잘 따르라는 주문이다. 마치 아이들에게 어른이 당부하는 내용 그것 자체라고 할 수 있다. 여성과 아이를 다르게 취급하지 않는 남성중심적인 시선이 드러나는 대목이다. "일상 일을 당하거든 나보다 지식이 높고 경험이 많고 나에게 참 마음이 있는 사람에게 물어 하면 실패가 조금 적습니다. 그러나 세상만사가 작은 일을 탐하다가 큰 일이 아니 되며 적은 분을 참지 못하다가 큰일을 저지르며, 적은 걱정을 업신여기다가 큰 걱정이 되며 남 속이려다가 내가 속습니다."

제7장의 「여자교제」에서 교제는 원래 남자언어였음을 조인석도 인정한다. 그러나 변화된 시대를 이해하고 교제의 필요성과 중요성을 언급한 것이 눈에 들어온다. 이때 교제는 사회생활 속에서 인간관계를 가리키는 것으로 상대방의 성격을 헤아려 대응해야 한다는 것을 말한다. 이 내용에서 조인석의 근대적인 의식이 제대로 드러난다. "교제란 것은 남자에게는 원래 필요하거니와 지금 세계는 여자도 알아야 됩니다. 부득불 나의 허리를 굽히고 남의 뜻을 따라 군자에게는 담담한 물과 같이 교제하고 소인에게는 단 꿀과 같이 교제할 수밖에 없고 보통사람에게는 순순한 술과 같이 하여야 됩니다. 아무리 친함이 깊더라도 마음 가운데 있는 말을 다 하지 마십시오."

제8장의 「여자 살림 불리기」는 자기를 자신이 책임져야 한다는 것과

먹고 사는 일도 남편이나 남에게 의지하지 말고 스스로의 힘으로 해야 한다는 여성의 주체성을 가르치고 있다. 사실 여성의 주체성은 경제적인 자립에서 가능해진다는 것은 누구나 인정하는 것이다. "우리 인류는 금수같이 자연생활이 될 수 없어 모두 피와 땀을 흘려야 먹습니다. 오뉴월 염천에 진땀을 흘리며 농사지은 곡식을 누가 거저 먹으라고 주겠으며, 무명 한 붕어리(꾸리)와 삼 한 대궁으로 당목 한 필을 천신만고를 이루어 짜서 거저 누구 입으라고 주겠습니까? 부득불 내 살 도리는 내가 하여야 됩니다." "재산가의 제일악행은 포실한 버릇으로 남만 맡겨 놓으며, 한정있는 재산을 한정없게 쓰는 용도이며, 잔인한 행실로 소작인을 박대하는 모든 처사는 곧 망하는 장본이올시다."

제9장의 「여자 시댁에서의 몸가짐」에서 시집살이란 처음부터 무조건 잘 보여야 하고, 시키는대로 일을 잘해야 한다는 것이다. 비위 맞추기로 요약되는 시어른 모시기는 자기헌신과 희생을 필요로 한다는 말이다. 전통사회에서는 상식과 교양의 수준으로 이해되던 부녀자의 덕목이었다. 그러나 어른에 대한 예의와 태도는 비위 맞추기와는 분명 거리가 있다. 시어른과 며느리 사이의 인격적인 관계는 전혀 설정되어 있지 않은 한계가 있는 글이다. "시집 비위를 맞추는 방법을 말하자면 첫째 시동생과 시누이를 참 사랑하면 시어머니 비위는 절로 맞고, 시어머니 비위만 맞추면 시아버님 비위는 절로 맞습니다. 명령받은 일은 가령 잘못되더라도 내게 허물은 없으며, 한번 명령받은 일은 그 후에는 시키기 전에 미리 하면 더욱 좋아합니다. 시집살이라는 것은 첫 번에 잘 보여야 합니다."

제10장의 「부부가 정답게」는 원래 여성은 인격체가 아니다 라는 전제조건을 제시하면서 자신을 낮춰 남성에게 의지하며 섬겨야 한다는 내용이다. 간혹, 여성의 주체적인 사회생활의 중요성을 언급한 내용이

없지 않으나 부부관계를 다루는 내용에서 여성은 인격이 없는 존재로 설정되어 있다. 이것은 조인석 개인의 한계이자, 시대의 한계이며, 여성인격의 중요성을 모르지 않으나 관습 속에서 고쳐지지 않는 지점을 드러내는 것이기도 하다. 특별히 가부장제 사회에서 남성이 가장으로서의 권위와 명예를 여성인격을 비하하거나 무시하면서 상대적으로 확장시켜온 역사가 현존하고 있다.

"조선여자는 원래 재산권이 없어 독신생활도 할 수 없고, 교육받은 사람이 적어 학식 생활도 사람마다 할 수 없고, 남자같이 건강하지도 못하여, 행동이 편당스럽(편리함)도 못하여 세사가 불여의하면 방랑생활도 할 수 없고, 또 절 한번 받은 여자는 자연히 가치가 떨어져서 팔자변경도 여의하지 못한 즉 부득불 남자에게 의뢰할 수밖에 없습니다. 나의 허리를 굽히고 나의 마음을 낮추고 나의 분함을 참아서 나의 바르고 능한 것은 은은하게는 보이나마 자랑하지는 말고, 가장의 굽고 능치못한 것은 순순하게 의논은 하지만 책망하지는 말아서 지극한 정성으로 그 마음을 감복케 하며" 그러므로 이 글은 『소녀필지』 전체 내용에서 가장 강력한 가부장적인 사고 그 자체를 드러낸다.

제11장의 「여자위생」에는 아픈 몸이 있거든 참지 말고 어디가 아픈지 알아서 병통을 잘 다스려야 한다는 주의를 주고 있다. "어느 의사의 말에 병원에 들어가는 사람의 정도를 조사해 보면 서양사람의 입원자는 평안이 있고, 일본사람의 입원자는 병자의 색이 있고 조선사람의 입원자는 사망자의 색이 있다하니 이것은 다 위생 방법을 모르는 원인이올시다. 이것은 간단하니 위생학이란 책을 사 보시오." 몸이 아픈 원인과 병통에 대한 충분한 이해가 자신의 건강을 돌보는 일임을 조선, 일본, 서양인을 비교해서 설명한다. 제12장의 「여자 청결」은 외모의 중요성과 뗄 수 없이 긴밀한 관련성이 있는 것이 청결이다. 아름다움은 깨

끗함에서 시작되는 것이므로 맑고 깨끗한 몸은 바로 여성의 몸으로 설정되기 마련이다. "가옥이라는 것은 육신을 담는 그릇…… 사람의 천성이 향주머니 옆에는 가까이 앉고, 똥 덩어리 옆에는 피해 가니," 자신의 몸은 물론이고, 집안, 주위를 깨끗하게 청소하는 청결이 부인의 책임임을 훈육한다.

제13장의 「아기 낳아 기르기」는 태교의 중요성과 어린아이의 교육방법이 담겨 있다. 이 글은 여성을 모성으로 이해하는 내용은 보이지 않으나 부모로서 유아교육의 아주 중요한 골자를 제시하고 있다. 칭찬과 꾸중의 적절한 분별이 어린아이에게 얼마나 중요한가를 알려주는 교육적인 내용이다. "신 것을 먹으면 아기가 총기가 없으며, 태중에 부부가 혼잡하면 아기가 경기병이 잦고, 또 장래에 사람이 어정쩡하며, 잉부(임산부)가 머리를 찬 물에 감아 빗으면 아기가 경기병이 잦고 또 나며, ……아기가 오륙세가 지나거든 너무 야단만 치면 혼잔해지고 너무 응석만 받으면 어리석어지고 하는 일을 모두 잘한다 하면 저만 사람인 줄 알고, 모두 못한다 하면 격성이 되어 성악해지는 법도 있은즉, 부득불 그 중에 참작하여 좋은 방면으로 잘 인도해주면 그 평생에 효력이 많습니다."

제14장 「시어머니 길」은 고부갈등이 시어머니 주도로 이루어지고 며느리는 학대 받는 수준의 전통가정의 문제를 풀어내는 데 있다. 고부갈등의 주요 문제를 시어머니로 설정하여 어른으로서의 역할을 당부하는 내용은 탁월하다. 부모의 입장으로 딸을 대하듯이 잘못을 고쳐나가는 멋진 방안이 제시되고 있다. 특히, 신가정이라는 변화된 사회문화를 예로 들면서 개화된 세계의 가정에서 며느리의 역할, 며느리의 위상을 중요하게 언급하고 있다. "자부란 사람은 생전에 의탁하고 사후에 만복을 기대…… 내가 색씨 시절에 받던 고통을 생각하면 자연 자부의

사정을 짐작하여 작은 허물은 용서하고, 큰 허물은 달래고, 모르는 일은 가르치되, 항상 혼자 있을 때는 은근히 말하고 점잖이 꾸짖다가 남을 대하거든 자꾸 자랑하며, 작은 재능이라도 크게 기려 주면 자연 감복하여 아니 변화하는 사람이 없습니다. ……신가정에는 시어머니 도덕보다 며느리 지각이 있어야 가정이라고 있겠습니다."

여성에게 결혼은 가부장제 질서에 편입되는 일이다. 기득권이 강하게 설정되어 있는 구조 안으로 여성이 편입되는 것인데 사실상 가부장제는 새로운 여성 편입으로 더욱더 강고해져 온 구조이다. 유교윤리와 함께 오랜 역사 속에서 굳어진 남성중심의 이데올로기는 여성에 대한 인격적 접근 자체를 가로막아 왔다. 가부장적 가족윤리가 전제하는 가족구성원들 간의 차별적 위계질서가 친애의 정을 해칠 수 있음에도 불구하고 다른 무엇보다 먼저 부모와 자식, 남편과 아내, 형과 아우 사이의 엄격한 차별적 위계질서가 있다.[7] 전통사회나 근대교체기에 개화된 지식인이 보여주는 여성의식의 한계는 결국 가족 내부의 차별적인 위계질서를 만드는 기준인 가부장제에서 비롯했음을 알 수 있다.

4. 비유의 양식에 담긴 여성 이야기

새로운 문학장르의 탄생이 시대와 문화변화를 통한 자연발생적인 국면이 전혀 없는 것은 아니지만, 새로운 시대흐름을 조절하고 주도하는 국가의 정치적 판단이나 선택과 무관할 수 없다. 또한 여성의 자각

7) 최진덕, 「가족, 가부장적 가족, 그리고 유학」, 『철학과현실』 통권55호, 철학문화연구소, 2002년 겨울호, 53쪽.

이 부재하다고 단언할 수 없지만 지배이념의 역할이 중심에 있었음을 충분히 헤아릴 수 있다. 조선 중기 이후 여성을 대상으로 하는 규방가사 중 계녀가사 역시 여성교육을 담당하는 중요 기능이 있었을 것이다. 조선 건국 이후 유학적인 국가 이데올로기는 남성 중심의 훈육질서를 일반화 하였으나 제한적인 범위이나마 여성교육의 필요성을 이해한 측면이 있었다. 이것의 구체적 사례는 『여사서』(『女四書』)[8] 간행일 것이다. 가부장제 생활세계에서 여성의 덕목은 이념적인 수준으로 요구되었고 그것의 사회적 수요가 여성의 교육, 여성의 글쓰기를 허여하고 있었다고 할 수 있다.

교유(敎諭)의 사전적 의미는 가르치고 타이른다는 것이다. 실제 한자어가 함의하고 있는 의미는 훨씬 더 넓은 범위를 포함한다. 교(敎)는 가르침의 뜻으로, 유(諭)의 깨닫다는 뜻만 있는 것이 아니라 비유하다는 내용까지 거느린다. 실제 가르침의 언어는 비유의 방식으로 이루어진다. 동서양을 통틀어 진지한 교육방법으로 알려진 대화법은 그야말로 수많은 비유의 언어가 들어 있다. 그러므로 교유는 단순히 가르치고 타이르는 데 그치는 것이 아니라 적절한 비유를 통해 사물의 이치를 깨닫도록 이끄는 교육철학이라고 할 수 있다. 『소녀필지』의 저자 조인석의 생각은 이런 다양한 비유의 방법으로 부녀자들을 깨우쳐야 한다는 시대의식과 무관하지 않았을 것이다.

이 부분은 기행형식을 빌어 집안의 살림살이와 형편은 여성의 역할

---

8) 부녀자들의 수신교화서 『女四書』는 후한 班昭의 『女誡』, 당 宋若昭 『女論語』, 명 仁孝文皇后의 『內訓』, 명 王節婦의 『女範捷錄』을 묶어 부르는 말이다. 모두 여성의 저작으로 여성들에게 교훈이 되도록 한 책인데 영조의 왕명에 따라 이덕수가 언해하여 『御製女四書諺解』로 널리 퍼졌다. 조선영, 「계녀가류 가사와 『여사서』」, 『한국문학연구』 22집, 동국대한국문화연구소, 2000, 207쪽.

에 따라 좌우된다는 것을 강조하고 있다. 대체로 지역마다 특징 있는 가정살림을 예로 들면서 여성의 소임이 얼마나 중요한가를 지적한다. 포항인근 섬마을의 친구집에 들렀더니 “부인의 근검에 민첩이나 겸하고, 그 주인의 규모에 청결이나 겸하였으면 꽤 재미있는 가정인데, 너무 심심하고 추잡”하다고 보았다. 강릉군 주문진 마을의 부인은 인사성, 청결이 매우 뛰어난데 “그 주인의 재산 정도는 그렇게 풍족하진 못하나 내외 인격과 치산제도는 꽤 화합하고 재미있는 가정이었다”는 것이다. 경성의 관철동 친구집은 “도회생활이란 것은 돈 아니드는 물건이 없는 중에 모두 시골보다 고가이올시다. 그러다가 보니 퇴직하는 날에 남은 것은 불과 떨어진 양복벌 구두켤레뿐이올시다.” 농가에 비해 직장생활하는 도시사람들의 돈 씀씀이를 언급한다. 남편은 경성부 부서기였으나 해임되고, 아내는 교원이나 신병으로 사직한 상황이 되었으므로 경제적으로 힘든 처지가 된 집안 이야기이다.

경성의 서강에 사는 자산가 집안은 가장 이상적인 가정으로 소개하였다. 집안 가장의 위상 못지않게 아내의 내조와 임무가 확연하게 구분되어 있고 부부가 동등하게 집안 재산을 관리한다는 것이다. 재산은 조선의 자본가이고 가정도 볼 만하다하여 관광차 찾아갔다. “세간 기구와 음식, 의복의 사무는 부인이 관리하고 금전 처리는 주인이 하되 항상 내외가 상의하다가 주인이 출입하면 부인이 대리로 보며 혹 특별한 사무가 있으면 노주인에 물어 합니다. ……재산도 굉장하지만은 가정도 재미있다. 자연히 일은 많겠지만 생활도 훌륭하다.” 저자는 서강의 집안 모델을 이상적으로 제안하고자 했을 것이다. 우리 전통과 동떨어진 매우 현대화된 특별한 가정으로 소개하면서 새로운 시대의 여성상을 그려내고 있었던 것으로 추측할 수 있다.

신탄진 역에서 만난 사람들에게 물어본 말들은 하나같이 문제적 가정을 보여준다. 대체로 결혼생활에 문제가 있어 가족과 헤어지거나, 가출한 사람들의 가난하고 어려운 살림살이가 그대로 드러난다. 조인석은 이런 가정에 던져진 여성에게 필요한 것은 사랑의 이름으로 불리는 희생과 헌신의 각오라고 생각한다. 그리고 가정불화로 고통스러워하는 사람들의 입장을 통해 가장의 책임감을 이야기하고자 한다. 농가생활이 부족하여 상업을 좀 하다가 외상에 난봉꾼이 되어 논은 경매당하고 차금의 곤란을 피하야 나온 사람, 소작생활에 도조와 세금하고 남는 것이 없어 일본에 노동하러 가는 사람, 가난하야 이십 세가 넘은 자식을 장가를 못 드렸더니 그만 달아났기로 그놈 찾아가는 사람, 며느리는 근사한데 자식 놈이 기어이 달아났기로 찾아가는 사람, 노름하고 달아난 아들, 며느리가 불쌍해서 찾아가는 사람, 순진하게 연대보증을 선 자식이 도망가서 찾아가는 사람, 약한 자식에게 재산을 줬더니 투기를 해서 보기 싫어 떠나는 사람, 학교하다 빚진 자식 찾아가는 사람, 보통학교 졸업하고 경성중학교를 진학한 뒤 가난한 살림에 돈 보내라고 하기에 찾아갔다 오는 사람 등이다.

수많은 사람들이 통과하는 역에서 귀동냥한 이야기에는 대체로 남자의 문제점이 즐비하다. 결국 세상의 부족한 남성을 남편으로 둔 여성들이 안타깝다는 결론을 내자는 것이 아니다. 여성들에게 그 부족하고 모자라는 남성들의 입장에서 생각해 보라고 권유한다. “또 건너 의자에 한 노부인 우리 여자만 서러운 줄 알았더니 남자도 고통이 있구나.” 하는 말이 그러하다. 한 부인은 과부로 살다 아들조차 패가하고 육십에 친정으로 가는 길, 경성에 살다 시골 친정으로 가는 길, 가장이 싫어하므로 퇴학하고 친정으로 가는 길, 가장의 경성 생활 돌아보고 가는 길, 가장의 십년유학 바라지 끝에 새살림 차린 가장 보고 돌아가는 길, 십년동안 끊어진 소식이 들리자 찾아가는 길, 가장의 딴살림에 가장이 병들고 여자죽고 아이 둘 달린 통지받고 찾아가는 길, 신여성 며느리가 시어미를 침모로 알자 친정으로 가는 길, 시골학생과 결혼한 신여성 참지 못하고 경성으로 가는 길, 교원생활 외로워 시골로 가는 길, 순간에 수 천석 날리고 친정으로 가는 길, 결혼 약속하였지만 혼인 비용없어 낭패하고 돌아오는 길, 자유 결혼한 딸자식의 신랑자격과 사돈집 범절 알아보러 가는 길 등이 가정생활 안에서 여성의 역할을 제시하는 글이다. 여성의 책임무한의 구체적 사례들을 잘 볼 수 있는 대목이다.

제16장의 「꿈에 염라국에서 놀던 이야기」는 꿈을 통해서 혼인한 여자에게 주어진 엄청난 책임과 부담을 알리는 글이다. 이 꿈에 나온 일곱 명의 여자는 구여성, 신여성의 문제를 전체적으로 보여주고 있는데, 이들의 개인적인 입장을 통해 당시 여자로서 살아간다는 것이 얼마나 힘든 일인가를 되새기고 있는 것 같다. 특히 환생을 하게 되는 과정에서 인생살이가 아무리 좋은 조건과 환경 속에 놓일지라도 여전히 똑같다는 사실을 결말에서 보여준다. 단순하게 참고 살아라, 라는 여자 억압과 무시의 일방적 강요가 아니라 삶의 다양함을 제시하면서 인생 자체의 역정들을 헤아려 보도록 글을 쓴 것 같다. 구여성과 신여성의 문제점을 곰곰이 생각해 볼 것을 주문하기도 한다. 물론 사회자체의 엄격한 차별, 생활 풍속에서의 금기 등이 극복되는 것은 전혀 아니지만, 이런 사회를 그대로 바라보는 자리에서 여자들은 어떻게 살아야 하는가를 나름대로 제시하고 있다.

내용은 다음과 같다. 강원도 관동팔경 구경, 불영사에서 술을 먹고 범종루에 누워 꿈을 꾸는데 염라국이다. 7명의 여자가 각기 자신의 처지를 비관해 일찍 염라대왕 앞에 왔는데 김일호는 상놈의 계집으로 지주횡포에 시달려, 최이호는 민촌여자로 농촌교육이 없어 남편이 달아났다. 박삼호는 양반집 부인인데 체면, 예문 차리다 굶어죽을 지경이 되었다. 이사호는 가장이 오입 가서 십 사년이 되도록 혼자 있었다. 정오호는 소박당해서(너무 과묵, 묵묵부답), 권육호는 과부수절 십 오년하다가, 황칠호는 시가에서 쫓겨나서 왔다. 이들이 대왕의 은혜로 다시 인간세상으로 돌아오다가 윤회대왕이라고 사람 환생시키는 곳에 앉아서 어디로 갈지를 정하고 가는데, 지장보살이 인간에 나가거든 죄 짓지 말라 하거늘, 내(조인석)가 그 일곱 여자를 따라 가다가 노구 한사람이 치마 벗고 감자밭에 똥 주다가 일곱 여자를 보고 "호랑이같이 무섭고, 가시같이 따가워, 모르고 한번 갈 곳이요 알고 두 번 갈 곳은 결단코 아니라"고 하면서 "서럽니, 무르니, 원통하니, 불쌍하니 하면서 다시 그 인간을 주척거리고 찾아가니 너희들은 모두 미친 개딸년들이다."라고 똥바가지를 휙 덮어씌우니 일곱 여자가 모두 강물에 떨어진다. 이러다 문득 잠에서 깨어나니 목침이 떨어졌고, 왼쪽 어금니가 아프다." 아침에 잠을 깨 명부전 앞을 지나니 꿈 속의 대왕과 닮은 모습이다.

제17장 「꿈에 돈 귀신 보던 이야기」는 돈의 폐해를 '공방'이라는 돈 귀신을 설정하여 문제점을 검토한다. 근검절약한 돈은 지속되지만 금전이란 물건은 땀내를 아니 맡고는 잘 오질 않는다는 교훈적인 이야기를 썼다. 검소하고 절약하는 삶의 자세를 가르치기 위해 꿈을 빌려와 의도적인 설정을 하고 있다. 그러나 현실적으로 잉여자본이 축적한 돈의 위력이란 것이 있다. 그래서 부자에게는 불안한 소리가 많다고 한다. 오랫동안 굳어온 양반들의 무노동을 지적하면서 문학가와 양반들이 사회가 변화되었음을 받아들여야한다는 강한 메시지를 담고 있다. 서양문물이 들어오면서 인간은 완전히 금전에 매이고 도덕과 체면, 윤리는 전혀 없어졌다고 한다. 물론 서양문물 유입은 일본의 침략과 무관하지 않다.

내용을 보면 대구부 경풍관 여관에 들러 기차에서 고단한 몸이 곧 잠이 들었다. (정신이 황홀해지다로 표현하고 있음) 공방(孔方)이라는 돈귀신이 나타나자 친구라는 사람이 대부분 더러운 사람, 아끼는 사람, 간사한 사람, 악한 사람이 많고, 학문가와 도덕가와 인격자와는 교제가 적은데 이 까닭은 무엇인가를 묻는다. 공이 말하기를 부잣집에는 불안한 소리가 많다. 재산이란 것은 땀나고 피난 돈이 아니면 오래 있을 수 없다고 한다. 내가 조선 근일에 금전곤란이 이렇게 심하냐하니 조선은 지식계급이 도리어 민족에게 해충이라고 한다. 농군의 등허리에 수많은 놀고먹는 사람 살려주고, 허다한 물건 사들이고, 무거운 세금 짊어지니 빚덩이에 앉는다는 비판적 입장을 보인다. 공이 이런 정신적인 노동을 더 이상 참지 못하고 상제에게 사직서를 바치니, 금전을 인간에 장구히 두었다가는 인류가 정녕 금수가 되어 필경은 인종 소멸까지 되겠다고 하고 후임자를 보내지 않는다고 한다. 이렇게 가면 금전은 썩고 태고시대로 나무열매를 먹고 살 날이 올 것이라 한다. 그러자 내가 내 과원 하나에 안심하니, 백만 정보도 사라지는데 참 체면 없는 사람이라고 호통을 쳐 잠을 깼다.

제18장 「농촌을 구경한 이야기」에서 조인석은 금강산 구경하려다 춘풍이 심하게 불어 승려를 따라 시골마을을 구경하다가 이상촌을 만난다. 이 마을은 서로 협력하여 공동의 목욕탕, 우물집, 종자저장실, 설비 등이 갖추어져 이상촌을 이루고 있는 곳이다. 이런 이상촌은 조인석에게는 현실에서 실현시켜야 할 이상이었을 것이다. 조선 사람의 사정은 재산 파멸이 제일 고통, 세금과 옛 습관을 한 어깨에 매고 있어서, 세금은 백성의 도리에 어찌할 수 없고, 습관은 백년의 오랜 것을 정부에서 정한 것이라 일조에 고칠 수 없어, 더욱 재산 폐해가 심해지는 것이다. 이런 문제를 극복하기 위해 동네는 규약을 만들어 동약을 어기는 사람은 동인으로 대접하지 않고, 물러가게 한다. 각각 부서를 두어 합

리적으로 동네를 이끌고 있다. 이 글을 읽으면서 주실마을이 생각났다. 이 글에 보면 '연변의 난경성과 일본에 유학하는 청년이 몇 사람 있더니 졸업 후에 활동할 장소가 적당하지 못하여 다시 농촌을 꿈꾸고 이 땅에 돌아왔은즉 유학생의 말로가 비교적 재미가 적었기로 유학열은 당분간 쉰 듯 하다는 내용이다. 실제 주실마을의 이야기일 것으로 추정된다.

조선의 농촌이 파멸되어 참담한 지경에 이르렀음을 보여주는 글이다. 농촌을 개량한 이상촌 이곳에는 동약(동네의 규약)을 정해놓고 그것을 지키는데 윤리부, 권업부, 강론부, 상벌부, 용달부, 교육부, 예속부, 위생부, 구제부, 납세부, 차대부, 판결부, 자위부, 주초부, 이상 14가지 부가 서로 합쳐 동네를 이끌고 간다. '아무리 미친 물결과 겁나는 바다라도 무사히 건너가겠습니다'라는 맹서가 중요한 의미를 갖는다. 춘기 강론회도 여니 남자는 단발, 흑의, 부인의 상의는 희고 하의는 검은 제도로 일치시켰다. 강론회는 많은 사람들이 자신의 입장에서 이야기를 끌고 가는데 모두 교훈적인 말들이다. 그리고 나서 '이 세계'란 노래를 유성기와 풍금으로 합창하고, 두 부인이 '농가'란 노래를 부른다.

「꿈에 돌아간 아내 이하연을 만나다」는 죽은 아내를 그리워하며 쓴 글이다. 고생하다 간 아내가 신선의 세계에 살고 있으리라 상상해 보는 것이다. 특히 이 글 내용을 보면 '저 이하연은 본시 천상선녀로 허물이 있어 인간에 적강하여 당신 집에 삼십팔 년 인연이 있었다'고 나온다. 이 글에 지은이가 아내를 얼마나 극진히 사랑하였는가를 잘 나타낸다. 아내의 사소한 일들을 기억하는 것이나, 의자를 아내의자에 붙이고 이야기하는 것이나, 꿈에 만나서도 함께 살자는 것, 등등 아내에 대한 인간적인 마음이 잘 드러나는 글이다. 이 한편의 글에는 여성에 대한 인간적인 이해와 연민의 정이 있었던 남성의 면모를 볼 수 있다.

먼저 죽은 아내의 무덤을 찾아 아쉬운 추억에 젖다가 선녀들이 사는 세계에 들어가게 되고 아내를 다시 만나게 된다. 아내의 죽음에 대한 슬픔이 극진하기가 하늘에 닿아 상제가 직접 만날 수 있도록 배려한 것이다. 죽은 아내를 만나 일찍 엄마 잃은 딸 애영(조애영)을 걱정하는 소리와 손자 동탁(조지훈)의 건강을 걱정하고 40여년의 인간세상의 인연을 돌아본다.[9] 나는 다시 아내와 함께 살고 싶다고 하나 선녀와 인간은 함께 있지 못하며, 닭 우는 소리 들리자 자리를 마치는데, 서쪽 창으로 금계가 진동해 놀라 깨니 꿈이다.

「여행의 기록」, 「염라국의 이야기」, 「돈귀신 이야기」, 「농촌구경 이야기」, 「죽은 아내를 만나는 이야기」는 허구적인 내용을 엮어서 쓴 것이다. 특히 꿈, 여행, 우연에 의지한 이야기 쓰기 방식은 개화기 산문형식에서 쉽게 찾아볼 수 있는 토론체 양식이다. 실제 전달하고자 하는 내용을 가장 잘 드러낼 수 있는 방식은 직접적인 진술이다. 이 진술의 문학형식으로 토론체 양식이 제출되었고 시대변화의 접점에서 쏟아지는 담론들이 토론형식으로 담겼던 것인데 조인석의 글쓰기는 당시 풍미하는 토론양식을 그대로 닮아 있었다.

5. 나오는 말

이상에서 조인석이 1927년에 마을 여성교육을 위해 쓴『소녀필지』의 내용을 구체적으로 살펴보았다. 작품의 평가과정에서 드러난 여성의식의 부재나 혹은 한계점은 개인의 문제이자 시대의 제약이라고 볼

9) 조애영은 조지훈 시인의 고모로『은촌내방가사집』을 지었다(금강, 1971).

수 있다. 그러므로 당시 많은 유학적 지식인이 실천하거나 표방하지 못한 인류 보편적 가치 기준을 실현하기 위해 노력한 인물로 조인석을 평가할 수 있을 것이다. 또한 당대 어떤 지식인보다 여성에 대한 인간적 친애를 아끼지 않은 사람이라는 것을 새삼 강조하면서 마무리하는 글을 쓴다.

1장에서 4장까지를 정리하면 외모에서 주의할 점들이라고 할 수 있겠는데, 걸음걸이, 웃음, 말씨, 용모 등이 그 내용보다는 형식에 중심을 두고 기술되어 있다. 이것은 외모 혹은 용모라는 것이 내용과는 달리 겉모습에 불과하다는 것이다. 그러나 겉모습이 여성에게 얼마나 중요하게 다뤄지고 있는가를 알 수 있는 국면이다. 여성의 외모는 여성의 아름다움을 규제하는 아주 중요한 수단으로 오늘날까지 지속되는 장치이다. 정작, 겉모습이 여성에게 중요했는지, 남성에게 절실했는지를 더욱 고찰해 볼 필요가 있다. 악순환적 고리를 가진 이 논의야말로 여성 담론에서 문제적인 노선을 상정하고 있다.

1장에서 15장까지는 여성의 교양과 덕목이 필요한 까닭, 중요성, 기르는 방법 등을 소개했다면 15장 이하는 허구적인 구성을 통해 실제 여성들의 삶을 제시한다. 「여행일록」은 여행의 형식에 의지해 집안에서 부인의 역할이 얼마나 중요한가를 새삼 깨치도록 하는데 의의를 두고 있다. 조인석은 '근일 조선에 이혼병이 유행'한다고 판단하여 경기, 경상, 강원도를 돌아보고 적은 글이라고 밝혔으나 기행의 형식을 빌려 혼란한 세태를 비판하자는 의식이 강하다. 개화기 토론체 양식, 즉 신소설로 넘어가기 전단계의 작품형태로 보이는데, 여러 남자와 여자가 번갈아가면서 자신의 이야기를 하고, 전지적 작가가 상황을 정리하는 방식이 토론체양식과 거의 유사하다. 가장, 부인, 청년, 여학생의 역할의 부족함과 식민지의 사회상을 비판하는 의도가 강하게 스며들어 있다.

여성교육의 시도는 평등한 인간관계를 설정하는 아주 올바른 시도이나 공고한 가부장의 질서와 생활화된 인습의 문제가 여성교육의 새로운 국면을 열었다고 보기는 어려운 점도 있었다. 전통 한국 여성성으로 이해되는 인내, 온순함, 얌전함 등의 남성중심의 수사적 이념을 피해갈 수 없는 것이다. 특히 외모와 관련된 여성용모에 대한 조인석의 접근은 확실히 남성성, 여성성의 획일적인 이분구도를 그대로 노정하고 있다. 여성다움과 남성다움이 구별될수록 남성 권위가 중심을 이루는 사회임을 우리는 알고 있다. 여성의 외모와 맵시를 다루는 장에서 여성은 지워져 있고 남성의 시선만 보일 뿐이다.

다음으로 중요하게 언급하는 여성의 처신과 행실에서 지혜를 강조한다. 이것은 남성이든 여성이든 모두 동일하게 필요한 덕목이다. 그런데 여성에게는 전제조건이 붙는데 지혜롭기 이전에 얌전할 것을 주문한다. 그리고 의사를 분명하게 혹은 정확하게 표현하는 것이 아니라 최대한 남성(남편)의 기분을 존중하면서 최소한의 의사를 표현하는 방법을 제시한다. 대단히 소극적인 여성이미지를 그려낸다는 것을 지적하지 않을 수 없다. 전통 유교윤리가 가리키는 부부유별은 현실사회에서 엄청난 차별을 가져왔기 때문에 여성과 남성의 차이는 차별로 굳어져 버렸다. 이러한 이데올로기적 장벽을 전혀 넘어서지 못한 것을 한계점으로 언급할 수 있다. 개화기 토론체 양식을 빌어 여성 이야기를 풀어쓴 내용은 직접적인 당위성을 논하는 글 보다는 남성성이 강하게 드러나지 않는다. 여러 사례를 통해 자신의 삶을 돌아보도록 하자는 의도가 역력하다.

근대교체기에 접어든 혼란한 세태를 읽어낸 조인석에게 시골 향리의 소녀 혹은 여성은 근대적인 사회를 살아가기 위해 절실하게 교육이 요청되는 대상으로 읽힌다. 전통사회가 여성에게 교육을 완전히 차단시켜왔던 것과는 달리 변화된 시대를 적극적으로 수용한 결과이다. 신분과 계급에 얽매이지 않고, 남성 중심의 가부장제의 논리 자체에 갇히지 않았던 열린 지식인의 결단이 영양 주실의 산골마을에 여성교육의 장을 마련하게 한 것이다. "조선같이 여자교육 없는 지방에 어디 현숙한 부인이 있으며, 조선같이 직업 천대하는 지방에 어디 안포(安飽)한 가정이 있습니까? 그것은 남녀의 죄가 아니오, 실상 풍속의 죄올시다."[10] 이렇듯 조인석은 유학 이념이 추구한 가부장질서를 벗어나지 못했으나 근대적 사유를 여성교육의 현장으로 실천해낸 인물임은 분명하다.

참고문헌

조인석 지음, 정양완 역주, 『20세기 전반 격동기의 여성교육』, 태학사, 2000.

김경미, 「열녀전을 통해본 전통부부 윤리의 문제」, 『동양한문학연구』 16집, 동양한문학회, 2002.

안동대안동문화연구소, 「새롭게 개척한 근대의 길」, 『영양 주실마을』, 예문서원, 2001.

이배용, 「개화기 · 일제시기 결혼관의 변화와 여성지위」, 『한국근현대사연구』 10집, 한국근현대사학회, 1999.

조선영, 「계녀가류 가사와 『여사서』」, 『한국문학연구』 22집, 동국대한국문화연구소, 2000.

조현순, 「여성의 몸: 수잔 보르드와 주디스 버틀러」, 『비평과이론』 7권 2호, 한국비평이론학회, 2002.

최진덕, 「가족, 가부장적 가족, 그리고 유학」, 『철학과현실』 통권55호, 철학문화연구소, 2002년 겨울호.

10) 조인석 지음, 정양완 역주, 『20세기 전반 격동기의 여성교육』, 태학사, 2000, 92쪽.

근대 사진아카이브를 통해 본 조선민속표상과 전통담론

허 경 민*

1. 서론

최근 근대이행기와 일제강점기에 촬영된 사진이 잇달아 소개되고 있다. 해방 이전의 사진자료가 최근에 주목받는 것은 '근대'에 대한 관심에서 기인한다. 근대이행기 조선을 다녀간 외국인들의 여행기가 속속 번역되면서 '근대'에 대한 관심이 증폭되기도 하였다.

해방 이전의 사진들을 접할 기회가 늘어나면서 각 분야에서 이 사진들을 활용한 연구가 활발하다. 하지만 사진 그 자체에 대한 연구는 아직까지 많지 않아 한 장의 사진을 놓고서도 의견이 분분할 때가 종종 있다. 또한 사진의 이면에 숨겨져 있는 다양한 시선과 담론이 있을 것임에도 지금까지의 연구는 사진의 기록적 가치만을 강조하는 쪽으로 치우쳐, 사진의 담론적 분석은 활발하지 못했다.

특히 민속관련 사진은 촬영연대를 과거로 소급하여 활용하는 경향

---

* 지역아카데미 책임연구원

이 많다. 단편적인 사실만을 담은 한 장의 사진으로 민속현상 전체를 조망하는 우를 범하기도 한다. 낯선 땅에 온 외국인은 자신이 관심 갖는 것만을 볼 것이고, 사진을 찍을 경우는 그 중에서도 사진기의 작은 파인더를 통해 세상을 볼 것이다. 다시 말하면 이 사진들은 자신이 본 세계의 특정 부분을 특정한 순간에 기록한 것일 뿐이다. 당시의 사진은 이방인의 눈에 비친 조선의 아주 작은 부분인 것이다. 심지어 연출되고 왜곡된 사진도 적지 않다는 것을 생각한다면 한 장의 사진으로 사실을 확대해석해서는 안 될 일이다.

근대 사진아카이브를 검토해보면 촬영자 및 소장자에 따라 사진의 내용과 성격은 뚜렷이 구별되고 촬영 목적에 따라서도 사진의 양상은 다양하다. 이것은 당시 조선을 바라보는 관점이 제각각이었음을 보여주는 것이다. 이 연구는 '그들에게 포착된 조선의 민속은 어떤 것이었을까'라는 물음에서 시작되었다. 사진은 현실세계의 복사가 아니라 해석이라는 것을 전제한다면 민속의 사진적 재현 양상을 통해 당시 조선의 민속에 대한 그들의 인식을 파악할 수 있을 것이다.

그러한 이해를 기반으로 이 연구는 조선의 민속이 어떤 이미지로 표상되었고, 그것이 어떻게 전통으로 자리매김하는지를 살펴볼 것이다. 즉 재현과 유포를 통하여 조선의 전통으로 담론화되는 과정을 보려고 한다. 근대이행기와 일제강점기에 촬영되었던 민속관련 사진들을 보면서, 우리는 그것을 전통의 한 단면으로 받아들이는 경향이 있다. '우리 선조들의 모습', '전통사회의 생생한 묘사' 등으로 이 사진들을 이해하고 있는 것이다. 하지만 과연 그런가. 실상 이 사진들은 거대한 변화의 물결이라 할 수 있는 근대의 시공간에서 변화되지 않은 전통의 일면을 촬영하여 지금에 전하는 것이다. 이 연구는 이러한 맥락을 중요하게 문제 삼는다. 동시에 민속사진[1] 속 피사체만을 주목하기보다 사진을 둘러싼 다양한 담론을 보고자 한다.

연구의 대상은 근대이행기와 일제강점기에 생산된 사진 자료 중 민속현상을 촬영한 것으로 한다. 당시에 촬영된 사진들이 모두 출판된 것이 아니기 때문에 자료 검토의 대상은 제한적일 수밖에 없다. 또한 출판된 사진집 중에는 시중에 떠도는 사진들을 모아놓아, 자료의 출처와 촬영자 및 소장자를 알 수 없는 것도 많다.[2] 따라서 본 연구에서는 자료의 출처와 촬영자 및 소장자가 분명한 것을 그 연구 대상으로 한정한다. 당시 사진촬영이 그리 흔한 일이 아니었을 뿐더러 적지 않은 비용과 품이 들었기 때문에 분명한 목적을 가지고 촬영되었으리란 추측이 가능하다. 그리고 그 목적을 추적하는 작업이 이 연구의 한 축을 이루기 때문에 연구의 대상은 제한적일 수밖에 없다. 연구대상이 될 자료의 목록은 다음과 같다.

(1) 이폴리트 프랑뎅(프랑스 외교관), 『먼 나라 꼬레』, 경인문화사, 2003.

(2) 『내셔널 지오그래픽』 및 『은자의 나라』, YBM sisa, 2003.

(3) 무라야마 지준, 『한국, 1930년대의 눈동자; 무라야마가 본 조선민속』, 이회, 2003.

(4) 아키바 다카시, 『그들의 시선으로 본 근대』, 사진전 도록, 2004.

(5) 송석하, 『민속사진특별전도록』, 한국민속박물관, 1975. 및 국립민속박물관 소장자료.

---

1) '민속사진'은 촬영된 대상을 기준으로 범주화한 개념으로, 민속을 대상으로 촬영된 사진을 말한다.

2) 대표적인 예가 서문당에서 출간된 화보집이다. 조풍연, 『사진으로 보는 조선시대 : 생활과 풍속』, 서문당, 1986; 손경석 외, 『사진으로 보는 근대한국 : 산하와 풍물』 상 · 하, 1986.

2. 근대 사진아카이브의 구성과 성격

1) 프랑스 외교관 이폴리트 프랑뎅의 사진아카이브

프랑뎅(Hippolyte Frandin, 1852~1924)은 1852년 1월 3일에 태어나 청소년기의 수년간을 제정 러시아 황제의 참사관을 지낸 부친을 따라 러시아에서 보냈다. 파리의 동양어학교에서 중국어를 공부하고, 1875년 파리주재 중국대사관의 명예대사관 1등서기관이 되면서 직업 외교관의 길을 걷게 된다. 1880년 중국 톈진주재 프랑스 영사관의 통역관 겸직 총영사가 되어 중국에 온 그는 이듬해 영사관을 거쳐 1889년 중국-베트남 국경확정위원회의 위원장을 맡았다. 그리고 1892년 4월 8일, 조선주재 2대 프랑스공사 겸 총영사의 자격으로 조선에 오게 된다.[3] 비록 '미개'한 타국에서 생활하였지만 그는 사냥과 테니스 등의 호사스러운 여가를 즐겼고, 가족들과 함께 서울 인근의 산과 계곡 등지로 나들이를 즐겨 다녔음을 사진아카이브를 통해 확인할 수 있다.

서구의 선교사와 여행가, 외교관들의 기록에서 흔히 볼 수 있듯이, 그는 끊임없이 조선과 자신의 나라를 비교하며 조선의 전근대성을 강조하였다. 그들은 서양과 동양, 근대와 전근대, 합리성과 불합리성, 청결과 불결 등의 기준으로 이분하여 조선을 보려 했다. 오리엔탈리즘을 '동양을 지배하고 재구성하며 위압하기 위한 서양의 스타일'로 보았을 때,[4] 프랑뎅을 비롯한 서구인들이 인식한 동양은 단지 '미개'와 '야만'으로 표상될 수 있다. 이러한 인식은 프랑뎅이 본국으로 돌아가 출간한

3) 김준권, 「프랑뎅의 조선 행력」, 『먼 나라 꼬레』, 경기도박물관, 경인문화사, 2003, 23쪽.

4) 에드워드 사이드, 박홍규 옮김, 『오리엔탈리즘』, 교보문고, 1994, 16쪽.

『En Coree』에서 여실히 나타난다.

프랑뎅은 1892년부터 1894년까지 2년간 조선에 머물며 촬영한 130여 장의 사진을 그의 유족에게 남겼다. 사진의 내용은 프랑뎅 자신이 머물렀던 프랑스 공사관의 전경과 주변 풍경, 조선 고관들의 초상사진, 가족들의 기념사진, 신식군대의 훈련 장면과 북한산성 · 남한산성의 사진, 외국 공사관을 비롯한 서울의 전경사진, 국왕 행차 사진과 조선인의 생활상을 담고 있다.

프랑뎅 사진아카이브에는 그가 '더럽고 게으르다'고 표현한 조선의 민중을 가까이 다가가 찍은 사진은 그 수가 적다. 그의 여행기에 의하면 직접 가정집을 방문하여 말을 걸어보기도 하는 등 조선 민속에 대한 관심을 보이기도 하나, 이것은 어디까지나 그가 머물고 있는 조선에 대한 기본적인 정보 수집과 개인적인 호기심의 발로라 할 정도이다. 때문에 그는 직접 조선 민중의 생활상을 필름에 담기보다 수집을 한 것으로 짐작된다. 수집된 사진들은 대부분 사진관에서 연출된 사진이다. 예컨대 아이들의 놀이, 서당의 훈장, 조선의 여인 등의 사진은 전문 사진사에 의해 촬영된 사진을 수집한 것으로 보인다.[5)]

2) 미국의 지리잡지 『내셔널 지오그래픽』의 사진아카이브

『내셔널 지오그래픽』(1888～)은 170개국에서 23개 언어로 매달 900만부가 팔리는 세계적인 잡지이다. 창간된 지 115년이나 된 이 잡지는 1888년 창립된 내셔널 지오그래픽 협회의 기관지로 시작되었다. '지리

5) 최인진에 의하면 당시에는 여러 가지 풍경이나 건물 등을 촬영해 만든 사진들을 판매하는 사진관도 있었다고 한다. 최인진, 「이폴리트 프랑뎅 사진컬렉션의 성격」, 『먼 나라 꼬레』, 경기도 박물관, 경인문화사, 2003, 167쪽.

학 지식의 증대와 확산'을 목표로 결성된 협회의 초대회장 허버드는 "우리 모두가 우리의 삶의 터전인 이 세계에 대해 더 많은 것을 알 수 있게 되기를 희망하는 수많은 사람들에게 개방되어 있다는 것을 공표" 하였다.[6] 창간 초기 잡지는 부정기 간행물로서 주로 전문 지리학자들의 논문을 수록하는 협회지였으나[7] 지리학에 대한 국내외적 관심으로 점차 대중지로 변모하게 된다.

1896년 하이드라는 편집인이 등장하면서 『내셔널 지오그래픽』은 정기 월간지로 개편되고 사진의 비중이 획기적으로 늘어났다.[8] 이후 전문지로서의 성격은 점점 약화되고 대중적 잡지로 성장하게 되어 상업적으로도 큰 성공을 거둔다.

『내셔널 지오그래픽』은 창간 다음 해인 1890년 처음 조선을 방문하게 된다. 당시 많은 서구의 탐험가들이 조선을 탐사하고 여행기를 남겼던 시기이긴 하지만, 미국 내 일개 협회지가 조선까지 취재를 했다는 것은 그들의 '지리학 지식의 증대와 확산'을 위한 신념이 얼마나 강렬했는지 짐작케 한다. 그 후로도 『내셔널 지오그래픽』은 조선을 지속적으로 취재하였다. 이중에서 간단한 토막기사를 제외한 취재 기사는 스무 번 실렸고, 해방 전까지는 열 번의 기사가 실렸다. 버나두(J. B. Bernadou)가 작성한 조선에 관한 첫 기사는 1890년 8월호에 실렸으며, 지면에는 조선의 지정학적 위치, 정치·사회 구조, 당시 국내 정황 등을 소개하고 있다. 기사와 함께 세 장의 지도가 실려 있는데 그 중 하나는 버나두가 직접 제작한 것으로 조선의 금광 위치가 표시돼 있다.[9]

---

6) 박영욱, 「내셔널 지오그래픽 협회(National Geographic Society)의 초기역사, 1888~1914」, 서울대 박사학위논문, 2003, 41쪽.

7) 박영욱, 위의 글, 70쪽.

8) 박영욱, 위의 글, 78쪽.

조선에 관한 첫 소개 기사를 작성한 기자가 금광의 위치가 표시된 지도를 직접 제작했다는 것은 그들이 원하는 지리 정보가 어떤 것인가를 알려주는 상징적인 의미를 지닌다 하겠다.

『내셔널 지오그래픽』의 기사에서 사진의 비중이 점차 늘어나 1900년 4월호부터는 필름에 담은 조선의 모습도 같이 소개되고 있다. 이러한 추세는 텍스트 기사보다 오히려 사진의 양이 더 많은 지면을 차지하기에 이른다. 『내셔널 지오그래픽』에 실린 조선 관련 사진은 총 300여 장이 넘고, 그 중 해방 이전의 모습은 150여 장에 이른다. 이 사진들의 경향을 일반화시켜 설명하기는 힘들지만, 대개 이국적인 풍경과 처음 보는 사람들의 복식, 집 등을 촬영하였다. 『내셔널 지오그래픽』은 전문사진기자가 따로 있어 더욱 생생한 조선을 소개하고 있다. 서구 여행가들의 사진에 비해 『내셔널 지오그래픽』의 사진은 조선 민중에게 더 다가가 있다.

이 잡지 역시 주로 농촌의 생활상을 사진으로 담은 점에서 일인학자와 그 경향이 유사하나 구체적 대상에 있어서는 차이가 있다. 『내셔널 지오그래픽』은 일인학자들처럼 조사나 연구 목적이 아니라 사람들의 생활문화를 소개하는 것이었기 때문에 인물사진이나 풍경 스냅사진이 대부분이다.

3) 총독부 촉탁 무라야마 지준의 사진아카이브

니이카타현에서 태어난 무라야마 지준(村山智順, 1891~1968)은 동경제국대학에서 사회학을 전공한 후 1919년 조선총독부의 촉탁이 되어

9) 『은자의 나라』, National Geographic, YBM si-sa, 2003, 11쪽.

조선의 민속을 조사하게 된다. 무라야마는 1920년대 후반부터 본격적으로 조선의 민간신앙 및 무속에 관해서 조사・보고했다. 당초 사회제도, 조선인의 사상 등을 조사・보고하였는데, 후에 의식주를 포함하여 서민생활, 민속종교, 민속놀이 등에 대한 조사기록들을 자료로 남겼다.[10)]

무라야마는 조선의 민간신앙을 집중적으로 조사하였다. 그의 저서 머리말에서 밝혔듯이 조선의 문화를 올바르게 파악하기 위해서는 조선인의 사상을 이해해야만 하고, 조선인의 사상을 이해하기 위해서는 민간신앙으로부터 출발하는 것이 자연스러운 방법이라고 하였다.[11)] 그를 포함한 총독부 촉탁의 조사는 조선 민중의 생생한 민속을 조사・기록하는 데 있다기보다 식민지의 원활한 통치에 그 목적이 있었다. 일제강점기 무라야마 지준은 철저히 조선을 개화시켜야 하는 대상으로 인식하고 있었던 것이다.

무라야마 지준은 조선총독부의 촉탁 신분으로 조사 활동을 하면서 사진을 적극 활용하였다. 그가 남기고 있는 사진은 총 387장으로 그의 보고서 및 저서에서 도판으로 사용된 목적을 기준으로 재분류해 보았다.

10) 이 사진은 현재 일본 게이오 대학의 한국학 연구자인 노무라 신이치 교수가 보관하고 있다. 무라야마 사후, 사진이 유족의 수중에서 게이오대학 동양사학과의 이토 세이지(伊藤淸司)에게 기증되었는데, 이토 교수가 정년퇴직하면서 다시 노무라 교수에게 넘긴 것이다. 2001년 계간 『디새집』에 사진의 일부가 소개되었고, 2003년 단행본(『한국 1930년대의 눈동자; 무라야마가 본 조선민속』)으로 출간되었다.

11) 무라야마 지준, 『조선의 귀신』, 동문선, 1993, 11쪽.

〈표 1〉 무라야마 지준의 사진아카이브 분류

무속 및 민간신앙	생업 및 의식주	세시풍속 및 놀이	의례	유적	지도	기타
216	72	57	25	9	3	5

무라야마가 무속과 민간신앙에 관한 조사를 주로 하였다는 것이 사진의 비중을 통해서도 쉽게 드러난다. 무속과 민간신앙에 관한 사진이 전체의 절반이 넘는 반면 나머지는 상대적으로 그 수가 적다. 노무라는 아키바의 사진이나 송석하가 촬영한 사진도 더러 눈에 띄나 대부분은 무라야마가 찍었던 것으로 보인다고 하였지만,[12] 대부분 수집하였을 것이라는 주장도 있다.[13] 누가 촬영한 것인가의 여부를 떠나 분명한 사실은 자신에게 필요한 사진을 촬영 · 수집하였고, 그 대부분은 무속 및 민간신앙에 집중되어 있다는 것이다.

4) 일인 학자 아키바 다카시의 사진아카이브

아키바 다카시(秋葉隆, 1888～1954)는 일본 치바(千葉)현 출신으로 동경제국대학에서 사회학을 전공했다. 졸업 후 모리슨문고(나중에 동양문고로 개칭되었다)에서 근무한 것을 계기로 민속학에 관심을 가지게 되었다. 그 역시 현지조사 과정에서 많은 사진을 남겼는데, 그 내용을 보면 거의 모든 지역의 답사여행에서 경성제국대학의 선배교수였던 아

12) 노무라 신이치(野村伸一), 고운기 역주, 「무라야마 지준론」, 『한국, 1930년대의 눈동자 ; 무라야마가 본 조선민속』, 이회문화사, 269쪽.
13) 선일, 「일제시대 학술조사 사진아카이브에 대한 연구」, 서울대 고고미술사학과 석사학위논문, 2004, 34쪽.

카마츠 치죠가 동행했다는 사실을 알 수 있다.[14]

아키바 다카시 역시 무라야마 지준과 마찬가지로 조선의 사회상을 파악하기 위해서는 민간신앙 연구가 중요하다고 밝힌 바 있다.[15] 그가 바라 본 조선의 무속은 한 마디로 '원시종교'로 귀결된다. 나아가 그는 조선의 문화를 원시문화의 한 단계에 속한다고도 하였다.[16]

경성제국대학의 교수이면서 조선총독부의 식민정책에 관여하고 있었던 아키바의 조선민속 연구는 결국 조선이 스스로 발전해나갈 수 있는 자주적 힘이 없는 정체된 사회임을 논증하는 쪽으로 나아갔다. 그리고 전근대적이고 여성적이며 원시성을 벗어나지 못한 조선에 대한 식민지 지배는 정당하다는 논리와 자연스럽게 만난다. 아키바 다카시의 유리건판사진은 현재 서울대학교 박물관에 1,300여 점이 소장되어 있다. 이 사진들을 정리·분석하는 데 참여한 이문웅 교수에 사진분류에 의하면 아키바 역시 무속과 관련된 사진이 가장 많다는 것을 알 수 있다.[17]

5) 민속학자 송석하의 사진아카이브

송석하(1905~1948)는 1905년 경남 울주군 언양면 양등마을에서 고종황제의 侍從副卿(從二品)을 지낸 참판 송태관의 장남으로 태어나 부

---

14) 이문웅, 「일본 인류학자의 시선으로 본 1930년대 한국사회 -아키바 다카시(秋葉隆)의 유리원판사진을 중심으로-」, 『일본식민주의와 동아시아 인류학』 제2차 서울회의, 서울대학교 비교문화연구소 제13회 학술심포지움, 2003, 130쪽.
15) 아키바 다카시(秋葉隆), 『조선무속의 연구』, 동문선, 1991, 5쪽.
16) 김성례, 「무속전통의 담론분석-해체와 전망-」, 『한국문화인류학』 제22호, 한국문화인류학회, 1990, 217~219쪽.
17) 이문웅, 위의 글, 136쪽.

유한 환경에서 자랐다. 석남은 1922년 부산 第二商高를 졸업하고 일본 동경상과대학에 유학하였다.[18] 1923년 관동대지진으로 귀국하여 이때부터 조선의 민속에 관심을 가지게 되었다는 것이 지금까지 학계에 알려진 정도이다.

그는 현지조사와 민속자료의 조사 · 발굴 · 수집 · 보존 등에 주력하며, 특히 민속극 분야에 대한 조사 · 연구를 이어갔다. 1932년 4월에 손진태, 정인섭 등과 함께 '조선민속학회'를 창립하고, 다음해 1월에 기관지 『조선민속』을 창간하였다. 또한 1934년 1월에 이병도, 김두헌, 손진태, 이병기, 조윤제 등과 함께 발기인이 되어 '진단학회'의 창립에 참여했다. 1945년에는 '조선산악회'를 창립하였고, 그해 11월 미군정청의 고급관리인 크네츠 박사의 협조를 얻어 자신의 소장품을 모체로 최초의 '국립민족박물관'을 창설하였다.[19]

일제의 강점이라는 시대적 배경 속에서 부유한 가정에서 자란 지식인 송석하가 자국의 민속에 관심을 갖게 된 이유는 분명치 않다. 다만 3 · 1운동 이후 조선의 지식인들이 일제의 식민지배에 맞서 문화적 민족주의로 결집하게 된 것과[20] 무관하지 않을 것으로 추측해 볼 수 있다. 실제로 그는 민속학사에서도 실천적 문화민족주의자로 평가를 받고 있다.

민속학사에서 송석하를 조명할 때 자주 거론되는 업적은 본격적인 현지조사를 하였다는 것이다. 더욱이 그는 현지조사에서 직접 촬영 · 수집한 사진자료를 많이 남긴 것으로 알려져 있다. "그때로서는 최고

18) 김두헌, 「石南의 生涯와 業績」, 『民俗寫眞特別展圖錄』, 한국민속박물관, 1975.
19) 박진태, 「석남 송석하의 민속학과 실천적 삶」, 『국립민속박물관 50년』, 국립민속박물관, 1996, 170~171쪽.
20) M. 로빈슨, 김민환 역, 『일제하 문화적 민족주의』, 나남, 1990 참고.

급의 독일제 사진기를 가지고 사재를 써가면서"[21] 촬영한 사진들은 유족들에 의해 전해져 1975년 한국민속박물관에서 그의 유고 사진전「석남 민속사진전」이 열리게 되었다. 석남의 사진들은 한국민속박물관의 개관 첫 사업으로 전시될 만큼 그 가치를 충분히 인정받았던 것으로 보이나, 이 사진이 어떻게 촬영・수집되고 보관되었는가에 대한 구체적인 기록은 없다.

현재 국립민속박물관에서 보관 중인 송석하 사진의 전체 수는 978장이나 된다. 송석하는 독일제 사진기를 가지고 사재를 써가면서 사진 촬영에 애착을 보였고 일일이 사진카드를 만들어 후대에 전하고자 했던 것으로 보인다. 이 사진들을 촬영 대상, 즉 피사체를 기준으로 분류해 보았다. 다소 분류하기에 애매한 사진이나 정확히 파악되지 않는 사진도 없지 않지만 민속박물관에서 작성한 유물 목록과 대조하여 분류하였다.

〈표 2〉 석남 송석하의 사진아카이브 분류(국립민속박물관 소장자료)

무속・민간신앙	중국・몽고	가면・가면극	유적	문헌・유물	농악	춤	장승・솟대
269	170	133	69	62	50	44	33
줄타기	**집**	**인형극**	**농업・생업**	**기념사진**	**세시풍속**	**기타**	**합계**
28	23	16	14	12	9	46	978

우선 눈에 띄는 것은 '무속・민간신앙' 사진이 가장 많다는 것이다. 석남의 주된 관심은 '오락'이었다. 그런 그의 사진아카이브에 무속 및

21) 임석재,『한국민속고』서문 중, 5쪽.

민간신앙과 관련된 사진이 가장 많다는 것은 의외이다. 그 이유를 두 가지로 추측해 볼 수 있다. 하나는 아키바 다카시나 무라야마 지준과 자료를 서로 주고받았을 가능성이다. 1932년 창립된 '조선민속학회'에 아키바 다카시와 무라야마 지준이 핵심 멤버로 활동한 것을 고려할 때, 송석하와 이들 일인 학자들 간의 자료 공유의 가능성은 충분히 생각해 볼 수 있다. 1000여 점의 사진 중 아키바 다카시와 아카마츠 치죠의 모습이 담긴 사진도 있으며, 중국과 몽고에서 찍은 사진 등은 그 출처가 서울대박물관에서 보관 중인 아키바 다카시의 유리건판사진으로 보인다. 따라서 무속 및 민간신앙이나 중국 · 몽고의 사진은 아키바 다카시의 사진으로 짐작된다.

다른 한 가지 가능성은 송석하가 아키바 다카시와 동행하며 직접 촬영하였을 가능성이다. 석남은 무라야마 지준과 같이 봉산탈춤을 조사한 적이 있으며, 제주도 조사 시에도 아키바 다카시와 동행한 것으로 알려져 있다. 이때 송석하가 촬영을 담당하였을 가능성을 생각해볼 수 있는 것이다. 하지만 지금으로서는 정확한 경위를 밝히기 힘들다.[22] 어쨌든 그의 관심 분야에서 벗어나있던 무속과 중국 · 몽고, 유적 · 유물 사진을 함께 수집 · 보관하고 있었던 것은 이미 민속 사진자료아카이브에 대한 인식을 가지고 있었을 뿐 아니라, 민족(민속)박물관의 건립까지 염두에 두었기 때문으로 보인다.[23] 송석하는 무형의 민속현상을 유형의 사진 이미지로 재현하여 민속을 체계적으로 수집하고자 했던 것이다.

---

22) 아키바 다카시의 유리건판사진과 대조를 통해 좀더 명확히 밝힐 필요가 있다. 하지만 이들의 사진아카이브 전모가 드러나지 않아 어려움이 있다. 또한 국내 민속학자와 일인 민속학자와의 관계에 대한 연구도 사진아카이브의 성격을 파악하는 데 선행되어야 할 숙제이다.

23) 송석하, 「民俗의 振作 調査研究 機關」, 『한국민속고』, 일신사, 1960, 413~414쪽. 1936년 동아일보에 발표된 이 글에서 이미 민속박물관에 대한 언급이 있다.

3. 근대 사진아카이브에 나타난 시선

1) 이국적 취향

〈사진1〉 광화문 전경(프랑뎅)

〈사진2〉 동대문(N.G. 1910)

〈사진3〉 남한산성 남문(프랑뎅)

〈사진4〉 노동자들(N.G. 1910)

〈사진5〉 노동자들(N.G. 1910)

〈사진6〉 조선사람들(N.G. 1910)

언어와 풍속이 다른 외국에 가면 누구나 낯선 문화에 대한 이질감을 느낀다. 근대이행기에 조선을 찾았던 많은 외국인들도 낯선 조선 문화에 대한 기록을 남겼다. 그들은 여행기에서 조선인의 생김새부터 옷이나 집, 가마, 음식 등에 대해 비교적 자세히 기술하고 있으며, 중국이나 일본에도 가 본 경험이 있는 외국인들은 서로 같고 다른 점을 비교하기도 하였다. 또한 그들이 본 이국 문화를 자국에 소개하기 위해 사진으로 충실히 기록하였다. 서구인들의 사진아카이브를 보면 그들의 이국적 취향의 시선을 느낄 수 있다. 송석하는 물론이고 같은 동아시아 문화권으로 볼 수 있는 일본인의 기록과는 이런 점에서 차이가 있다.

프랑뎅의 사진아카이브에서 이국적 취향의 시선을 볼 수 있는 것은 각종 건물사진들이다. 조선의 궁이나 산성, 사대문을 비롯한 각종 성문, 민가, 그리고 높은 곳에서 내려다본 전경사진들은 바로 이러한 이국 취향을 드러내는 대표적 사진이라 하겠다.

건물사진 외에도 외국인들의 사진아카이브에서 흔히 볼 수 있는 것 중 하나는 '길거리 사진'이다. 여행과 탐사 목적으로 조선에 온 그들은 재물포항에서 서울로 오는 길이나 서울의 남대문을 지나 경복궁으로 향하는 길에서 조선의 첫인상을 촬영하였다. 또한 종로나 남산 주변의 골목길 등에서 조선인의 생활상을 사진기에 담기도 하였다. 외국인들이 반드시 지나쳐야 하는 공간이 '길'이다 보니 어쩌면 당연한 결과인지도 모른다. 특히 길은 사람이나 화물이 지나가는 공간인 동시에 문화가 이동하는 공간이어서 타국의 문화를 접할 수 있는 가장 쉽고 적절한 공간이다.

서양의 탐험가, 여행가, 기자들이 느끼는 낯선 문화의 이국적 취향은 '나와는 다름'의 경계 짓기에서 시작된다. 즉 자국의 문화와 구별되는 것을 찾아 의미를 부여하는 것이다. 그들의 시선은 비합리성과 불결, 야만 등을 주목하여 결국 조선의 인상을 결정짓는 주요한 테마가 되고 있다.

또 한 가지 주목할 사실은 이러한 사진에 '모던보이', '모던걸'로 불리는 지식인은 거의 등장하지 않는다는 것이다. 그 이유는 서구를 따라 배우려는 지식인들은 이들의 관심 대상에서 제외되었기 때문으로 짐작된다. 서구 여행가들과 잡지에서는 그들이 볼 때 우스꽝스러운 모자와 가슴을 내놓고 거리를 활보하는 여성 등 호기심을 자극할 만한 것들을 주로 사진으로 기록하였다. 그들이 보려 한 조선은 이미 '미개한 조선'으로 인식되고 있었기 때문이다. 자신들이 가지고 있는 조선에 대한 관념에 부합되는 장면에서 그들은 셔터를 누르고 있는 것이다. 오리엔탈리즘은 이미 서구인들에게 내재화된 관념을 시각이미지로 표상하게끔 작동되고 있었다.

2) 타자화와 오리엔탈리즘

〈사진7〉 백정 남녀 정면(도리이 류우죠우)

〈사진8〉 백정 남녀 측면(도리이 류우죠우)

〈사진9〉 절구질하는 여인(프랑뎅)

〈사진10〉 미륵불(무라야마)

〈사진11〉 천하대장군(무라야마)

모든 개념이 상대되는 개념을 전제로 존재하듯, '타자'도 역시 '주체'를 전제로 한 개념이다. 타자는 자신의 의지와 상관없이 규정되는 존재로서, '주체'와의 '다름'을 통해 '주체'에 의해 경계 지워지고 배제된다. 존재의미를 규정하는 주체는 권력을 매개로 하여 타자를 형성한다. 주체는 자신의 정체성을 확립하기 위해 타자를 만드는 것이다. 예컨대 일제강점기 조선은 외부의 권력에 의해 스스로를 '주체'로 규정할 수 없는 타자로 존재했다. 서양은 오리엔탈리즘의 기제 속에서 자신의 정체성을 확립했으며, 우열의 가치를 기준으로 조선을 타자화하였다. 서양과 동양, 합리와 비합리, 위생과 불결, 문명과 야만 등의 이항대립을 통해 '주체'와 '타자'의 우열을 만들어 간 것이다. 특히 '동양 속의 서양'을 자처한 일제에 의해 제국의 정체성을 확립하는 과정에서 생산된 사진은 필연적으로 우열의 가치가 개입된 타자의 이미지일 수밖에 없다.

앞서 살펴본 다섯 아카이브의 민속사진들은 이런 점에서 모두 조선의 타자화된 이미지라 할 수 있다. 그들은 비교와 관찰, 조사의 대상으로서 조선 · 조선인을 바라볼 따름이다. 따라서 조선인은 스스로를 바라보는 존재가 아니라 응시의 대상일 뿐이다.

특히 민속학이나 인류학의 연구 · 조사 목적으로 촬영된 사진의 경우, 대상에 대한 타자화가 확연하다.[24] 도리이 류우죠우(鳥居龍藏, 1870~1953)는[25] 특정 직업의 조선인을 <사진7 · 8>과 같이, 마치 범죄자를 찍은 사진처럼 한 무리의 사람을 줄을 맞춰 세워놓고 정면과 측면의 모습을 찍었다. 인류학적 초상사진의 전형적인 스타일인 정면과 측면의 사진은 인간을 사물화, 객체화시키는 방식으로, 그 인물이 갖고 있는 골상학적, 관상학적, 인종학적 정보 등 신체적 특징들을 다른 사

24) 이는 민속학과 인류학이 스스로를 표상할 수 없는 사람들을 대신해 표상하는 타자화적 학문이기 때문이다. 남근우, 「'민속'의 근대, 탈근대의 민속학」, 『한국민속학』 38호, 한국민속학회 참고.

25) 조선을 비롯한 중국과 사할린, 몽고 등 아시아에서 폭넓게 체질인류학적 조사를 진행한 도리이 류우죠우(鳥居龍藏, 1870~1953)는 총독부의 촉탁 신분으로 1910년부터 8회에 걸쳐 조선을 조사하였다. 전국을 군 단위로 나누어 현지조사를 하였고 각 지역에서 성별 · 연령별 · 직업별 · 계층별 인체측정사진을 촬영하였다.

람들과 비교해 볼 수 있게 한다.[26] 다시 말해 이 사진들 속 조선인은 한 사람의 주체이기보다 감시와 처벌을 받는 범죄자의 모습을 떠올리게 한다. 실험실의 곤충표본같이 한 무리 속에서의 개인은 대상화되고 객체화되었다.

서양의 오리엔탈리즘은 동양에 대한 선입견으로 작동한다. 서양인들에게 내재화된 오리엔탈리즘은 후진적이고 지저분한 조선의 이미지를 생산한다. 서양인들에게 포착된 조선인은 그들과 완전히 분리된 대상일 뿐이다. 서양의 오리엔탈리즘이 조선을 철저히 타자화하였듯이 일제도 굴절된 오리엔탈리즘을 통해 조선을 타자화하였다. 단적인 예로 사진 속 조선인은 그저 대상의 크기를 가늠하기 위한 눈금자의 역할을 하는 경우가 많다. 사진 속 조선인은 단지 대상물의 실제 크기를 가늠하기 위한 도구일 뿐이다.[27] 사진 속 조선인은 인간으로서의 존재감은 사라지고 찍고자 하는 대상의 보조물로서 어색하게 미륵불과 장승 옆에 서있을 따름이다. 이처럼 조사 목적의 사진에서 조선인은 타자화된 대상으로 등장한다.

3) 전근대의 재현과 상투적 연출

사진관에서 재연된 사진에 등장하는 인물이나 상황은 모두 근대 이전의 모습을 담고 있다. 인물이나 상황을 보다 편리하게 촬영할 수 있는 사진관에서 전근대적 조선의 이미지를 재현하고 있다는 점은 그들이 포착하고자 하는 조선의 모습이 무엇이었나를 보여준다. 근대적으

26) 이경민, 「식민주의 담론의 재현」, 『사진과 포토그라피』, 눈빛, 2002, 284쪽.
27) 이경민, 위의 글, 281쪽.

〈사진12〉 남사당놀이(프랑뎅)

〈사진13〉 돌치기놀이(프랑뎅)

〈사진14〉 연날리기(프랑뎅)

〈사진15〉 설날 세배(무라야마)

〈사진16〉 대보름(무라야마)

로 변화하는 조선보다는 전통적인 조선의 이미지를 담고 싶었던 외국인들은 아이들을 동원하고 소도구까지 이용하면서 원하는 이미지를 만든 것으로 생각된다.

당시 사진관에서 촬영된 사진들은 시중에서 어렵지 않게 구할 수 있었던 것으로 보인다. 왜냐하면 프랑뎅뿐만 아니라 조선을 여행한 많은 외국인의 사진첩에서도 동일한 사진들이 발견되기 때문이다. 이것은 많은 외국인들이 시중에 나도는 사진을 손쉽게 수집할 수 있었다는 것을 말해준다. 이러한 정황은 당시 신문의 사진관 광고에서도 확인할 수 있다. 1880년대부터 조선에 진출한 일본인 사진관을 중심으로 제작된 이러한 사진은 다시 풍속엽서와 풍경엽서로 제작되어 유통되기도 하였다. 사진관에서 촬영된 사진은 엽서형태로 유통되어 조선을 이해하는 '가이드북' 역할을 한 셈이다. 또한 서구 유럽과 일본 등으로 광범위하게 유통되어 '미지의 세계'인 조선을 소개하는 역할을 담당하기도 하였다.

이 사진들은 외국인들이 낯선 조선을 이해하는 데 어느 정도 도움을 주었겠지만, 실제로는 아주 단편적인 사실만을 전달했을 뿐이다. 사진관에서 촬영하였기 때문에 배경은 사진관의 실내세트였다. 또한 일본인 사진사의 연출에 의해 재연된 상황이어서 한계가 있을 수밖에 없다. 더군다나 제한된 사람들이 여러 상황을 재연하여 사실성은 떨어진다. 즉 사진을 있는 그대로의 사실로 받아들이기는 무리라는 것이다.

연출의 흔적은 사진관 재연사진뿐만이 아니다. 무라야마의 사진아카이브에 있는, 설날 세배장면과 정월 대보름 부럼 깨는 장면에서도 확인할 수 있다. 설과 정월대보름은 15일의 간격이 있음에도 할아버지와 할머니, 아이들의 옷이 같고 배경이나 사진의 각도와 구도도 거의 일치한다. 결국 두 사진은 조사자에 의해 연출되었음이 분명하다.[28] 가족들의 표정이 밝지 못한 것에서도 연출의 흔적이 역력하다.

민속사진을 보다 보면 연출이 명백하거나 의심스러운 사진이 적지 않다. 강압적인 혹은 부자연스러운 분위기 속에서 연출된 사진은 얼마든지 사실을 왜곡할 수도, 조작할 수도 있다. 조사자가 그들의 의도에 맞게 상황을 연출하여 사진으로 재현할 수 있다는 것이다. 그들이 사실을 왜곡하고 조작하면서까지 연출하고 싶었던 사진은 대부분은 전근대적 인물과 상황이다.

사진관에서 촬영된 사진과 그와 비슷한 풍속화 혹은 스냅사진을 대비해보면 당시 조선의 이미지를 재현하는 데 있어 고정된 틀이 존재했음을 알 수 있다. 조선의 이미지가 재현되는 과정에서 상투화된 재현방

28) 이지누, 「1919년에서 1941년까지, 그 아득한 기억」, 『디새집』 5호, 2002, 142쪽.

식이 있으며 이러한 재현의 틀은 후대에도 재생산되고 있다는 것이다. 이는 조선을 바라보는 인식의 상투성과 연결된다. 외국인들이 본 조선의 인상은 사진관 사진이나 풍속화를 통해 재현되었고 이것은 조선의 이미지를 형성하는 데 어느 정도 일조하였을 것이다. 이러한 고정된 인식은 비슷한 이미지를 반복 · 재생산하기에 이른다. 타자를 보는 시선의 상투성은 조선에 대한 표상으로 자리 잡게 된다.

많은 여행가들이 이러한 사진들을 본국에서 출판된 자신의 여행기에 소개하였다. 이 이미지들이 당시 조선의 표상으로 인식되었고 유통되었음을 의미한다. 이것은 당시 외국인들이 조선을 이해한 방식을 설명해주는 단초이다. 그들은 현실세계의 경험보다 이미 누군가의 연출을 통해 선별된 이미지로 조선을 이해하고 있었다.

때로는 인식의 체계가 인식의 내용을 압도하기도 한다. 외국인들에게 있어 조선에 대한 인식은 이미 생산된 이미지가 영향을 미쳤음이 자명하다. 서구인에게 동양을 인식하는 방법이 이미 오리엔탈리즘이라는 틀로 체계화되었듯이 말이다.

4. 이미지의 선택과 민속표상

1) 운송수단 : 가마와 지게

조선인들의 생활상을 담은 사진 중 아카이브의 주체나 시대에 상관없이 많이 눈에 띄는 것 중 하나는 운송수단에 관한 것이다. 그 중에서도 가마를 메고 지게를 지는 조선인의 모습이 의외로 많다. 특히 프랑뎅과 『내셔널 지오그래픽』의 아카이브에서 이러한 사진을 많이 볼 수

〈사진17〉 가마를 타고 가는 여인(프랑뎅)

〈사진18〉 상류층 여성의 가마(N.G. 1910)

〈사진19〉 가마(무라야마)

〈사진20〉 지게꾼(프랑뎅)

〈사진21〉 지게꾼(N.G. 1910)

〈사진22〉 옹기장수 (N.G. 1910)

〈사진23〉 支機(무라야마)

있다. 여행을 하는 입장에서 운송수단은 당장 이동의 문제와 직결되기 때문에 여행기에서도 비교적 상세히 기술되어 있다. 그들은 왜 이렇게 운송수단에 관심을 가졌을까.

조선의 첫 관문인 제물포항에서 서울까지 자신을 싣고 갈 가마의 첫 인상은 사치스럽고 화려해 보였나 보다. 그러나 '비좁은 상자' 속에서 어색한 양반다리를 하고 있자니 이내 '온몸이 오그라붙는' 듯한 고통을 느꼈다고 전한다. 로엘은 조선의 문화를 이해하기 힘들다고까지 말하였다. 가마의 불편함에 대한 술회는 여러 여행기에서 발견할 수 있다. 조선의 대표적 교통수단인 가마가 외국인의 사진아카이브에서 빠지지 않고 등장하는 것은 이런 연유이다. 자신들 나라에 비해 불편하기 짝이 없는 운송수단에 대한 인상이 너무 강했던 것이다. 가마는 이들이 조선에 와서 낯설게 느낀 첫 대상으로서, 조선의 생활상을 표현하는 사진에서 빠지지 않고 등장한다.

가마만큼이나 빈번히 등장하는 운송수단은 지게이다. 외국인들이 첫 발을 내딛은 항구마다 그들을 가장 먼저 반겼던 이들도 지게꾼들이었다. 길거리나 시장에서, 어린 소년부터 노인에 이르기까지 지게를 지고 있는 모습에 가마 못지않은 관심을 보이고 있다. 여행기와 『내셔널 지오그래픽』에서도 지속적으로 지게에 대한 기사가 등장한다.

장작에서 짚단, 옹기와 곡식, 가축에 이르기까지 실어나르는 이 '이상한 선반'의 활약상에 외국인들은 놀라워하고 있다. 사실 중국, 일본, 대만, 네팔, 북아메리카 지역에서도 우리와 비슷한 형태의 지게가 있다. 하지만 유독 조선의 지게에 대해 이런 지대한 관심을 보이는 이유는 지게가 광범위하게 분포되고 널리 사용되어 전통문화의 상징처럼 이해되었다는 점도 있겠지만, 그보다는 교통의 미발달과 운송수단의 낙후성을 보여주는 대표적 사례로 인식되었기 때문이다. 조선사회가 아직 원시성을 벗어나지 못하였다는 것을 표상하는 것이 가마나 지게를 비롯한 운송수단인 것이다. 가마와 지게뿐 아니라 소를 이용한 운송수단, 광주리, 물항아리, 물지게, 뗏목, 선박 등에도 자주 그들의 시선이 멈추었다. 서양인들의 주요 촬영지가 길거리이다 보니 자연히 길거리에서 흔히 마주치는 운송수단에 더 많은 관심을 가졌으리라 짐작할 수 있다.

2) 여성 : 노동하는 여성과 기생

자신의 가슴을 드러내고 길거리를 활보하는 여성들의 사진은 적지 않은 충격을 준다. 지금 우리가 느끼는 놀라움만큼이나 당시 서양인들도 당혹스러웠던 것 같다. 젖가슴을 드러낸 여성의 사진은 당시의 사진첩에서 심심치 않게 찾아볼 수 있다. 이러한 여성은 대부분 하층민이다. 한때 아들 낳은 여성이 그것을 자랑하기 위해 젖가슴을 드러낸다는 주장도 있었지만, 노동여성의 수유를 위한 방편으로 보는 것이 더 타당할 듯하다.29) 어쨌든 조선의 여성들은 이렇게 몇몇 인상적인 이미지로 표상되는데, 가장 대표적인 것은 집안일을 하는 여성이다.

당시로선 여성의 가장 일상적 풍경이지만 외국인이 여성의 집안일을 촬영하기란 쉽지 않았을 것이다. 따라서 길쌈이나 절구질, 다듬이질 등과 같은 집안일은 대부분 연출되어 찍혔다. 하지만 빨래터 사진은 예외이다. 외국인들이 집밖 출입이 제한적이었던 당시의 여성들을 자연스럽게 보기 위해서는 빨래터가 가장 확실한 공간이었을 것이다. 따라서 빨래터 사진은 연출의 흔적을 찾아보기 힘들다.

당시 여행가들은 조선인의 '흰옷'에 대해 언급하면서 이 옷을 항상 희게 유지할 수 있는 것을 궁금해 하였다. 남성의 옷을 늘 하얗게 유지하기 위해 여성들은 하루 종일 빨래를 해야 한다는 것을 알고 조선의 여성을 불쌍히 여긴 여행가들도 많다. 심지어 1년 동안 빨래와 다림질, 바느질에 소요되는 시간을 통계수치로 나타내기도 하였다. 고된 노동을 하면서도 불평을 하지 않는 조선의 여성을 표상하는 것이 바로 빨래터 사진인 것이다.

〈사진24〉 길쌈(아키바)

〈사진25〉 절구질(무라야마)

〈사진26〉 다듬이질(N.G.1933)

29) 조희진, 『선비와 피어싱』, 동아시아, 2003, 64~86쪽.

〈사진27〉 빨래하는 여인들(N.G. 1910)

〈사진28〉 洗濯(무라야마)

〈사진29〉 빨래(아키바)

〈사진30〉 기녀(프랑뎅)

〈사진31〉 무희들(프랑뎅)

〈사진32〉 연회의 주인공 (N.G. 1933)

하층의 여성이 빨래하는 모습으로 표상된다면 그 외 여성의 이미지는 대부분 기생이 차지한다. 특히 프랑뎅의 경우, 기생에 대하여 많은 언급을 하고 있다. 프랑뎅은 조선의 춤이 "동양의 다른 춤들처럼 선정적이고 에로틱할 뿐, 춤 가운데서 관념적으로 무엇을 나타내고자 하는 부분은 전혀 없다"고 생각하면서도 기생의 복장과 춤사위와 공연에 대해서는 자세히 설명하고 있다.[30] 이러한 그의 관심이 기생들의 사진을 촬영 혹은 수집하게 만든 것으로 보인다. 기생에 대한 관심은 『내셔널지오그래픽』의 사진에서도 확인할 수 있다. 조선 여성에 대한 관심에 비해 그들이 직접 얘기를 나눌 수 있었던 상대는 아마도 기생이 유일하였을 것이라는 짐작도 사진에 기생이 자주 등장하는 이유로 볼 수 있겠다.

30) 끌라르 보티에 · 이폴리트 프랑뎅, 김상희 · 김성언 옮김, 『프랑스 외교관이 본 개화기 조선』, 태학사, 2002, 130~134쪽.

조선의 예술에 상대적으로 무관심했던 이들이 기생에 대해서만큼은 관심을 보였던 것은 조선을 방문한 외국인이 대부분 남성이었다는 점에서도 그 이유를 찾을 수 있다. 그들은 종종 조선 여성에 대해 "몽골인보다 잘 생겼다", "일본이나 중국 여성들보다 더 이쁘다", "이목구비는 서양 미인의 표준에 더 가깝다" 운운하며 외모에 관심을 보이고 있다. 한편으론 이러한 기생 이미지가 엽서사진을 통해 끊임없이 재생산 되었다는 사실은 당시 식민지 조선의 이미지가 어떻게 타자화 되어 갔는가를 가늠하게 한다.[31]

3) 무당과 점복 : 미신을 믿는 조선인

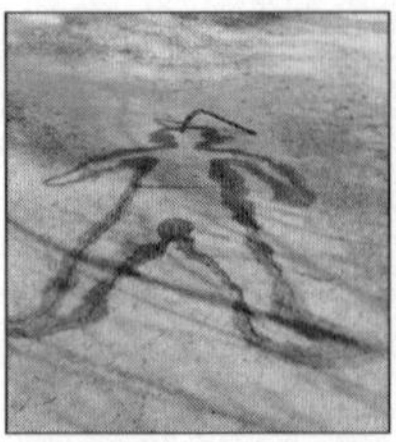

〈사진33〉 말라리아 치료 (무라야마)

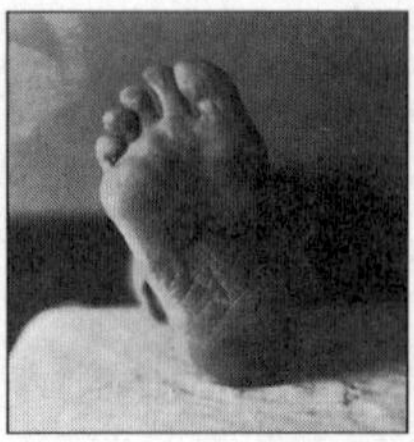

〈사진34〉 난산시 치료 (무라야마)

〈사진35〉 유행성감기치료 (무라야마)

〈사진36〉 설사치료 (무라야마)

〈사진37〉 무당(무라야마)

〈사진38〉 무당(무라야마)

〈사진39〉 무당(아키바)

31) 이에 대한 자세한 논의는 권행가, 「일제시대 관광엽서와 기생 이미지」, 『한국근대미술과 시각문화』, 한국근현대미술연구회, 조형교육, 2002 참고.

서양인의 사진아카이브에서 볼 수 있는 조선의 종교생활에 관한 사진은 선교사의 활동이나 불교에 관한 것이 대부분이다. 간혹 민간신앙에 관한 사진이 있기는 하나 서낭당과 절을 혼동할 정도로 지식과 관심의 수준이 낮았다. 하지만 일본인 학자 아키바 다카시와 총독부의 촉탁 무라야마 지준의 사진아카이브에는 무속과 민간신앙 관련 사진이 주종을 이루고 있다. 이것은 민간신앙을 통해 조선인의 사상을 이해하고 나아가 조선의 문화를 파악하려는 이들의 의도 때문이다. 사진의 내용을 보면 무당의 인물사진을 비롯해 각종 굿의 과정 및 무구, 점복 및 주술적 치료방법 등 다양한 형태의 민간신앙이 망라되어 있다. 이렇게 일본인의 사진아카이브에 무속과 민간신앙에 관련한 사진이 많은 이유는 앞서 언급하였듯이 조선 지배의 정당성을 확보하려는 의도로 볼 수 있다. 즉 과학적이지 못한 미신에 의지하는 열등한 조선인을 대신해 일본이 조선을 근대화시켜야 한다는 도착적 식민주의의 산물이라 하겠다.

민간신앙과 더불어 무속에 관한 사진도 풍부하다. 무당이 사용하는 무구(巫具)와 굿 장면, 각종 점복에 사용되는 것들을 촬영하여 책자에 소개하고 있다. 특히 무당의 인물사진은 아키바나 무라야마 모두 중요하게 생각했던 것으로 보인다. 무당의 인물사진은 굿 현장에서 빠지지 않고 촬영되었고 심지어 범죄자의 인물사진처럼 일렬로 세워 촬영하기까지 했다. 무당들의 표정은 하나같이 밝지 못하다. 불쾌감마저 느껴지는 무당들의 얼굴에서 경찰 등의 행정력을 동원하였을지도 모를 당시의 촬영상황이 짐작된다. 아키바는 검은 배경천 앞에 무당을 세워놓고 촬영하기도 했다. 이는 무당과 그의 복식을 보다 선명하게 드러내기 위한 일종의 기술로 볼 수 있지만, 배경을 지우고 무당만을 보임으로서 증명사진과 같이 공간적 맥락을 삭제시킨 채 대상의 증거력을 높이는 것으로 볼 수 있다.

4) 오락 : 공연하는 광대

프랑스의 외교관 프랑뎅과 『내셔널 지오그래픽』은 일상적인 길거리의 풍경과 사람들 중심의 사진을 소장하고 있었고 놀이에 관해서도 일상적 놀이가 대부분이다. 반면 무라야마와 송석하의 사진에는 일상적인 풍경과 놀이 사진이 거의 없다. 이것은 이들이 조선의 민속과 관련해서 서로 다른 것을 보려 했음을 나타내는 것이다.

〈사진40〉 양주별산대놀이 (송석하)

〈사진41〉 꼭두각시놀음 (송석하)

〈사진42〉 짠지패 (송석하)

프랑뎅이 볼 때, 조선에 음악이란 거의 존재하지 않았으며, 그나마 있는 음악도 그에게는 아무런 감흥을 주지 못하였다. 예술이란 것도 볼품이 없었다. 그런 그에게 그나마 위로가 되는 것은 자국의 젊은 발레리나와 견주어도 손색이 없는 女妓, 즉 기생이었다. 조선에는 예술이 없다고 생각한 그는 아이들의 놀이에나 관심을 가졌을 뿐이다. 이러한 선입견이 사진아카이브에서도 나타난다.

반면 송석하의 사진아카이브에는 전문예인들에 의한 공연사진이 많은 것을 확인할 수 있었다. 송석하는 아이들의 일상적 놀이나 기생에는 관심이 없었다. 자국의 민속예술에 천착했던 송석하로서는 당연한 일인지도 모른다. 그 중에서도 전문 광대들의 공연민속을 촬영한 사진이 압도적으로 많다. 이것은 송석하나 무라야마 지준이 오락의 '문화자원'

적 가치와 '민중교화'의 기능을 중요시하였기 때문이다. 일상적인 놀이 문화보다는 민속극을 비롯한 공연민속을 통해 민족문화를 발전시키고, 민중을 교화시킬 수 있다고 믿었던 것이다.

특히 송석하는 민속극을 연구하는 것은 "民俗學的 問題뿐 아니라 참된 今後의 韓國 演劇의 樹立에 중요한 核子가 될 것이며 社會政策의 큰 眼目"이 될 것으로 믿어 의심치 않았다.[32] 그의 사진아카이브에는 전국의 탈춤과 탈 사진뿐 아니라 꼭두각시놀음과 농악, 승무, 줄타기 등 민속예술 전반에 관한 사진을 확인할 수 있다.

송석하와는 그 입장이 다르지만 일인 학자들도 조선의 민속극에 대해서 많은 관심을 보였다. 무라야마 지준의 민속극에 대한 입장은 봉산탈춤을 보고 난 후 그 소회를 쓴 「民衆娛樂으로서의 鳳山假面劇」에서 잘 나타난다.[33] 1936년 8월 31일 사리원에서 총독부의 활동사진대가 촬영을 위해 탈춤이 벌어진다는 소식을 들은 무라야마는 "행여 놓칠세라" 촬영대의 일원으로 가게 된다. 무라야마는 "기념을 삼기 위하여 소형사진기를 가지고 셔터를 누를 준비"를 하고 있었지만 번번이 그 기회를 놓쳐버릴 만큼 그 자신도 연기에 마음을 빼앗겨버렸다고 하였다. 하지만 봉산탈춤이 장래에도 "민중오락으로서의 가치"를 지닐 수 있는가 하는 문제에 대해서는 선뜻 동의를 하지 못하고 있다. 왜냐하면 그가 생각하는 민중오락으로서의 가치는 민중을 위안하는 것과 민중을 교화하는 것인데, 봉산탈춤은 후자를 만족시키지 못하고 있다고 본 것이다.

---

32) 송석하, 「農村 娛樂의 助長과 淨化에 對한 私見」, 『韓國民俗考』, 일신사, 1960, 342쪽.
33) 무라야마 지준(村山智順), 「民衆娛樂으로서의 鳳山假面劇」, 『朝鮮』 261호, 朝鮮總督府, 1937 ; 서연호, 『황해도 탈놀이』, 열화당, 1988, 재수록. 아래의 따옴표 속 표현은 서연호가 번역한 것을 인용하였다.

송석하나 무라야마에게 있어 오락은 민중의 위안거리였으며, 민중은 건전오락을 선별하여 장려하여야 할 대상이었다. 따라서 이들의 사진 아카이브에는 민중이 직접 참여하는 놀이보다는 광대들의 공연이 많은 것이다. 이것은 송석하가 생각하는 예술 혹은 오락의 개념이 일상적인 놀이와는 구별되기 때문이다. 그들에게 있어 예술이나 오락은 "민중을 교화시키는" 자원이었으며 민중의 고단한 삶을 달래는 구경거리였다. '건전오락'을 선별·선도하여 명랑화락의 기분을 창출하고 생산력 증강을 위한 지구력을 확보하는 수단으로 본 것이다.[34] 또한 공연민속으로 대표되는 건전오락을 신문화건설의 자원으로 생각한 조사자들에게 관중, 즉 민중은 오락의 주체가 아닌 타자였다. 사진 속 민중들은 단지 광대의 공연을 수동적으로 구경하는 사람들이다. 그들에게 있어 민중은 자신들의 고단한 삶을 오락을 통해 달랠 수밖에 없는 존재였다. 민중은 진작, 장려, 조장, 선도, 교화의 대상일 뿐이었다.

5. 근대 사진아카이브의 담론적 국면

1) 사진아카이브의 전통담론적 국면

이상에서 살펴본 사진아카이브는 촬영과 수집의 목적이 서로 다르긴 하지만 이 모두는 조선의 '전통적인 것'에 대한 관심에서 출발하였다는 공통점이 있다. 당시는 서구의 문물이 직접 혹은 일본을 통해서

34) 남근우, 「'조선민속학'과 식민주의 : 송석하의 문화민족주의를 중심으로」, 『한국문화인류학』 제35권2호, 한국문화인류학회, 2002, 118쪽.

그야말로 물밀 듯이 밀려오던 때였다. 새로운 문화의 유입은 기존의 문화를 변화시키기 마련이다. 조선의 전통문화는 "固有民俗資料는, 하나식둘식 湮滅하여간다"[35]는 탄식이 나올 만큼 외래문물에 의해 변화하고 심지어 사라지고 있었다.

그럼에도 위의 사진아카이브에서는 시대의 도도한 변화 물결을 감지하기 어렵다. 왜냐하면 그들은 조선의 근대적 변화보다 '본래의 것', 즉 전통적인 조선의 모습에 관심을 가졌기 때문이다. 그래서 자동차보다는 가마를, 이른바 '신여성'보다는 '구여성'에 주목하였다. 그들은 근대의 시공간에서 근대 과학의 산물인 사진을 통해 전근대의 조선을 기록하고 수집하였다. 당대의 변화하는 모습보다는 사라져가는 본래의 우리 것, 즉 전통적인 것을 가장 사실적 표현 수단인 사진으로 기록하고 있는 것이다.

하지만 이 사진들은 저마다의 시선을 통해 바라본 주관적 모습이다. 현실을 모방하여 현실 그 자체로 믿게 만드는 사진적 재현은 촬영자에 의해 얼마든지 주관이 개입되고 변형될 수 있다. 사람의 눈이 자신 앞에 펼쳐진 세계를 모두 조망할 수 없듯이, 사진은 특정한 순간, 특정한 대상을 원하는 만큼만 보여주는 본질적 특성을 가지고 있다. 말하자면 촬영자는 사진기를 통해 현실을 자르고 구성하는 과정에서 자신이 보고자 하는 세계의 한 단면만을 제시할 수밖에 없는 것이다. 따라서 우리가 객관적이고 사실적이라 믿어 의심치 않았던 사진은 주관적 세계관의 표상일 따름이다. 객관적 재현이란 있을 수 없으며, 사진적 재현의 메커니즘에는 사물에 대한 주관적 의미부여가 반드시 깃들 수밖에 없다.

35) 朝鮮民俗學會 編, 「創刊辭」, 『朝鮮民俗』 제1호, 1933, 1쪽.

정치를 특정 목적을 성취하기 위해 경쟁하거나 전략적으로 접근해 나가는 일체의 행위라고 볼 때,[36] 사진을 통해 자신의 생각을 표현하고 유포하는 과정 또한 정치성을 내포하고 있다. 더구나 한 장의 사진이 아니라 여러 장의 사진이 반복적으로 혹은 동시에 보게 하는 아카이브의 형태일 때, 서로 다른 장소, 다른 시간에서만 출현할 수 있는 사진은 균등하게 연결된 것처럼 비치게 된다.[37] 축약된 현실세계의 이미지가 축적되어 하나의 시각적 경험으로 인식되는 것이다. 말하자면 사진아카이브는 개별적인 사진들이 모여서 하나의 메시지가 된다. 따라서 조선의 전근대적 소재들을 기록한 사진들이 아카이브화 되어 유포될 때 이 사진아카이브는 조선 사회의 전근대성을 주장하는 강력한 정치적 담론이 된다.

사진은 아카이브의 형태로 존재할 때 그 정치성을 더욱 강화할 수 있다. 사진아카이브의 정치성은 그것이 마치 객관적 사실만을 보여준다고 믿게 하는 데서 그 치밀함이 더해진다. 현실 증거력 확보의 탁월한 기능은 '사진은 객관적이고 과학적이다'라는 신화를 만들었다. 이러한 신화는 현실 기록을 넘어서 다양한 관점으로 해석하고 조작하는 강력한 수단으로서 기능하게 된다.[38] 특정 목적을 가진 개인이나 집단에 부합하는 내용의 사진이 수집, 유포, 재생산되는 과정에서 사진아카이브의 담론적 기능은 더욱 확장된다.

프랑뎅과 『내셔널 지오그래픽』, 아키바와 무라야마, 송석하의 사진아카이브는 의도했든 의도하지 않았든 자신들의 시선으로 조선을 바라보고 해석한다. 프랑뎅이나 『내셔널 지오그래픽』을 비롯한 서양의 사

36) 한상복 외, 『文化人類學槪論』, 1990, 233쪽.
37) 李孝德, 박성관 옮김, 『표상 공간의 근대』, 소명출판, 2002, 205쪽.
38) 이경영, 『대항매체로서의 사진』, 작크와 콩나무, 1994, 58~62쪽.

진아카이브에는 이미 내면화된 오리엔탈리즘의 시선이 있다. 자국과 동양을 비교하며 자신의 우월성을 강조하고 동양을 타자화시켜 온 오랜 선입견이 그들의 사진 속에서 숨김없이 배어나온다. 무거운 짐을 지게에 진 남성, 젖가슴을 드러내고 거리를 활보하는 여인, 지저분한 골목과 건물 등이 그 대표적 예다. 프랑뎅과 『내셔널 지오그래픽』의 기자가 보고자 한 조선은 열강의 틈바구니에서 격동하는 조선이 아니라 '과거의 조선' 또는 '조선의 전통'이었다. 그들이 동양을 바라보는 시선에는 이미 동양에 대한 지식체계가 견고하게 구성되어 있었고 그 틀에서 조선의 전통은 사진으로 재현되었다. 결국 그들의 오리엔탈리즘에 부합되는 조선의 전통은 '불결하고 전근대적인 조선'이었으며, 이것은 당시의 현실적 맥락과 무관하게 조선을 표상하고 있다.

실질적 지배의 입장에 선 일본인의 사진아카이브는 서양의 인상적 표상과 구별된다. 동양에서 '문명의 우두머리'가 된 일본은 동양을 대표해야 한다는 도착적 자부심을 강화하였고,[39] 이러한 일본의 입장은 굴절된 오리엔탈리즘으로 표출되었다. 동양인으로서 동양을 지배하기 위해 동양을 타자화하는 한편, 스스로의 우월성을 확립하기 위해 식민지의 전근대성을 끊임없이 강조한 것이다.

특히 경성제국대학의 교수인 아키바 다카시와 조선총독부의 촉탁인 무라야마 지준을 중심으로 한 민속조사는 무속과 민간신앙을 집중적으로 조사하면서, 은연중 조선의 전근대성을 강조하였다. 이들 역시 조사의 과학성을 강화하기 위해 사진을 적극적으로 활용하였다. 무속관련 사진은 굿 현장뿐 아니라 무당과 무구, 무신도 등이 세세하게 기획 촬영되었음을 확인할 수 있다. 실제로 조선총독부에서 발간한 『風俗調査

39) 강상중, 이경덕 · 임성모 옮김, 『오리엔탈리즘을 넘어서』, 이산, 2002, 89쪽.

書 整理報告書』를 보면 조사 시 사진을 적극 활용할 것을 당부하고 있다.

> 풍속에 가장 필요한 그림을 삽입한 것이 지극히 적은 것은 물론, 전혀 없는 것도 많다. 사진은 전혀 없다. 이렇기 때문에 그 내용이 아주 빈약하여 中樞院의 풍속 조사서로서 公刊하는 것은 생각할 수도 없을 정도라고 여겨진다. …(중략)… 記述 중에서 출전을 명기한 것이 매우 적고, 풍속에서 가장 중요한 역할을 하는 그림, 사진 등도 얼마 되지 않아서, 사진은 별책으로○○○(결락), 기술한 사람의 이름 및 연대를 기입한 것 또한 적다.[40)]

기존 조사보고서의 자료가 일목요연하지 못하고 근거가 빈약할 뿐만 아니라 사진 자료가 부족하다는 것을 지적한 내용이다. 앞으로 記述班을 편성할 때 별도의 사진 및 회화반을 둘 필요가 있다고도 하였다. 사진을 적극 활용하여 조사보고서의 근거를 충분히 마련할 대책으로 별도의 사진반 편성을 주문하고 있는 것이다. 일제에 의해 촬영된 당시 민속 관련 사진은 이처럼 조직적이고 치밀하게 기획된 것임을 알 수 있다.

무라야마나 아키바는 조선의 문화를 파악하기 위해서는 조선인의 사상을 이해해야만 하고, 조선인의 사상을 이해하기 위해서는 민간신앙을 알아야 한다고 기술한 바 있다. 조선의 민간신앙을 조사하는 과정에서 생산된 사진아카이브는 서양의 그것과 비교해 더욱 계획적이며 치밀할 수밖에 없었다. 전국적 규모의 체질인류학적 조사사진이나 무

40) 朝鮮總督府 中樞院 편, 『風俗調査書 整理報告書』, 朝鮮總督府 中樞院, 1936(출처: 국사편찬위원회 http://210.125.185.193/K/jsp/index_ju.htm).

속 관련 조사사진은 식민지 지배의 정당성을 확보하기 위한 정보로 촬영되었고 과학적 근거로 활용되었다. 결국 수많은 무속사진들은 조선의 새로운 무속 전통을 만들어 내기에 충분했다.[41] 일인학자들은 학술논문과 조선총독부의 보고서에 사진을 실어 그들의 논지를 과학적으로 실증하고자 했다. 눈에 보이는 현상을 사실 그대로 재현한다는 믿음을 통해 자신들의 주장을 실증하는 근거로 사진을 활용했다. 객관적이고 과학적인 정보로서 사진은 그들의 지배를 정당화하는 지식체계로 편입된 것이다.

외국인들의 사진아카이브가 포착한 전통이 조선의 전근대성을 강조하는 것인 데 비해, 송석하의 사진아카이브는 민족문화의 자원으로서 전통을 강조하고 있다. 그가 선택한 전통은 조선에서 고래로 전승되는 것 중에서 민족의 문화건설에 참고가 될 만한 것이었다. 송석하를 비롯한 몇몇 조선 지식인들의 이러한 시각은 조선의 전통에 관심을 보인 외국인들과 이념적 지향은 다르다 할지라도 전통을 타자화한 점에서는 다를 바 없다. 근대적 국가를 건설하기 위해 '민족'이라는 근대적 개념을 도입하였듯이, 전통은 근대국가의 정체성 확립에 필요한 정신적 기저로 요청된 것이다. 이렇게 문화민족주의 진영은 '요청된 전통'을 타자화하여 객관적 실체로 만들었다.

자국의 민속을 수집 · 조사한 송석하는 활발한 현지조사를 통해 많은 사진을 소장하고 있었다. 아키바나 무라야마와 동일한 사진도 상당수 소장하고 있다. 겹치는 사진들의 정확한 촬영자를 가려내기가 쉽지 않음에도 불구하고 '오락'에 관한 많은 사진은 석남의 손을 거쳤

41) 김성례, 「무속전통의 담론분석 -해체와 전망-」, 『한국문화인류학』 제22호, 한국문화인류학회, 1990 참고.

을 것으로 보인다. 일부 사진에는 송석하의 압인이 새겨져 있으며, 실명 압인이 없다 하더라도 가면과 가면극을 비롯한 민속예술 관련 사진은 송석하의 주요 연구대상이었기 때문에 직접 촬영하였을 가능성이 크다.

사실적 재현능력과 과학적 논증 자료로서 사진을 활용한 결과, 민속문화의 옛 모습을 생생하게 확인할 수 있는 귀중한 유산이 남게 된 것은 다행스런 일이 아닐 수 없다. 하지만 사진이 촬영된 맥락을 짚어보는 것은 다른 문제이다.

일제강점기 조선의 '전통'으로 표상된 많은 사진들은 타자적 시선을 통해 바라본 '조선의 과거'였다. 자신의 정체성을 확립하기 위해 후진적 전통과 민족문화의 건설자원으로서 전통을 각각 선택한 것이다. 사진은 그 자체로 타자적 시선일 뿐 아니라 사진의 내용에 있어서도 타자화된 시선으로 조선의 전통을 표상하고 있는 것이다.

2) 사진의 유통과 전통담론의 유포

사진아카이브는 그 자체로 지식권력이면서 정치담론이지만, 그 활용과 유통의 단계로 접어들면 그것이 지닌 권력담론적 성격이 더욱 강화된다. 사진이 복제를 가능케 해준 것은 사실이지만, 그 수고와 비용이 만만치 않아 복제량에는 한계가 있다. 사진의 대량 복제와 유통을 가능케 한 것은 사진인쇄술의 발달에 따른 것이다.[42] 그래서 사진의 유통은 대개 인화된 사진의 형태가 아니라 여행기와 사진집, 사진엽서 등 인쇄매체의 형태로 이루어졌다.

42) 李孝德, 박성관 옮김, 『표상 공간의 근대』, 소명출판, 2002, 201쪽.

〈사진43〉 경복궁 옥좌(朝鮮名所)

〈사진44〉 경회루와 기생

〈사진45〉 회식(朝鮮風俗)

〈사진46〉 물동이를 진 나그네(朝鮮風俗)

〈사진47〉 대재목 운반(朝鮮風俗)

〈사진48〉 당나귀를 탄 노파(朝鮮風俗)

옥천당 사진관을 비롯한 일본인 사진관에서 연출된 재연사진이나 풍경 · 풍속사진 등은 신문을 통해 광고까지 할 정도로 상업적으로 복제되고 유통되었다. 일본인 사진관에서 제작 · 유통된 사진뿐 아니라 서구의 여행가, 민속학자, 외교관, 선교사들은 직접 찍은 사진을 여행기, 견문기, 보고서 등에 실어 조선을 소개하기도 하였다. 자신들이 겪은 조선에서의 경험과 함께 사진을 소개함으로서 더욱 생동감 있는 조선 소개 책자를 만들 수 있었다. 그리고 대체로 조선의 미개와 후진을 표상하는 이러한 사진은 서구에서 오랫동안 조선의 이미지로 각인되었다.

근대에 포착된 조선의 전통은 사진의 촬영자 혹은 소장자의 목적에 맞게 적절히 유통・활용되었다. 다시 말해 각자의 목적에 따라 '상상된 과거'가[43] 사진이라는 이미지를 통해 재현된 것이다. 사진이 불특정 다수를 상대로 대량 유통된다는 것은 경험하지 못한 세계의 시각적 경험을 가능하게 하는 동시에, 시각적 경험의 공유로 인한 담론의 광범위한 유포를 의미한다. 민속을 대상으로 한 사진의 유통은 이른바 촬영자의 표상으로 의미화된 전통을 담론화하는 과정이다.

일제강점기 민속사진의 가장 대중적인 유통방법은 사진엽서에 의한 것이었다. 일제강점기 사진엽서의 대표적 제작사인 히노데상행(日之出商行)은 하루 판매량이 1만매를 웃돌았고, 같은 상점에서 소유한 원판 가짓수만 해도 명소 7백 종, 풍속 6백 종에 달하였으며, 제품이 부족할 만큼 성황을 이루었다고 한다.[44] 조금의 과장이 있다 하더라도 당시 사진엽서는 광범위하게 유통되었던 것으로 보인다. 또한 판매량으로 보아 외국인은 물론 내국인에게까지 인기가 있었음을 짐작할 수 있다.

사진엽서의 내용으로는 조선의 궁과 황실, 관광지, 도시의 거리, 전쟁 선전, 각종 박람회, 기생, 주요 건축물, 식민정책홍보 등 다양하다. 그 중에서도 '조선명소'와 '조선풍속'시리즈는 그 수로 보아 가장 인기 있던 품목으로 보인다. '조선명소'시리즈는 조선의 명산과 사찰 등의 관광지를 담은 엽서이다.

'조선풍속'엽서 시리즈는 문무관과 남녀노소의 복식, 아이들의 놀이, 서당, 가마, 지게, 생업 등 다양한 내용을 담고 있다. 일본인 사진관에서 재연된 연출사진도 엽서로 제작・유통되었다. '조선명소'시리즈와

43) 최석영, 「전통의 '창출'과 민족주의」, 『비교민속학』 12집, 1995, 118쪽.
44) 朝鮮每日新聞社 編, 「日之出商行」, 『大京城』, 1929, 213쪽 ; 권혁희, 「일제시대 사진엽서에 나타난 '재현의 정치학'」, 『한국문화인류학』 36집, 한국문화인류학회, 2003, 198쪽 재인용.

마찬가지로 외국인들에게 조선을 소개하기 위한 안내서의 역할을 겸한 것으로 보인다. 엽서의 하단에 있는 제목에는 대개 한문과 영어가 병기되어 있는 것으로 보아 제작단계부터 서양인들을 의식한 것으로 짐작된다. '조선풍속'시리즈의 상당수는 불결하고 후진적인 거리의 모습을 담고 있으며 전체적으로는 전근대의 조선 이미지를 담고 있다. 또한 지게나 가마를 비롯한 운송수단에 대한 관심은 사진엽서에서도 여전히 나타난다.

송석하는 민족의 고유한 전통을 발굴하고 보존, 전승하기 위해 고심했다. 그 목적을 위해 그는 사진을 적극 활용하였다. 특히 민속극을 비롯한 '오락'관련 사진은 앞서 살펴보았듯이 그 종류와 양에 있어서 외국인들의 아카이브에 비해 가장 방대하다. 사진의 내용은 공연물, 공연하는 광대, 공연의 소도구 등이 중심이다. '오락'의 전승맥락보다는 공연화된 민속을 보존하고 계승하고자 하였기 때문에 관객이나 연행현장보다는 연행자에 주목하고 있다. 사진에서도 확인할 수 있었듯이 광대나 광대의 동작, 연행도구, 연행방법 등이 주요한 촬영 대상이었다. 그에게 있어 민속은 신문화건설을 위한 문화자원으로 인식되었기 때문에, '古來'의 민속문화 중에서 '오락'을 보존, 계승하려 했다. '잔존문화'를 발굴하고 전승하기 위한 도구로 사진을 적극 활용하고 있는 것이다.

전승재로서 민속을 보존하고 계승하려는 그의 의지는 그가 촬영한 사진의 유통과정에서 확연히 드러난다. 그의 사진은 단순한 기록용이나 참고자료가 아니라 대중에게 적극적으로 알리기 위한 도구였다. 송석하는 자신의 사진을 학회지와 신문, 잡지 등에 적극적으로 기고하였다. 조선민속학회의 학회지 『朝鮮民俗』제1호에는 유일하게 사진을 싣고 있다.[45] 학회지뿐만 아니라 신문과 잡지에 사진과 함께 원고를 기고하여 민속오락을 대중에게 소개하는 데 주력하였다. 대중잡지인 『朝

光』에는 봉산탈춤과 남사당패의 공연사진을 화보형식으로 실어 민속예술을 대중적으로 알렸다.

6. 결론

근대이행기와 일제강점기에 생산된 사진아카이브를 통해서 당시 민속에 관심을 가졌거나 조사·연구했던 사람들의 시각을 살펴보는 것이 이 연구의 목적이다. 당시에 기록된 사진의 촬영자가 명확하지 않은 상태에서 그 사진의 촬영 의도와 의미를 밝히기는 힘들다. 따라서 아카이브 개념을 적용하여 각각의 사진아카이브에 투영된 시선과 담론을 분석하고자 하였다. 대체로 출처와 소장자가 분명한 것으로 한정하여, 프랑스 외교관 이폴리트 프랑뎅, 미국의 지리잡지 『내셔널 지오그래픽』, 총독부의 촉탁 무라야마 지준과 일인학자 아키바 다카시, 한국의 민속학자 송석하의 사진아카이브를 주된 연구대상으로 삼았다.

다섯 사진아카이브는 그 주체들의 입장에 따라 다양한 시선을 보여준다. 모든 아카이브에서 조선과 조선인을 대상화하는 타자적 시선을 볼 수 있으나 특히 외국인의 아카이브에서 타자화된 시선이 두드러진다. '주체'와 '타자'를 구분 짓고 우열의 가치를 개입하여 사진으로 표현하는 것이다. 외국인의 시선으로 또 하나 두드러지는 특징은 이국의 낯선 풍경을 주로 촬영한다는 점이다. 조선의 궁과 사대문을 비롯하여, 산성, 민가, 그리고 높은 곳에서 내려다 본 전경사진, 길거리사진이 바

45) 송석하, 「五廣大小考」, 『조선민속』 제1호, 조선민속학회, 1933, 20~31쪽. 이 글에는 '山臺假面', '東萊野遊假面', '楊洲別山臺假面劇一場面', '金海五廣大假面', '統營五廣大假面' 2장 등 6장의 사진을 원고와 함께 실었다.

로 이러한 이국 취향을 드러내는 대표적 사진들이다.

서양인의 사진아카이브가 사진관에서 연출된 사진을 선호하고 공유하는 현상에서 알 수 있듯이, 그들이 조선을 바라보는 시선에는 이미 상투화된 틀이 존재한다. 외국인들의 고정된 인식은 상투화된 이미지를 만들었고, 이 이미지의 유포로 인해 조선의 표상은 반복 · 재생산되었다. 중요한 것은 상투적으로 연출된 사진이 사실 자체를 왜곡하거나 조작한다는 데 있다. 촬영자의 상황과 편의, 의도에 따라 연출된 사진은 그들의 주관적 시선을 그대로 담고 있으면서도 사진의 사실적 재현능력으로 인해 진실로 비쳐진다는 데서 그 위험성이 더해진다.

한편 다섯 사진아카이브에 상당부분 공통되는 소재가 등장하는 것도 타자적 시선에서 기인한다. 사진아카이브에서 자주 등장하는 소재는 그들이 조선을 바라본 의식의 저변을 반영하는 것이다. 이러한 민속표상들은 조선의 '고유한 것'에 대한 관심에서 출발하였다. '근대'라는 시공간에서 변화하는 시대의 흔적보다는 조선의 '전통'을 찾고자 한 것이다. 사실 전통은 영원불멸의 가치가 아니라 당대의 특정 집단에 의해 '선택된' 것이다. 전통이라고 생각하는 것을 생산 · 유포하는 과정 속에서 전통담론이 형성된다. 사진아카이브를 통해서 민속표상들이 유포되는 것 또한 전통담론을 형성하고 확장하는 과정이다. 이때 사진아카이브는 조선 사회의 전근대성을 논증하는 강력한 정치성을 갖게 된다.

전통에 대한 다양한 발화가 시작된 시기는 일제강점기라는 특수한 시대였다. 따라서 당시에 유포된 '전통'은 외부자에 의해 선택될 수밖에 없었다. 실질적 지배의 입장에 있던 일본인들이 생각하고 유포한 전통은 '조선'에 대한 부정적인 견해가 강조되었다. 반면 송석하를 위시한 문화민족주의 진영의 지식인들은 민족문화의 자원으로서 전통을 유포하고 있었다. 국외자든 조선의 지식인이든 '전통'을 타자화한 것은 마찬가지다. 각자가 포착한 조선의 전통은 자신들의 이념을 실천하는 과정에서 선택된 타자적 시선의 결과라 볼 수 있다.

우리가 '진실'이라고 믿어 의심치 않았던 과거의 흑백사진 속에서도 다양한 주관적 시선과 목적을 성취하기 위한 정치성 및 담론이 숨어있다는 것을 밝히고 싶었다. 근대이행기와 일제강점기에 기록된 민속사진이 발굴될수록 그동안 자료의 가난함에 시달렸던 민속학자들의 걱정을 덜어줄지도 모르겠다. 과거의 민속사진을 활용한다면 민속학의 연구 성과는 풍성해지겠지만, 기록적 가치와 더불어 다양한 시선과 담론을 함께 고려할 때 민속사진은 그 가치를 온전히 발할 것이다.

글쓴이 소개

조동일 서울대학교에서 문학박사학위를 취득하였고, 계명대, 영남대, 한국학대학원, 서울대학교 교수를 역임하였다. 대한민국학술원 회원이다. 현재는 계명대학교 석좌교수로 재직하면서 "세계·지방화시대의 한국학"에 관한 공개강의를 하고 있으며, 그 결과가 학기마다 『세계지방화시대의 한국학』 총서(계명대출판부, 2005~)로 출간 중이다. 그 외에도 『한국문학통사 1~6』(지식산업사, 2005 제4판), 『인문학문의 사명』(서울대출판부, 1997), 『소설의 사회사 비교론 1~3』, (지식산업사, 2001), 『세계문학사의 전개』(지식산업사, 2002), 『의식각성의 현장』(학고재, 2007) 등 다수의 논저가 있다.

三谷憲正 일본 츠쿠바대학 대학원 문예언어연구과 박사과정을 수료하고 현재는 일본 쿄토 불교대학 문학부 교수로 재직 중이다. 일본근대문학 전공으로, 『다자이문학 연구』(동경당출판, 1998), 『온돌과 다타미의 나라』(사문각출판, 2003) 등의 논저가 있다.

이승우 중국 남개南開대학 역사학원 역사학 박사. 중국 남개대학의 연구원을 거쳐서 현재는 영남대학교 중국연구센터의 연구원으로 있다. 『중국, 한국과 세계』(공저, 영남대출판부, 2004), 『중국 근대화를 이룬 걸출한 인물들』(공저, 지식산업사, 2005) 외 다수의 논문을 발표했다.

손병희 경북대학교 문리대와 대학원을 졸업했으며, 정지용 시 연구로 박사학위를 받았다. 현재 안동대학교 인문대학 국어국문학과 교수로 재직 중이다. 『한국현대시연구』(국학자료원, 2003), 『이육사전집』(공저)(깊은샘, 2004), 『정지용 시의 형태와 의식』(국학자료원, 2007) 등의 저서와 다수의 논문이 있다.

천혜숙 한국 전설의 신화적 성격에 관한 연구로 계명대학교에서 박사학위를 받았다. 현재는 안동대학교 인문대학 민속학과 교수로 있다. 전국구비문학조사사업에 참여하여 『한국구비문학대계-상주, 대구, 선산편』(공편저)을 냈으며, 주요 논저로 『한국구비문학의 이해』(공저, 월인, 2000), 『동해안 마을의 신당과 제의』(민속원, 2008) 등이 있다.

권기윤 서울대학교 미술대학 및 대학원 회화과를 졸업하였다. 한국화가로, 현재 안동대학교 예술체육대학 미술학과 교수로 재직 중이다. 『명경지필-권기윤의 실경산수』(2007, 학고재)를 비롯 6회의 개인전을 했으며, 실경산수에 관한 기획초대전에도 여러 차례 출품했다.

김미영 한국의 촌락사회에 대한 연구로 일본 도요東洋 대학에서 박사학위를 받았다. 일본 류쿠琉球 대학의 객원연구원, 안동대학교 안동문화연구소 전임연구원을 거쳐 현재는 한국국학진흥원 연구원으로 있다. 논저로는 『일본의 가족과 친족의 민속학』(민속원, 2008), 『일본의 집과 마을의 민속학』(민속원, 2002) 외 다수가 있다.

한경희 한국학중앙연구원 한국학대학원에서 박사학위를 받았으며, 현재 안동대학교 국문과 강사이다. 「결핍의 몸과 생(명)언어-김선우론」으로 월간문학 문학평론 신인상을 수상했으며, 『한국 현대시의 내면화 경향』(역락, 2005), 『대구 경북의 지성과 운동자료집』 3, 4(공저, 영한, 2006) 등의 논저가 있다.

허경민 중앙대학교에서 사진학을 전공하고, 안동대 민속학과 대학원에서 근대 민속 사진아카이브에 대한 연구로 석사학위를 받았다. 『책 한 권으로도 모자랄 여자이야기』(공저, 디새집, 2003)을 낸 바 있고, 현재는 지역아카데미 연구원으로 재직 중이다.

동아시아와 한국의 근대

초판 1쇄 인쇄 • 2009년 2월 23일
초판 1쇄 발행 • 2009년 2월 28일
지은이 • 안동대학교 인문과학연구소
펴낸이 • 박 성 복
펴낸곳 • 도서출판 月印
서울특별시 강북구 흰구름길 19-3(수유2동 252-9)
등록 • 제6-0364호 / **등록일** • 1998년 5월 4일
대표전화 • 02) 912-5000 / **팩스** • 02) 900-5036
http://www.worin.net

ISBN 978-89-8477-426-1 93810

값 15,000원